山东女子学院出版基金资助
山东女子学院数字经济（国际商务）重点学科（2303）资助
国际协作科创金融（济南）创新实验室（JNSX2023078）资助

县域金融市场化改革的农业经济效应研究

Research on the Agricultural Economic Effects of County-level Financial Marketization Reforms

刘洋　颜华　崔俊富　著

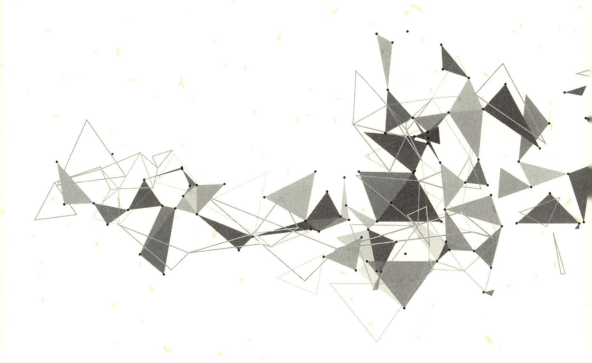

中国财经出版传媒集团
经济科学出版社
Economic Science Press
·北京·

图书在版编目（CIP）数据

县域金融市场化改革的农业经济效应研究/刘洋，
颜华，崔俊富著．－－北京：经济科学出版社，2024.7
ISBN 978 - 7 - 5218 - 5690 - 3

Ⅰ．①县… Ⅱ．①刘…②颜…③崔… Ⅲ．①县 - 地
方金融 - 市场改革 - 研究 - 中国 Ⅳ．①F832.7

中国国家版本馆 CIP 数据核字（2024）第 055211 号

责任编辑：卢玥丞
责任校对：齐　杰
责任印制：范　艳

县域金融市场化改革的农业经济效应研究
刘　洋　颜　华　崔俊富　著
经济科学出版社出版、发行　新华书店经销
社址：北京市海淀区阜成路甲 28 号　邮编：100142
总编部电话：010 - 88191217　发行部电话：010 - 88191522
网址：www. esp. com. cn
电子邮箱：esp@ esp. com. cn
天猫网店：经济科学出版社旗舰店
网址：http://jjkxcbs. tmall. com
北京季蜂印刷有限公司印装
710 × 1000　16 开　19. 75 印张　280000 字
2024 年 7 月第 1 版　2024 年 7 月第 1 次印刷
ISBN 978 - 7 - 5218 - 5690 - 3　定价：152. 00 元
（图书出现印装问题，本社负责调换。电话：010 - 88191545）
（版权所有　侵权必究　打击盗版　举报热线：010 - 88191661
QQ：2242791300　营销中心电话：010 - 88191537
电子邮箱：dbts@ esp. com. cn）

前　言

　　"三农"工作事关国计民生和经济社会发展全局，国家高度重视"三农"发展。党的十八大以来，习近平总书记从党和国家事业全局出发，着眼于实现"两个一百年"奋斗目标，对新时代"三农"工作发表了一系列重要讲话、提出了一系列重要论断、阐明了一系列重要观点，科学回答了新时代"三农"工作的一系列重大理论和实践问题，为在强国建设、民族复兴的新征程做好"三农"工作提供了行动纲领和根本遵循。"三农"工作的首要任务是力促粮食增产、确保粮食安全，重点任务是推动农业提质增效、实现高质量发展，中心任务是增加农民收入、实现共同富裕。深刻把握新时代"三农"工作的首要任务、重点任务及中心任务，对于全面推进乡村振兴、加快建设农业强国具有重要意义。然而，一直以来，我国"三农"发展都面临着资本积累不足和较强信贷约束等问题，严重制约"三农"事业高质量发展。如何有效推进农村金融改革、增强金融支农力度，促进粮食增产、农业增效及农民增收，是当前亟待解决的重要问题。

　　县域金融作为城乡金融服务的前沿阵地，不仅涵盖农村金融市场的资源配置机制，还涉及金融资源在县域范围内农业与非农业、城镇与农村地区的合理配置与互动。近年来，在政策推动、制度创新、经济发展等多重因素的综合作用下，我国县域金融发展取得了重要进展，利率市场化改革完成、金融自由化程度不断提高，县域金融的基本特征逐步由"抑制"迈向"深化"。县域金融市场化改革带来了农村金融机构种类多样化、金融服务主体增多，加剧了县域金融市场竞争，在有限的客户资源下促使金融服务范围向空白地区和农村地区延伸，提高农村金融服务渗透力。根据金融深化理论，减少政府对金融市场的过度干预，会改善金融资源配置效率，推动实体产业发展与城市工业经济增长。但随之而来的一个现实问题是，与城市工业经济不同，农业部门盈利低、风险高，而且金融机构又是趋利避害的，如果县域金融完全自由化并由市场来配置金融资源能否有效服务"三农"，促进粮食增产、农业增效与农民增收呢？值得深入探讨与论证。

全书内容共计分为九章。其中，第一章为导论，总体阐述了本书的研究背景、意义，构建了本书研究的总体框架，并对既往研究学术史进行梳理。第二章为县域金融市场化的农业经济效应理论基础，阐述了金融深化理论、内生金融增长理论等主要理论，为架构县域金融市场化与粮食增产、农业增效及农民增收之间的内在逻辑关系及作用机理提供理论支撑。第三章为县域金融市场化改革历程与动态演变，对改革开放以来我国县域金融市场化改革变迁历程进行梳理，明确我国县域金融市场现状和政策支持方向，同时利用县域数据对其发展水平和动态演变趋势进行测算和分析。第四章为县域金融市场化与粮食生产效率的影响效应，从理论维度剖析了县域金融市场化对粮食单要素生产率、全要素生产率的作用机理，同时利用县域面板数据进行实证检验，并分地理区域和粮食功能区考察异质性。第五章为县域金融市场化影响粮食生产效率的作用机制分析，从农业技术创新、要素质量、要素配置、工业化及城镇化等角度分析了县域金融市场化对粮食生产效率的作用机制，并利用中介效应模型实证探究了县域金融市场化、作用机制变量与粮食生产效率的关系。第六章为县域金融市场化与粮食增产效应，以县域层面金融非均衡发展为切入点，基于农业要素配置视角，分析县域金融市场化对粮食生产供给影响及其作用机制，并利用粮食主产区县域面板数据实证探究县域金融市场化通过引致粮食生产要素投入结构变化对粮食生产供给产生的影响效应。第七章为县域金融市场化与农业经济提质增量效应，从理论上分析了县域金融市场化影响农业经济提质增量的作用逻辑，并着重分析了县域城镇化在两者关系中的作用，然后基于县域面板数据，从农业经济"总量增长"与"质量提升"两个维度，实证分析了县域金融市场化、城镇化与农业经济提质增量之间的关系。第八章为县域金融市场化与农民增收效应，从理论与实证方面对县域金融市场化、农业机械化与农民增收效应三者之间的关系进行了分析。第九章为县域金融市场化改革成效与政策启示，在阐述全书研究结论的基础上，立足持续推进县域金融市场化改革，多层面探寻县域金融支持粮食增产、农业增效与农民增收的机制及政策启示。

　　总体来看，本书从粮食增产、农业增效与农民增收角度对中国县域金融市场化改革的经济效应问题开展系统的理论与实证研究，不仅有助于厘清县域金融市场化影响粮食增产、农业增效及农民增收的经济逻辑及作用机制，拓展金融深化理论在"三农"领域中的应用，亦可审视县域金融市场化改革效果与政策预期的偏差，准确把握当前县域金融市场化改革在乡村振兴过程中的运行机制与规律，从而为推进县域金融市场化改革特别是改进县域金融支农惠农相关政策的顶层设计、配套支撑机制完善提供科学依据。

　　本书得以出版，得到了众多专家、学者的大力支持、指导和帮助，在此表示衷心感谢。此外，要感谢山东女子学院出版基金、山东女子学院数字经济（国际商务）重点学科（2303）、国际协作科创金融（济南）创新实验室（JNSX2023078）对本书出版的资助，感谢经济科学出版社在出版过程中提供的帮助和付出的努力。

　　由于作者水平所限，书中难免有不当和错漏之处，敬请广大读者谅解，并欢迎批评指正。

作者

2024 年 7 月

目 录
CONTENTS

第一章

导　　论

第一节　研究背景与问题

一、研究背景与问题

（一）新时代"三农"工作的核心任务

"三农"问题是关系国计民生的根本性问题。党的十八大以来，习近平总书记从党和国家事业全局出发，着眼于实现"两个一百年"奋斗目标，顺应亿万农民对美好生活的向往，对新时代"三农"工作发表了一系列重要讲话、提出了一系列重要论断、阐明了一系列重要观点，科学回答了新时代"三农"工作的一系列重大理论和实践问题，为在强国建设、民族复兴的新征程做好"三农"工作提供了行动纲领和根本遵循。"三农"工作的首要任务是力促粮食增产、确保粮食安全，重点任务是推动农业提质增效、实现高质量发展，中心任务是增加农民收入、实现共同富裕。深刻把握新时代"三农"工作的首要任务、重点任务及中心任务，对于全面推进乡村振兴、加快建设农业强国具有重要意义。

1. 新时代"三农"工作的首要任务

保障粮食安全是新时代"三农"工作的首要任务。粮食安全问题不仅关系着国家独立、社会稳定和经济发展，还是实现自主安全及全面小康的物质基础。党和国家高度重视粮食安全，将粮食问题从生存保障提高到可持续性发展战略根本地位，把"保粮食能源安全"列为国家"六保"重要任务之一，并出台了一系列保障国家粮食安全政策方针，如 2013 年中央农村工作会议提出坚守 18 亿亩耕地红线、2020 年中央农村工作会议提出建设国家粮食安全产业带、2022 年《中共中央 国务院关于做好 2022 年全面推进乡村振兴重点工作的意见》（以下简称"2022 年中央一号文件"）提出粮食安全党政同责、2024 年《中共中央 国务院关于学习运用"千村示范、万村整治"工程经验有力有效推进乡村全面振兴的意见》（以下简称"2024 年中央一号文件"）提出建立粮食产销区省际横向利益补偿机制等。在国家政策理论指导下，目前我国人均粮食占有量 474.4 公斤，超过国际粮食安全线 400 公斤的通常标准①，2023 年全国粮食总产量更是达 1.3908 万亿斤，粮食生产实现"二十连丰"②，粮食供给充足并且能够满足消费需求。但这并不意味着粮食安全问题已经得到了切实解决，尤其是从长期来看不确定性仍然存在。一方面，从粮食需求端看，随着国民收入水平的提高和城镇化进程加速，我国粮食需求结构发生重大变化，饲料用粮需求逐年增加（陈祥云等，2020），同时人口刚性增长对粮食消费也存在长期刚性需求，使得粮食产需平衡关系受到挑战。《中国农村发展报告 2020》一书中提到，到"十四五"期末，我国大概会出现 1.3 亿吨左右的粮食缺口，其中谷物占到了 2500 万吨③。另一方面，粮食稳产保供也面临着更大的挑战和压力。一是资源环境约束持续加紧，要素驱动的粮食产出增长方式受到了越来越大的制约。中国城镇化、工业化与现代化的快速发展与粮食生产所依赖土地、水资源以及农业劳动力之间的竞争与冲突日益严重

---

① 农业农村部部长唐仁健：我国人均粮食占有量 474 公斤，连续多年超国际 400 公斤的安全标准线 [EB/OL]. 每日经济新闻，2021 – 03 – 05.

② 国家统计局关于 2023 年粮食产量数据的公告 [EB/OL]. 中国人民政府网，2023 – 12 – 11.

③ 魏后凯，杜志雄. 中国农村发展报告（2020）[M]. 北京：中国社会科学出版社，2020.

（Hanjra et al.，2010；Amour et al.，2017；高延雷和王志刚，2020），特别是经济发达地区，农地"非粮化"现象突出，水资源供需矛盾尖锐；二是化肥的过量使用也导致化肥边际生产率下降、耕地地力减弱和生态环境恶化（Chen et al.，2008；Liu et al.，2013）；三是随着人民生活水平的提高，对粮食品质、多样化和专用化的要求越来越高，但在一定静态时段内，粮食生产中存在产量与质量之间的"冤家规律"，即追求产品质量往往以牺牲一定单产为代价（何秀荣，2022）。此外，在新冠疫情、贸易摩擦、国际冲突等影响下，国际粮食供应链持续受到冲击，粮食贸易面临的外部环境日趋复杂，据联合国粮农组织（FAO）发布的《2022 全球粮食危机报告》显示，2021 年粮农组织食品价格指数同比上涨 27.2%①，达到十年来最高水平，这对利用国外农业资源调剂国内余缺，解决国内粮食结构性短缺问题也带来风险和挑战。由此可见，未来粮食安全形势依然严峻。

粮食稳产保供是筑牢国家粮食安全的防线。粮食产量的增加主要源于生产要素投入与粮食生产效率增长，但现阶段资源与环境约束趋紧导致要素驱动的粮食产出增长方式受到越来越大的制约，因此促进粮食种植业可持续发展、确保"口粮绝对安全，谷物基本自给"将更多地依赖粮食生产效率的提升。2022 年中央一号文件着重强调了"牢牢守住保障国家粮食安全底线、不断提高粮食综合生产能力、深入实施优质粮食工程，提升粮食单产和品质"，此前，中央提出的"推进农业供给侧结构性改革，提高要素生产率，开展优质、高效、绿色、生态的现代粮食生产""实施质量兴农战略，不断提高农业创新力、竞争力和全要素生产率"等，也为粮食种植业可持续发展指明了基本方向，即提高粮食生产效率。粮食生产效率增长依赖更多现代生产要素投入，是农业科技进步、要素配置优化、农业生产技能提升、农业基础设施建设以及农业制度改革等多种因素共同作用（卓乐等，2018；邓晓兰等，2018；朱满德等，2015），该过程中科技研发投入与成果转化、农业政策推广与实施等诸多经济环节均离不开资金支持（鲁钊阳，2016），并且这种资金需求具有大额化、长期化的特征，同时伴随粮食生产主体多元化、生产服务多样化和经营复合化等，使其在资金需求上

---

① 2022 全球粮食危机报告［R］. 联合国粮农组织，2022.

也相应地呈现出多层次融合需求特征。然而，受限于农业的弱质性、高风险性以及低盈利特性，农业经营主体的自身资本积累不足（Rauch，1993；Hall，1999），同时国家财政支出面临压力也持续加大，财政资金尚不能完全满足农业发展需求，因此提升粮食生产效率需要拓宽其他融资渠道。

2. 新时代"三农"工作的重点任务

农业提质增效是新时代"三农"工作的重点任务。粮食是农业的基础，农业是国民经济的基础。改革开放 40 多年，中国农业发展取得了有目共睹的巨大成就，总体上解决了我国农产品总量供给不足的问题，但相较于城市工业经济，农业经济增速仍较缓慢，对国内生产总值增长贡献率及拉动能力也较低（Liu et al.，2024）。推动经济高质量发展是保持经济持续健康发展的必然要求，也是建设现代化经济体系的必由之路。在迈向高质量发展阶段，我国农业经济必然也要"提质增量"，通过实现量的合理增长，为保障粮食安全、稳定经济增长奠定基础，通过实现质的有效提升，促进农业经济更有效率、竞争力、可持续的发展，助力实现农业现代化与共同富裕。自 2004 年以来，2004～2024 年中央一号文件连续 21 年聚焦"三农"问题，2017 年 10 月，党的十九大报告提出实施乡村振兴战略，更是为我国农业经济提质增量发展带来前所未有的机遇。

3. 新时代"三农"工作的中心任务

增加农民收入，实现全体人民共同富裕是新时代"三农"工作的中心任务。自 2004 年以来，中央一号文件多次关注农民收入，提出"两减免，三补贴""依靠科技创新，增产、提质、节本增收""大幅度增加农业补贴，提高最低收购价格""拓宽农民增收渠道""稳就业，促增收""发展乡村富农产业，促进农民收入增加"等多项促农增收措施。在这些强有力的政策推动下，农民收入实现持续增长，其增幅多年高于城镇居民收入增幅。虽然城乡居民收入差距不断缩小，但城乡之间、区域之间、群体之间收入差距还较大，农民增收动能有所减弱，增收形势不容乐观。党的二十大报告提出要实现全体人民共同富裕，这必须广辟农民增收门路，着力健全促进农民持续较快增收的长效机制，提高收入水平和生活质量。

（二）县域金融深化改革

在以金融为核心的现代经济体系中，金融资本供给和服务对农村经济高质量发展具有不可替代的作用。县域金融是城乡金融服务的前沿阵地，无论从地理位置还是服务区域来说都与农民、农村、农业有着特别紧密的联系，是解决"三农"问题的重要切入点。金融市场化改革要求政府放松对各类金融机构的管制，允许非国有金融机构存在和发展，鼓励各类金融机构、企业和居民积极参与金融市场活动，实现金融机构竞争自由化，同时取消对存贷款利率的硬性规定，使利率能充分反映资本市场资金供求关系。县域金融市场化作为县域金融发展的动态过程与目标，一方面，国家陆续出台了多项县域金融市场化改革政策，如 2003 年启动新一轮农村信用社体制改革、2006 年放宽县域农村金融市场"准入政策"及城商行的跨区经营、2007 年农业银行的股制改革及邮政储蓄银行成立、2012 年县域农村金融增量改革，鼓励在县域地区成立村镇银行等新型金融机构。随着县域金融市场化改革的深入，我国县域金融机构类型与金融产品种类不断丰富，金融机构竞争日益激烈（莫媛等，2014）。另一方面，中国利率市场化改革已经完成，2015 年 10 月，央行对商业银行和农村合作银行等金融机构全面取消存款利率浮动上限，这意味着我国已形成以央行基准利率为基础，由市场供求决定银行存贷款利率的市场利率体系。

党的十九大提出实施乡村振兴战略以来，国家及政府又出台了一系列破除城乡二元经济结构、推进县域城乡融合、促进县域金融发展及金融支农惠农的政策，2016 年中共中央、国务院《关于落实发展新理念加快农业现代化 实现全面小康目标的若干意见》（以下简称"2016 年中央一号文件"）指出农业银行三农金融事业部改革试点覆盖全部县域支行、提高农村信用社资本实力和治理水平，牢牢坚持立足县域、服务"三农"定位；2017 年提出"支持金融机构增加县域网点，适当下放县域分支机构业务审批权限"；2018～2019 年主要是推动县域农村金融机构回归本源，为本地"三农"服务，建立县域银行业金融机构服务"三农"的激励约束机制；2020～2022 年中央一号文件延续了前期深化县域金融改革与金融支农惠农的意见方向与思路，强调"深化农村信用社改革，坚持县域法人地位""加强考核引导，合理提升资金外流严重县的存贷比""加大对机构法人在县域、业务在县域的金融机构的支持力度""保持县域农村金融机构法人地位和数量总体稳定""支持市县构建域内共享的涉农信用信息数据库"

等。在上述政策推动、制度创新、业务拓展、经济发展等多重因素的综合作用下，我国县域金融体系取得了长足进展，县域金融的基本特征逐步由"抑制"迈向"深化"（王克祥，2013），成为提升县域经济高质量发展能力、推动乡村振兴战略实施最重要的一环。

二、研究问题

一直以来，我国"三农"发展都面临着农业资本积累不足和城乡资源要素配置失衡等问题。县域金融不仅涵盖农村金融市场的资源配置机制，还涉及金融资源在县域范围内的农业与非农业、城镇与农村地区的合理配置与互动，这与粮食增产、农业增效及农民增收的多种驱动机制紧密相连。县域金融市场化改革会带来金融机构种类多样化、金融服务主体增多，加剧县域金融市场竞争，在有限的客户资源下，会促使金融服务范围向空白地区和农村地区延伸，提高农村金融服务渗透力与支农力度（张正平等，2017；王雪等，2019；马九杰等，2020；张珩等，2021）。同时，根据金融深化理论，减少政府对县域金融市场的过度干预，会改善县域金融资源配置效率，推动实体产业发展与城市工业经济增长，同时也有助于提升县域农村金融机构经营能力与服务水平。但随之而来的一个现实问题是，与城市工业经济不同，粮食种植业乃至农业部门盈利低、风险高，而且金融机构又是趋利避害的，如果县域金融完全自由化并由市场来配置，金融资源是否会使金融资源过度流向工商部门。也就是说，在政府不断推进县域金融市场化改革与实施乡村振兴的背景下，县域金融市场化改革能否有效服务"三农"，促进粮食增产、农业增效及农民增收呢？这个问题值得深入探讨与论证。具体研究问题如下。

（1）县域金融市场化改革能否有效促进粮食生产效率增长及其粮食增产？其背后理论逻辑是什么？此外，有研究表明，我国县域金融发展的"极化效应"已经显现，部分发达县域的金融发展达到了新的高度，但是部分落后县域依旧徘徊在高功耗、低产能的粗放型发展路径中，经济转型和产业结构升级步履维艰，金融发展程度有限（冯林等，2016b，2016c），这种非均衡发展对粮食生产效率提升及其供给的影响效应是否存在差异？

（2）县域金融市场化改革能否促进当地农业经济提质增量？县域城镇化建设是打通城乡要素平等交换，破除城乡二元结构，推动农业经济提质增量的重要途径和可靠手段。县域城镇化为金融市场化发展提供了产业经济基础、人口聚集和应用场景支撑，金融市场化为城市化进程中基础设施和公共物品建设提供融资和发展活力，两者是一种相互促进、相互配合的关系。那么，在推进以县城为重要载体的城镇化建设背景下，县域城镇化在金融市场化与农业经济提质增量的关系中扮演什么角色呢？将县域城镇化建设纳入金融市场化影响农业经济提质增量的分析框架，厘清三者之间关系，有助于从金融市场化与县域城镇化融合发展角度为促进我国农业经济提质增量提供科学决策依据。

（3）县域金融市场化改革能否有效促进农民增收？长期以来，农业机械化在促农增收方面作出了巨大贡献，主要通过提高农业生产效率，增加农业产出与非农就业时间，促进农民经营性收入与工资性收入增长（Takeshima，2013；陈实等，2019）。同时考虑农村金融与农业机械化，有观点指出两者之间呈现正相关的关系，如李长飞等（2017），但这类文献在两者对农民收入增长的具体作用逻辑和影响路径等方面缺乏深入研究。在现有研究基础上，从县域金融市场化的角度出发，考虑以下问题：这种不同层级的县域金融市场化发展是否会影响到农业机械化与农民收入增长呢？如果有影响，其具体又表现为何种形式呢？

从理论与实证层面回答这些问题，有助于准确把握当前县域金融市场化改革在保障国家粮食安全、促进农业经济增长与农民增收过程中的运行机制与规律，进而为持续深化县域金融改革、优化县域金融支农服务，促进农业经济提质增量发展、推动共同富裕提供理论指导和经验证据支撑。

第二节　研究目的与意义

一、研究目的

基于粮食增产、农业增效、农民增收过程中的资金约束以及县域金融市场化改革的现实特征，依据金融深化理论、内生金融增长理论、舒尔茨的改造传统农业理论、诱致性技术变迁理论、生产效率理论等相关理论，构建县域金融市场化改革与农业经济效应的理论分析框架，并实证探究县域金融市场化与粮食生产效率、粮食生产供给、农业经济提质增量以及农民增收效应的关系，从而为构建有利于粮食安全效应提升、农业经济提质增量以及农民增收导向的县域金融市场化政策体系提供科学依据，具体如下。

（1）梳理县域金融体系与利率市场化发展的变迁历程，明晰当前县域金融市场特征以及县域金融市场化的动态演变趋势，测算县域粮食生产效率并分析动态演变趋势与区域差异。

（2）在探究县域金融市场化与粮食单要素和全要素生产率的影响关系基础上，从要素质量、要素配置、工业化及城镇化等方面厘清县域金融市场化影响粮食生产效率的作用机制，以期深入揭示县域金融市场化和粮食生产效率之间的内在逻辑关系。

（3）从要素配置结构调整视角，厘清县域金融市场化与粮食生产供给的影响，从县域城镇化建设视角厘清县域金融市场化与农业经济提质增量的关系，以及从农业机械化视角，厘清县域金融与农民增收的关系。

（4）依据理论分析框架和实证检验结果，探究立足县域金融市场化程度提升与作用机制协同驱动的粮食安全效应提升、农民增收联动机制与政策支持体系。

二、研究意义

在乡村振兴的关键时期，从粮食增产、农业增效、农民增收视角评估县域金融市场化改革效应，对深化县域金融改革，促进县域金融体系更好地服务"三农"具有重要的理论和现实意义。总结而言，本书具有下述几方面的学术价值和意义。

1. 理论意义

第一，基于"三农"发展的资金约束及县域金融市场化改革的现实特征，依据金融深化理论、内生金融增长理论、舒尔茨的改造传统农业理论、诱致性技术变迁理论、生产效率理论等相关理论，构建县域金融市场化与粮食增产、农业增效、农民增收关系的理论分析框架，有助于金融深化理论与农业经济管理理论。

第二，从粮食增产、农业增效与农民增收方面阐释县域金融市场化改革和县域金融支农惠农政策执行效果与政策预期偏差的理论逻辑，形成对现有县域金融制度改革效果评估理论研究的有益补充的同时，拓展金融深化理论在"三农"领域中的应用，亦深化粮食增产、农业增效及农民增收的前置因素研究。

第三，基于全要素生产率增长机制，构建了城乡要素流动视角下"县域金融市场化—农业技术创新/要素质量/要素配置/工业化/城镇化—粮食生产效率"的中介效应理论模型，有助于厘清县域金融市场化影响粮食生产效率背后的作用机制与经济逻辑，为认识县域金融市场化与粮食生产效率关系提供了理论框架。

第四，从提高县域金融市场化水平方面挖掘农业经济提质增量的内在潜力固然重要，但若忽视县域城镇化这一外在变量的作用，或者说没有有效发挥县域金融与城镇化融合对农业经济发展或乡村振兴的带动作用，则农业经济提质增量的潜力有限，乡村振兴的政策效果也将大打折扣。本书将金融市场化、县域城镇化及农业经济纳入同一分析框架下，阐释了城乡要素流动视角下金融市场化发展通过影响县域城镇化作用于农业经济提质增量的机理，以及县域城镇化门槛效应下金融市场化影响农业经济提质增量的异质性，以期推动金融市场化水平提升与县域城镇化发展的同时发挥好两者融合对农业经济提质增量的带动作用。

2. 现实意义

在保障国家粮食安全、促进农业经济高质量发展与实现共同富裕的背景下，实证探究县域金融市场化对粮食增产、农业增效与农民增收的作用效果与作用路径，有助于审视县域金融市场化发展方式，为相关政策制定提供支撑与参考。

第一，能够为县域金融市场化与粮食增产、农业增效、农民增收协调发展提供必要的现实依据。从粮食增产、农业增效、农民增收视角评估县域金融市场化影响效果，计量检验县域金融市场化改革执行效果与政策预期的偏差，为推进县域金融市场化改革特别是改进县域金融支农惠农相关政策的顶层设计、配套支撑机制完善以及与粮食增产、农业增效、农民增收多项政策之间的有机衔接提供现实依据。

第二，有助于优化城乡金融资源配置并提升粮食生产综合供给能力。从提升县域金融市场化水平及其与作用机制联动综合探究粮食生产效率增长策略，为多层面健全完善县域金融体系、持续提升县域金融市场化水平和县域金融支农惠农能力，有效促进金融、技术、现代生产要素等关联系统有序运行，形成粮食生产效率增长及粮食稳产保供的长效机制，推动粮食产业高质量发展提供有效的路径选择与重要实践策略参考。

第三，有助于加深理解新时期县域金融市场化改革如何影响农业经济提质增量与农民增收。在分析粮食生产综合供给能力的基础上，本书也十分关注县域金融市场化改革对农业增效和农民增收的影响。农业增效关乎农业高质量发展与国民经济问题，农民增收关乎共同富裕问题。通过实证分析，本书将回答县域金融市场化发展对农业增效和农民增收产生何种影响，并厘清县域城镇化建设与农业现代化发展对农业增效与农民增收的作用，从而为后续针对性政策建议提供经验支持。

第三节　研究动态与述评

一、县域金融市场化发展的相关研究

1. 金融市场化的内涵与定义

金融市场化的本质是金融深化，其概念最早由麦金农和肖（McKinnon and Shaw，1973）于 1973 年提出，核心思想是发展中国家要减少政府对金融体系的过多干预，充分发挥市场机制，推行利率自由化，让利率真正反映金融资产的供求状况和真实价格，实现金融自由化，从而使发展中国家摆脱金融抑制，缓解信息不对称、降低交易成本，提高金融资金配置效率，推动经济持续健康发展。后续研究在此基础上不断完善，威廉森和马哈尔（Williamson and Mahar，1998）进一步拓展了金融深化的内涵，从减少贷款控制、放松利率管制、允许金融机构私有化与自主化、金融服务市场化以及国际资本自由化流动。当前，金融市场化已经是一个动态发展的过程，体现在三个层次上：一是金融规模的不断扩大；二是金融工具、金融产品、金融机构的不断优化；三是金融市场机制逐步健全完善，金融资源配置能在市场机制下得到优化与改善。国内学者也对其内涵与定义做了不同阐释，刘翔峰（2014）认为金融市场化是金融改革中不断减少政府干预、放松金融管制、提高金融效率的过程。

2. 县域金融的内涵与定义

学者关于县域金融的内涵也有不同定义。部分学者指出县域金融是以农村金融为主体但又不等同农村金融，它是位于城市金融和农村金融之间的一个范畴（张智富，2002），也有学者将县域金融等同于农村金融，将县域金融制度安排等于农村金融制度安排（蔡则祥，2004）。县域范围内金融机构服务范围在农业和非农产业、县域城镇与农村之间，无法把县域范围内非农产业和城镇的金融供给与需求同农村金融制度完全隔离发展。县域金融不论是其地理位置还是服务范围都是县域地区，基于此，谢问兰（2012）认为县域金融是地区内金融供给主体与金融活动的统称，是域内赤字部门对盈余部门的货币等金融资源进行融通行为；王雅卉和谢元态（2013）认为县域金融是以县城金融为中心，以城镇金融为纽带，以乡村金融为依托，是由县级为行政区域划分标准的地理空间范围内各种金融供给主体和金融服务构成，具有齐全的组织、完备的功能、明显的区域特色。

3. 县域金融抑制与金融深化发展的相关研究

对中国县域金融市场的研究，学者认为中国县域金融市场存在金融抑制问题，具体表现为县域金融机构营业网点萎缩、县域资金大量外流、县域金融资金与金融产品供给短缺、县域金融需求能力不足、县域金融资源配置效率低下等（曹晨光，2007）。已有研究从供给与需求角度剖析了县域金融抑制存在的原因，认为县域金融市场垄断、国有商业银行制度不完善、二元金融结构、政府金融管制严格、传统种植业金融需求不足等是造成县域金融抑制的关键（吕风勇，2021）。鉴于中国县域金融市场出现的金融抑制问题，大多数学者认为解决该问题的关键是实施县域金融市场化，并从刺激金融需求与增加金融供给角度提出了缓解县域农村金融抑制、推进金融市场化的具体举措。如郜丽敏等（2007）提出，重新定位县域农村金融机构的功能，真正实现商业金融、政策性金融及合作性金融等多类机构组织共存金融格局；王雅卉和谢元态（2013）指出要深化县域金融制度改革，创新县域金融制度，完善政府服务体系，扩大县域金融的有效需求。除政策改革外，经济基础、人力资本、地理位置、投资水平、政府竞争等也是影响县域金融市场化的关键因素，如成春林和华桂宏（2013）通过构建县域金融发展影响因素的机器人模型，发现区位、经济、制度是影响金融发展的关键因素；冯林和罗怀敬等（2016）认为，经济基础、政府干预、投资水平以及人力资本等因素均能够提高当地县域金融市场化水平，但是政府干预在提高本县域金融市场化水平的同时也降低了周边县域金融市场化水平。此外，部分学者从县域金融结构角度探讨县域金融市场化发展路径，如傅昌銮（2014）认为以农村中小金融机构为主的金融结构更适合于县域经济发展，同样王雪和何广文（2019）也发现农村商业银行和村镇银行两类县域法人金融机构能显著促进普惠金融服务深化，而国有五大商业银行促进普惠金融服务深化的效应在贫困县和非贫困县均不显著。随着县域经济发展、县域金融制度改革以及利率市场化推进，我国县域金融抑制逐渐缓解，县域金融市场化程度不断加深（王克祥，2013）。吕风勇（2021）以金融相关比率即存贷款余额占 GDP 比重来衡量区县的金融市场化程度，发现 2013～2019 年县域金融市场化程度呈现明显上升趋势。

近年来，随着金融科技的快速发展，县域普惠金融与数字金融发展引起学者广泛关注，其发展有助于破解农村金融服务"最后一公里"难题，加速县域金融市场化发展。杨军等（2016）通过构建县域普惠金融发展评价体系，评估发现江苏县域普惠金融发展水平不断提升，并表现出明显的区域差异特征，张晖（2020）则基于 2014～2018 年北京大学数字普惠金融数据库和江苏省县域普惠金融发展数据库研究发现，江苏省县域数字金融发展水平逐年上升，但发展速度逐步放缓。林春和谭学通（2021）研究发现，中国县域普惠金融整体水平较低，呈现出稳步上升趋势，这种演化趋势存在显著的"俱乐部趋同"和"马太效应",并且随着时间扩大,地区差异更加明显。此外,还有学者对县域金融结构进行了研究,认为以农村商业银行和村镇银行等农村中小金融机构为主的金融结构更适合于县域经济发展(傅昌銮,2014),并且能显著促进普惠金融服务深化,而国有五大商业银行在贫困县和非贫困县均不能有效促进普惠金融服务深化(王雪和何广文,2019)。也有学者从县域普惠金融发展与金融风险之间的关系以及县域金融市场化的"空间溢出"效应等视角进行了研究(袁灏,2016)。

二、县域金融市场化与粮食增产提效的相关研究

(一)粮食安全问题的相关研究

保障国家粮食安全、实现国内粮食基本自给的关键是提高粮食生产效率(程名望等,2015;廖开妍等,2020),相关学者就国家粮食安全效应、粮食生产效率测算与动态趋势分析、粮食生产效率增长的影响因素等方面进行了深入研究。

1. 关于粮食增产的相关研究

粮食安全问题认识方面。已有关于国家粮食安全问题的研究基本已达成统一共识,虽然短期内国家粮食安全不存在重大问题,但长期来看粮食安全形势依然严峻。程国强(2019)认为尽管粮食连年丰收、库存充裕,但依然存在结构性失衡以及抗风险能力差等短板。马晓河(2016)认为中国粮食安全问题主要表现为土地与水资源的过度开发、种植成本高、科技支撑能力不足,国际竞争力弱等,同样,张红宇(2021)基于要素视角提出,土地要素、人力要素、科技要素和政策要素是粮食安全的关键。也有学者研究发现,当前中国粮食安全面临的贸易风险加大,正由以往少量的粮食进口调剂余缺向现阶段大规模粮食进口弥补不足转变。此外,尹成杰(2005)从供需层面提出,粮食安全的核心要义在于生产能力安全,提高粮食综合生产能力是确保粮食安全的有效途径。

此外,学者从宏观或微观视角考察了粮食生产供给的影响因素,例如,从粮食生产成本(王向辉,2015)、劳动力转移(钟甫宁等,2016)、

粮食需求（Pingali，2007）、资源禀赋（唐华俊，2014）、生态环境可持续性（Liu，2014）以及国际贸易环境（王学君等，2020）等方面对粮食生产供给的影响效应和作用机制展开基础性研究。

2. 关于粮食生产效率的相关研究

（1）生产效率内涵及其演变的研究。生产效率最早由丁伯根在1942年提出，反映了生产过程中决策单元将投入转化为产出的效率，但尚未考虑资源配置、组织创新、教育等问题。经济增长理论时期，戴维思和法布里肯特（Davis and Fabricant，1954）在其著作《生产率核算》中阐述了生产效率的具体内容，认为生产效率应涵盖生产过程中劳动力、土地、资本、能源等全部要素投入。在此基础上，1957年，索洛提出了索洛剩余（solow residual），进一步推动了生产效率发展，在规模报酬不变的情况下，将经济产出增长率中扣除生产要素投入增长率，其余项表示技术进步率。同样，赫尔滕（Hulten，2011）也认为索洛余项实际上更能体现生产效率的内涵，它反映了在经济产出增长中不能由生产要素投入增长所解释的部分，因此将索洛余项理解成生产效率更恰当。与此观点一致，约根森（Jorgenson，1992）也认为全要素生产率描述的是经济产出增长中不能由生产要素投入增长所解释的部分，即生产要素之外的其他因素，如新技术、知识、经营管理能力等其他影响经济产出增长的因素。

（2）粮食生产效率测算与动态趋势分析研究。当前粮食生产效率测算的研究主要集中在发展中国家，如米格诺纳等（Mignouna et al.，2010）基于肯尼亚西部地区600份种植户调查数据，利用SFA测算了当地玉米种植业生产效率，研究发现抽样农户的玉米生产技术效率整体低下，平均为70%，进一步利用Tobit模型实证发现，采用IRM技术能显著提高玉米生产技术效率。穆夫·提迪（Anang Muftiadi，2018）研究发现，1971～2008年印度尼西亚稻米生产效率下降幅度很大，其他粮食作物（豆类、玉米等其他粮食作物）的生产效率有所提高。马诺格纳和阿斯维尼（Manogna and Aswini，2020）利用DEA方法测算了2006～2017年印度20个州的粮食生产效率，研究表明各州的粮食生产效率存在明显差异，在DEA的CCR模型下有5个地区是具有效率的，在DEA的BCC模型下有9个地区具有效率。比扎金等（Bidzakin et al.，2020）基于350份稻农调查数据，采用随机前沿函数测算了加入合同农业的稻农生产技术效率，结果表明合同农业稻农的技术效率、分配效率和经济效率分别提高了21%、23%和26%。

在此基础上，着重梳理国外文献关于中国农业生产效率的测算，已有研究从关注农业整体生产效率转向关注种植业、养殖业层面的生产效率测算。整体农业生产效率的测算，如普拉特等（Pratt et al.，2009）利用DEA方法测算中国1961～2006年的农业生产效率，研究发现农业生产效率的年均增长率为2.11%，尤其是改革开放后农业生产效率得到大幅度上升。盛誉等（Sheng Y. et al.，2019）基于《全国农产品成本收益资料汇编》的数据，利用指数法测算了1978～2016年中国农业生产效率，研究发现考察期内农业生产效率的年均增长率为1.9%，2008年之前年均增长率为2.4%，但2008年之后年均增长率下降到0.9%。养殖业生产效率的测算，如艾伦·雷等（Allan N. Rae et al.，2006）利用SFA方法测算了畜牧业生产率，并将其进一步分解为技术进步和技术效率指数，发现畜牧业生产率增长来源于技术进步。种植业生产效率的测算，如王晓兵等（Wang X. B. et al.，2016）基于1984～2012年六种农产品数据进行测算，发现玉米、棉花、油菜籽的生产效率年均增速均超过2%；大豆、小麦和水稻的年均增速分别为1.3%、0.8%和0.6%，相对来说增速较慢。龚斌磊（Gong，2018）将改革开放以来中国农林牧渔结构的变化考虑到农业生产效率的测算中，利用变系数的随机前沿模型（SFA）研究发现，在改革开放以来的不同时期要素投入的增加与生产效率的增长交替驱动中国农业增长。

国内学者关于粮食生产效率测算与动态趋势分析主要集中在两个方面，一是多聚焦于广义农林牧渔业中，并逐步向种植业拓展。例如，张宇等（2017）研究发现农户种植业生产技术效率整体偏低，平均效率为64.2%；周一凡和张润清（2021）研究发现河北省种植业生产效率地区差异较大，整体上呈现"北高南低"的特点。为了更准确反映粮食生产效率、种植业生产效率的研究范畴也从包括蔬菜、水果、花卉整个种植业向单纯的粮食种植业延伸。如高鸣和宋洪远（2014）利用DEA - Moran's I - Theil Index模型测量了中国各省区粮食生产技术效率值，分析发现中国粮食生产技术效率存在空间自相关关系，且不同粮食生产功能区的粮食生产技术效率差异较大，特别是粮食主销区内部的差异最为明显。孙小钧等（2019）运用 DEA 方法测算 2006～2017 年中国粮食生产效率，研究表明中国粮食生产效率整体偏低，且东部沿海地区普遍呈现出效率递减态势，而相邻地区的正相关关系变弱，负相关效应增强。赵丹丹和周宏（2020）研究发现，1996～2015 年中国粮食平均生产效率为 0.6901，整体上处于不断上升趋势，但也存在 30% 左右的效率损失。郑志浩和程申（2021）采用超越对数随机前沿生产函数研究发现，中国粮食种植业产出增加主要来源于技术进步所带来的生产效率增长，1980～2018 年中国粮食种植业生产效率呈现加速增长模式，年均增长率为 1.42%。二是多聚焦于单一粮食作物品种（如玉米、稻谷、小麦、大豆等）的生产效率增长。如吴园等（2019）利用超越对数形式的 SFA 模型研究发现，2007～2016 年中国玉米生产技术效率较高，在 0.8～0.9，接近于 1 的完全效率状态。王恒和高鸣（2020）基于 1999～2015 年全国籼稻和粳稻主产省的数据，研究表明早籼稻和粳稻的生产效率总体上在波动中下降，且存在明显的地域差异，中籼稻生产效率近年来逐渐增加。李中才（2021）研究发现，中国小麦生产技术效率虽然逐年递增，但是增长后劲不足，增长幅度越来越小。杨雨辰和向华丽（2021）利用 Malmquist 指数法和 Hicks - Moorsteen 指数法研究发现，2004～2018 年中国大豆生产效率总体呈下降趋势，具有阶段性特征，年均损失为 1.5%～1.6%。尽管粮食作物品种生产效率研究结果有助于揭示单一品种粮食作物的可持续发展状况，但不能准确反映粮食种植业整体生产效率变动全貌。

（3）粮食生产效率的影响因素研究。现有研究主要从粮食生产投入要素、社会经济因素以及自然环境三个方面探究粮食生产效率增长的影响因素。一是粮食生产投入要素，包括土地要素，已有研究主要从耕地细碎化（王嫚嫚等，2017）、土地流转（曾雅婷等，2018）、土地规模（罗光强等，2019）、耕地质量（王帅奇等，2021）等方面探讨对粮食生产效率的影响；劳动力要素，主要涉及劳动力转移（胡迪等，2019）、劳动力老龄化（麦尔旦·吐尔孙等，2019）、劳动力女性化（彭代彦等，2016）、农户兼业（黄炎忠等，2021）、人力资本（赵丽平等，2015）等；农业资本要素，主要涉及农业资本投入（王琛等，2013）、氮元素施用（张云华等，2019）、农业机械化（彭超，2020）、农业技术进步（杨义武等，2017）等。二是社会经济因素，主要包括政策制度（程申等，2017）、农业补贴（刘海英等，2016）、城镇化（何悦等，2019）、工业化（尹朝静，2020）、农业生产性服务（王洋等，2021）、农旅融合（江艳军等，2022）、农户禀赋（胡逸文等，2016）以及要素配置扭曲（朱喜等，2011）等。三是自然因素，主要包括自然灾害（龙少波等，2021）、气候变化（尹朝静等，2016）等。此外，还有学者关注了信贷约束对农业生产效率的影响，将在下节进行详细综述。

（二）县域金融市场化与粮食生产效率的相关研究

1. 农村金融信贷影响农业生产效率的相关研究

关于金融信贷与农业生产效率的研究，一种观点认为农村金融信贷有助于提升农业生产率（Chandio，2016）。如布歇等（Boucher et al.，2009）研究表明，金融信贷约束会影响秘鲁农户的生产技术效率。弗莱彻纳等（Fletschner et al.，2010）利用 DEA 方法测算了秘鲁农户因金融信贷约束而导致生产无效率状况，研究发现金融信贷约束会使秘鲁农户技术效率水平下降 17%~27%。董凤霞等（Dong F. X. et al.，2012）研究发现，金融信贷显著影响中国农户技术效率，缓解农户信贷约束会促进农业生产效率增长，进一步发现，金融信贷约束主要通过阻碍人力资本和医疗健康水平提升抑制农户的生产效率。与上述观点不同的是，有研究发现农村金融信贷并不会对农业生产效率产生显著影响。如雷耶斯等（Reyes et al.，2012）研究发现，在控制金融信贷选择性偏差之后，正规金融信贷对水果和蔬菜农户的生产效率未产生影响。

国内学者主要从农业信贷约束与可得性、农村普惠金融等方面探讨农村金融对农业生产效率的影响，相关研究主要聚集于广义农业，并呈现向粮食种植业拓展的趋势。一是农业信贷影响农业生产效率的研究。学者普遍认为，由于农业的弱质性与高风险性、金融体系活力不足、非正规金融组织发展不规范性等原因，使农村地区面临较强的信贷约束。如贾蕊和陆迁（2017）研究表明，农业信贷金额约束和利率约束抑制农业生产效率的提高，而且金额约束对生产效率较低农户的影响更大；唐勇和吕太升

（2021）从农业信贷可得性与农业保险交互角度研究了对农业生产率的影响与作用路径，发现农业信贷可得性与农业保险对农业生产率的影响不是相互独立的，两者协调发展不仅能促进农业技术进步，还有助于改善农业技术效率，从而带动农业全要素生产率的增长。随着中国农地抵押贷款的深入推进，农地抵押贷款对农业生产效率的影响研究引起学者关注，如杨丹丹和罗剑朝（2018）研究表明，农地抵押贷款可得性对政府主导型和市场主导模式下农户农业生产效率均具有显著正向作用；耿鹏鹏（2021）探讨了地权稳定性的经济效应，发现地权稳定性有助于提高农户信贷可得性，促进农业长期投资，同时也有助于突破农业生产技术采用的资金约束，最终带来农业生产率的提高。此外，已有研究还探讨了信贷配置效率对农业生产率的影响，如谢沂芹和胡士华（2021）基于内生经济增长理论和金融发展理论深入分析信贷配置效率对农业生产率增长的影响机制，研究发现农业信贷规模主要通过农村固定资产投资、对外贸易、人力资本以及企业研发作用于农业生产效率，但整体影响效应并不高，而农业信贷配给对农业生产效率具有负向影响，即农业信贷资金的利用效率低。二是农村金融发展影响农业生产效率的研究。大量文献证实，农村金融发展显著影响农业生产效率增长。尹雷和沈毅（2014）研究表明，农村金融发展对农业全要素生产率具有正向促进作用，而且主要是通过农业技术进步发挥作用；井深和肖龙铎（2017）研究发现，农村正规与非正规金融对农业生产效率增长均具有显著促进作用，但影响路径不同，正规金融主要通过技术进步发挥作用，非正规金融则主要通过技术效率发挥作用；杨彩艳等（2018）和章贵军等（2020）研究发现，农村金融服务能显著影响农业生产效率，服务水平越高，农户的生产效率也越高。与上述观点不同的是，李晓阳和许属琴（2017）研究发现，农村金融发展对农业生产率具有负向影响效应，并且会随土地经营规模扩大而逐渐加剧；孟守卫（2018）从农村金融市场结构角度，研究发现农村金融市场结构对农业生产效率具有显著的负向影响，垄断程度较强的农村金融市场结构不利于农业生产效率增长；李凯伦（2018）基于河北省市域数据研究发现，农村金融效率对农业生产效率具有正向作用，但农村金融规模对农业生产效率未发挥作用。三是数字普惠金融影响农业生产效率的研究。已有研究指出，数字普惠金融能显著影响农业生产效率增长，其作用路径是通过促进农业技术进一步提升农业全要素生产效率，而且数字普惠金融对农业生产效率的影响存在单一门槛效应，当数字普惠金融水平超过门槛值后，其对农业生产效率的促进效应更大（沈洋等，2021；葛和平等，2021）。

2. 农村金融信贷影响粮食生产效率的相关研究

关于金融信贷影响粮食生产效率的针对性研究较少，相关研究主要立足金融需求侧，从信贷可得性与信贷约束等层面利用微观数据进行实证检验。如王阳和漆雁斌（2020）利用异质性随机前沿生产函数模型（HSFA）和倾向得分匹配法（PSM），在"潜在结果框架"下实证检验正规金融信贷约束对粮食种植业生产效率的影响，发现正规金融信贷约束对粮食种植业生产效率有稳健的负面影响。也有少部分学者立足金融供给侧利用微观数据进行实证检验，如丁毅等（2021）基于信用传导理论分析了金融创新对农户粮食生产效率的影响，并利用4240份农村固定观察点主粮种植户截面数据与PSM模型进行了实证检验，研究发现农村金融创新对农户粮食生产效率具有显著的正向影响，并受农户的信息获取能力、人力资本投入的异质性影响。此外，财政金融影响粮食生产效率方面，高鸣等（2017）研究表明，农业补贴等金融支农政策会促使受限于资产贫困的农户选择高生产效率的生产方式，从而减少粮食生产效率损失；贾娟琪等（2019）分析了粮食价格支持政策对我国粮食生产率的影响，研究表明小麦最低收购价政策对主产区小麦生产技术效率和技术进步均有显著正向影响，但影响效应较弱；李自强等（2021）研究发现，财政支农补贴通过发挥结构效应与技术效应能够有效促进粮食全要素生产率的提升，对非粮食主产区粮食生产率的影响效应要大于粮食主产区。

（三）县域金融市场化与粮食生产供给的相关研究

1. 金融信贷对粮食生产供给的影响研究

已有研究集中于探讨金融发展对农业要素配置、种植结构调整及粮食产出的影响。关于金融发展对农业生产要素配置的影响，相关研究表明，劳动力与土地要素市场的发育与完善离不开金融资本投入，当农村金融市场发育滞缓时粮食种植户会因较强信贷约束降低农业要素配置的资金投入，为了弥补其他要素投入不足问题，会增加更多的家庭劳动力投入，这会降低生产要素配置效率，在次优的要素配置水平下进行农业生产，不利于粮食生产经营规模的扩大（柳凌韵等，2021；何婧等，2021）。随着农村金融供给水平与渗透能力提高，有助于银行金融机构扩大服务范围并提高农户申请金融贷款的便利度，已有研究表明，信贷便利性和良好的金融服务体验会释放金融有效需求（姜松等，2019），同时金融要素能有效实现价值链上涉农企业、农民合作社和农户等参与主体共生，在减少金融排斥、聚合资源的同时优化生产要素配置效率（汪险生等，2021）。关于农村金融发展影响粮食种植结构调整方面，已有研究证实，农村金融发展通过为农户提供信贷资金支持，能有效抵抗农业弱质性，增加农业机械投入、扩大土地经营规模，减少家庭劳动力投入和农业经营时间，从而改变农业生产方式，并促使农业种植结构向便于机械生产的粮食作物种植转变（曾雅婷等，2021）。但也有研究发现，农户信贷获取额度与经济作物种植比率呈现正相关，与粮食作物种植比率负相关（张龙耀等，2021），原因在于与粮食作物相比，经济作物在种子、农药、化肥等农资以及农业基础设施方面需要投入更多的金融资金，同时经济作物的盈利能力高于粮食作物，因此获取金融信贷的农户更倾向于种植经济作物，以获取更多利润。关于农村金融影响粮食产出方面，大量研究表明金融信贷与粮食产出密切相关，在中国特殊的农地产权制度安排下，农业经营规模扩大会受到金融信贷市场不完善的制约，从而使粮食产出受到影响。有研究表明，目前农村地区受正规金融信贷约束的农户比例约为30%，且以需求型信贷约束为主，尽管供给型金融信贷约束并非制约农户贷款的主要类型，但两种信贷约束类型均会对农户粮食产出产生抑制效应。阮荣平等（2015）发现，与粮食主产区相比，粮食主销区内农村金融的增产效果较差。张欣等（2020）研究发现，不同类型金融供给对粮食生产具有异质性影响，其中政策金融和合作金融能促进粮食增产，并产生显著的正向空间溢出效应，而商业金融的逐利性与农业生产的弱质性、季节性相悖，使得其对粮食产量具有负溢出效应。此外，大量研究表明，财政支农金融政策对粮食播种面积的增加和粮食单产的提高均起到了显著作用，尤其是在农业资本严重不足的情况下，财政支农资金是粮食生产最重要和最稳定的输血型资金来源（彭克强等，2010）。

2. 农业保险对农户要素配置方式及粮食生产供给的影响研究

农村金融体系中的农业保险显著影响农户要素配置方式及粮食生产供给。张哲晰等（2018）研究表明，投保后农户亩均化肥投入有所下降，并结合其他要素投入调整的共同作用降低单位面积产出，但投保引致的技术储备增加是稳定作物单产的重要力量。任天驰和杨汭华（2020）研究表明，农业保险显著影响小农户通过扩大经营规模、提高机械化水平以及增加农业技术的方式实现与现代农业生产的衔接，且农业保险的要素配置作用存在明显的异质性。黄颖和吕德宏（2021）认为农业保险具有风险分散和转移、风险防控和损失补偿的功能，能够降低要素配置损失风险，提高要素配置预期收益极其稳定性，从而增加农业生产要素配置，减缓生产要素"离农"趋势。

3. 财政金融对粮食生产供给的影响研究

关于财政金融支农政策与粮食生产供给关系的相关研究，主要存在两种代表性的观点。一种观点认为，财政金融支农能有效缓解农村信贷约束，降低农业要素投入成本，进而有利于粮农扩大粮食种植规模，促进粮食增产（Kropp et al.，2011）。另一种观点认为，财政金融支农政策对粮食产量的作用不明显，甚至起抑制作用（黄季焜等，2011）。其逻辑在于，当前中国财政金融支农资金存在总量不足和结构不合理的双重矛盾（温涛和熊德平，2008），而且资金使用效率偏低（田红宇等，2016），大部分金融支农资金与粮食"脱钩"，粮农增产、增收被排除在"锚定"外（高远东等，2013），抑制了金融对粮食生产供给的积极作用。

三、县域金融市场化与农业增效的相关研究

1. 金融市场化与经济增长之间关系的研究

国外学者深入研究了金融供给侧制度改革及其变迁如何最大化发挥金融功能并支持经济增长。依据现代金融深化理论，早期的国外学者主要从理论层面分析了金融发展促进经济增长的机理，分为五个方面：一是储蓄投资。在金融市场化发展初期金融市场规模较小，金融主要通过动员储蓄

功能形成金融资本积累，从而为经济活动提供金融支持，促进经济增长（Law et al.，2014）。二是资源优化配置。政府金融市场管制减少会促进地区金融市场化水平提高，有利于金融资金流向回报收益更高的企业或项目，从而提高地区金融资源的配置效率（Hsuan et al.，2014）。三是风险分散与管理。金融市场化发展会加剧金融市场竞争，有助于金融机构开发新的信贷产品与风险管理工具，从而可以降低企业在技术研发与创新投资面临的流动性约束与跨期风险，从而保障企业技术创新活力与成功率。四是加速分工深化。金融市场化发展有利于金融服务深化，降低信贷交易成本、减少信贷流程，从而提高投融资效率，同时也有助于生产者不用过多考虑长期融资时面临的流动性约束问题，从而更多关注投资高、风险大的长期项目与创新项目，提高生产效率、促进经济增长（Deonanan et al.，2020）。五是强化公司管理。金融市场化发展会使金融机构更严格评估过去融资信贷企业的经营状况，进而有利于监督管理者并促使其加强企业管理，提高企业经营绩效，带来社会经济增长（Tran et al.，2019）。

总之，学者研究发现金融通过带动资本、技术及人口等生产要素在空间上集聚对实体经济增长产生了显著的正向影响，并进一步证实了这种影响具有空间溢出效应。但随着东亚金融危机、美国次贷危机爆发，一些学者认为金融市场化超规模发展，对经济增长的促进作用会逐渐减弱，即金融市场化对实体产业经济的影响并不是简单的线性关系，而是一种复杂的非线性关系，一定发展水平范围内有利于实体产业经济发展，而金融不足或过度发展会使实体产业经济受到"金融诅咒"的威胁。国内一些学者的研究也取得了类似结论。

2. 农村金融市场化及其对农业生产影响的研究

学者从金融规模、金融效率、金融结构及金融创新等角度分析了金融发展与农业经济增长之间的关系，但是在结论上一直未达成共识，主要表现为正向促进效应、负向抑制效应及复杂的非线性关系。例如，皮施克等（Pischke et al.，1987）基于金融抑制理论探讨了发展中国家农村金融市场存在的主要问题，结论表明只有少部分农户能从正规金融机构获得贷款，农村金融市场普遍存在金融抑制现象，为督促正规金融机构增加对农户信贷资金支持，从金融市场化角度提出政府应推动金融自由化、提高实际利率水平，促使农村金融抑制向金融深化转变的政策建议。克劳迪奥（Claudio，2003）也认为推行农村金融市场深化改革是解决农村金融排斥的关键，提出优化农村金融市场发展的宏观经济、政策环境，拓展金融服务功能，扩大金融需求与供给，改革发展中国家现行严格的金融监管方式，促进农村金融结构优化调整等。

现有关于金融市场化影响农业生产的研究，主要集中在金融信贷约束、信贷可得性对农业生产的影响，由于不同国家金融市场发展情况不一样，其研究结论也不尽一致，一种观点是信贷约束会制约农户生产要素投入与农业产出，如弗莱彻纳等（Fletschner et al.，2008）考察了秘鲁农村信贷市场对农业生产的影响作用，研究表明农户受到信贷约束会对农业产出和效率产生显著的影响，正规信贷约束会造成农业产出下降大约26%；奥科博伊和巴伦吉（Okoboi and Barungi，2012）考察了乌干达地区信贷约束、农户化肥施用以及农地灌溉三者之间关系，结果表明信贷约束在很大程度上限制了农户化肥施用量和农田灌溉；霍桑等（Hossain et al.，2016）认为金融可得性会增加农户采用现代新品种的概率。金融信贷获得性有助于增加农业产出，如费多尔等（Feder et al.，2006）基于农村正规和非正规信贷约束角度，研究发现为农民提供信贷支持，缓解其流动性约束会显著提高农业产出，对具有信贷约束农户每增加1%的信贷支持，农业产出会增加大约0.04%。克洛普和惠特克（Kropp and Whitaker，2009）研究发现，涉农财政金融投入能有效缓解农户的信贷约束和流动性约束，降低要素投入成本，并刺激粮食生产者增加农业生产投入，促进粮食产出增加。易福金等（Yi F. J. et al.，2016）、黄季焜和丁纪平（Huang J. K. and Ding J. P.，2016）认为，获取金融信贷支持有助于提高农民种粮积极性，扩大粮食种植规模。与上述观点不同的是，金融信贷并不会对农户要素投入和农业产生影响，如福小茨（Foltz，2004）利用突尼斯农户数据控制了选择性偏差之后，发现获取信贷会对农户利润产生显著影响，但不会对农户生产要素投入行为产生显著影响。古德温（Goodwin，2004）认为没有证据表明农业保险保费补贴会带动农作物产量的增长。雷耶斯等（Reyes et al.，2012）认为金融可得性对农业产出的影响并没有预期显著，可能的原因是真正得到贷款的农户不多，农户对正规金融的需求较低，而非正式金融也缓解了农户的信贷约束，同样，费多尔等（Feder et al.，1990）研究也发现，农村信用社提供短期信贷主要用于农户消费和投资，而非农业生产。

四、县域金融市场化与农民增收的相关研究

学术界对农民收入增长问题进行了广泛研究与讨论，其中有不少学者研究农业机械化或农村金融对农民收入增长的影响（许崇正和高希武，2005；张睿和高焕文，2008；Liu et al.，2014）。金融作为现代农村经济资源配置的核心，对农民收入增长起到重要推进作用（顾宁和张甜，2019）。有研究指出，农村金融发展不仅通过农村存款、农业保险赔付等方式带动了农民收入增长（余新平等，2010），还通过为农业科技投入、成果转化等提供资金支持，间接推动了农民收入持续增长（刘玉春和修长柏，2013）。但也有观点认为，我国农村金融发展存在长期滞后性，对农民收入增长的影响非常有限（温涛等，2005；孙玉奎等，2014）。金融市场化是金融发展的重要方向，通过规模效应、集聚效应、扩散效应以及金融功能等方式推动经济发展（Audress and Feldman，2006；李红和王彦晓，2014）。县域作为中国经济发展的基本单元，其金融市场化给县域带来了人才、技术、金融等资源的聚集，通过金融市场化发展实现了资源共享、信息沟通，促进了县域金融机构的竞争、降低了融资成本，同时还为产业结构升级和经济转型提供了进一步支持（董秀良等，2019）。但是，根据赫希曼的"涓流—极化效应"理论，在区域金融市场化的最初阶段，核心金融区的累积性增长会扩大区域间的金融差异，进而造成区域间非均衡发展（刘军等，2007；冯林等，2016a）。当前我国县域金融市场化的"极化效应"已经显现，部分发达县域依靠政策、区位、资源禀赋等基础条件吸引了大量金融机构和信贷资源，实现了经济的率先起步，但部分落后县域金融资源流失严重，且依旧徘徊在高功耗、低能的粗放发展路径中，经济转型和产业结构升级步履维艰，进而出现了县域金融市场化水平不平衡现象（冯林等，2016a）。不同层级、不同规模的金融市场化与其他要素一道构成了经济发展系统中的重要影响因子（丁艺，2009；李林等，2011），且我国农业发展高度集中于县域（姜春，2015），因此县域金融市场化与

农民收入增长的关系是一个值得深入探究的课题。

五、研究述评与创新点

现有文献对县域金融市场化的内涵，金融信贷对粮食增产、农业增效、农民增收的影响效应进行广泛探讨，但梳理文献发现仍存在以下不足。

（1）已有文献虽关注到信贷约束、信贷获得性、财政金融等对农业发展的影响，但更多是从微观农户信贷需求侧论证农业信贷约束问题以及财政金融政策的作用效果，并未关注到现阶段县域金融市场化改革，更多由市场配置金融资源后，县域金融市场化对"三农"发展产生的影响及其作用机制。而且，现有"三农"发展的研究要么侧重全国省级层面的考察，要么侧重于抽样农户微观层面分析，这样无法从抽样个体透视整体状况，也使得宏观计量缺乏中观实证支持，我国农业发展高度集中于县域，鲜有研究从中观县域层面探讨金融市场化改革对粮食生产、农业增效与农民增收的影响。

（2）已有研究多从农业技术进步、信贷支持下的农业资本深化等角度探讨金融信贷影响粮食增产的作用机制，忽略了要素质量与要素配置的传导作用。而且鲜有学者将城镇化和工业化纳入县域金融市场化影响粮食生产的分析框架中，以往撇开县域范围内非农产业、工业化、城镇区域与县域金融的内生互动，单独探讨金融信贷与粮食生产的关系，割裂了县域金融与县域产业整体有机联系，也无法全面厘清二者之间的作用机制。而且，虽有研究从金融供给侧探讨农村金融发展对农业生产的影响，但由于农业尤其粮食种植业仅是农林牧渔业中一部分，农业（种植业）产值占农林牧渔业比重由1952年的85.89%下降至2018年的54.11%[①]，同时随着社会经济与人口城镇化发展对蔬菜、水果等经济作物需求旺盛，导致粮食种植面积和产值比重不断下降，当今农业生产效率研究成果已经不能准确

---

① 数据图表：解读70年来我国农业生产及机械化发展状况［EB/OL］.农机网，2019 - 12 - 31.

反映粮食种植业生产效率。不仅如此，金融资本可能被"农业内部优势部门捕获"，蔬菜、水果等经济作物以及畜牧业的盈利性远高于粮食种植业，金融资本的趋利避害性，可能导致金融支农资金主要流入"非粮作物"，因此现有金融信贷与农业生产研究成果包括影响效应大小、作用机理、作用路径等，已然不能准确反映金融信贷对粮食增产的影响。

（3）鲜有文献基于县域城镇化建设背景深入讨论金融市场化与农业经济提质增量之间的内在逻辑联系。从提高县域金融市场化水平方面挖掘农业经济提质增量的内在潜力固然重要，但若忽视县域城镇化这一外在变量的作用，或者说没有有效发挥县域金融与城镇化融合对农业经济发展或乡村振兴的带动作用，则农业经济提质增量的潜力有限，乡村振兴的政策效果也将大打折扣。

（4）农业机械化对农民收入增长具有显著促进作用，而金融信贷支持是农业机械化发展的重要驱动因素。鲜有学者关注县域金融与农业机械化协同发展对农民收入增长的具体作用逻辑和影响路径。

与已有研究相比，本书创新点主要体现在以下几个方面。

（1）以县域金融市场化改革为切入点，研究县域金融市场化对"三农"发展的影响及作用机制，拓展了研究视角。本书从粮食生产、农业提质增量以及农民增收方面考察以县域金融市场化表征的县域金融市场化改革与县域金融支农惠农政策执行效果与政策预期的偏差，拓展了现有文献多从金融机构经营绩效、经营风险以及县域宏观经济增长方面考察县域金融市场化改革与金融深化发展影响效应的研究视角；利用中观县域层面数据实证分析县域金融市场化对粮食增产、农业增效以及农民增收的影响，拓展了已有研究仅从省市宏观层面探讨金融信贷对农业生产影响或从个体微观探讨信贷约束对农户生产影响的研究视角。

（2）遵循"县域金融市场化—城乡要素流动—农业技术创新/要素质量/要素配置/工业化/城镇化—粮食增产"的理论逻辑，创新性构建县域城乡要素流动视角下县域金融市场化影响粮食增产的理论框架。首先从提升要素质量与优化要素配视角阐释了县域金融市场化影响粮食增产的内在逻辑，补充了现有文献仅从农业技术进步、信贷支持下的农业资本投入等方面探讨金融信贷对农业生产的影响；其次理论阐述金融市场化对粮食增产的影响并未局限于农村金融领域，而是从更广的县域金融角度出发，将县域金融市场化、工业化与城镇化以及粮食生产纳入到同一分析框架下，阐释了城乡要素流动视角下县域金融市场化通过影响工业化与城镇化作用于粮食生产的机理；最后，实证分析县域金融市场化如何通过影响农业技术创新、要素质量、要素配置、工业化、城镇化作用于粮食增产，充分揭示了县域金融促进粮食增产的路径。

（3）将金融市场化、县域城镇化以及农业经济纳入到同一分析框架下，阐释了城乡要素流动视角下金融市场化通过影响县域城镇化作用于农业经济提质增量的机理，以及县域城镇化门槛效应下金融市场化影响农业经济提质增量的异质性，以期推动金融市场化水平提升与县域城镇化发展的同时发挥好两者融合对农业经济提质增量的带动作用。

（4）从农业机械化视角分析了县域金融市场化对农民增收的影响关系，并利用县域面板数据重点考察了农业机械化的中介传导作用与门槛效应，有助于厘清县域金融市场化、农业机械化与农民收入增长三者之间的关系，对进一步发挥农业机械化与县域金融在农民收入增长中的作用具有一定的指导意义和参考价值。

第二章

县域金融市场化的农业经济
效应理论基础

第一节　金融深化与金融功能理论

一、金融深化理论

20 世纪 70 年代，美国经济学家麦金农和肖（McKinnon and Shaw，1973）系统地提出了著名的"金融抑制论"与"金融深化论"，所谓金融抑制是指发展中国家金融市场普遍受到不适当的管制和政策影响，如市场准入限制、利率限制、配额限制、产品限制等，以致存在金融市场机制不健全、金融产品种类与金融机构类型单一、金融效率低下等"金融抑制"问题，从而抑制了金融体系发展，使信贷主体的融资渠道遭遇阻滞，信贷需求无法得到满足。金融深化就是对金融体系及市场放松过多无效的政府行政干预，通过金融创新和金融市场化改革让金融市场充分发挥聚集金融资源的能力并进行有效配置，实现金融自由化与利率机制市场化。金融深化理论发展的前提条件：一是健全的金融体系及市场可以充分发挥金融资本的配置效率，把社会闲置资金聚集起来转化为生产性投资资本，并依据金融资本趋利避害性在市场机制作用下将金融资金投向效率及收益回报更高的部门或地区，促进地区产业升级与实体经济发展；二是经济及产业结构升级会促进居民收入、消费能力和企业对资金需求能力的提升，而这又会激发对金融信贷资金的需求、促进金融规模与业务扩张，由此形成金融与经济协调发展的良性循环。

关于金融深化理论的核心思想，首先，政府应重视银行信贷市场的发展，放开利率管制，实行存贷款利率自由化，让市场供求决定利率真实价格；其次，政府应放松对各类金融机构的管制，允许非国有银行等金融机构的存在，鼓励各类经济主体积极参与金融市场活动，提高资金储蓄率、增强金融资本供给能力，同时提高储蓄投资转化率，将社会闲置资金聚集起来转化为生产性金融资本；再次，基于发展中国家投资资金主要依靠内源型融资的实际，提出发展中国家应强调对本国金融资本的培养，降低对国外金融资本的依赖性；最后，政府要对市场通货膨胀进行有效干预，平抑物价，为信贷市场开展存贷款业务创造条件。总之，金融深化是通过放松金融管制、健全金融法规、取消利率管制与信贷配给、金融市场竞争自由化等，实现整个经济中金融体系发展和金融市场自由化程度的提高。

金融市场化影响经济发展的逻辑，主要通过收入效应、储蓄效应、投资效应以及就业效应实现。首先，从金融市场化的收入效应来看，通过经济系统中货币余额的增长实现国民收入的提高。金融市场化取消了利率与汇率管制，金融机构可以根据市场供求关系确定利率与汇率价格，进而有助于促使社会闲置资金与国外资本聚集，增强资本供给能力。其次，金融深化理论下货币资金的利率受资金供求关系的影响，其实际收益率会提高，因此居民为了防止通货膨胀率会增加社会储蓄量。此外，居民储蓄还会在金融深化收入效率带动下按照相同比例增长。再次，从投资效应来看，由于金融市场化的储蓄效应增强了金融资金存量，因此金融机构会增加贷款授信，使得社会总投资额增大，同时金融市场自由化会使资金在供给方和需求方之间形成竞争局面，有利于提高资金投资效率，使资金真正投资到效益高的地区或部门，最终使闲置资金在分配和使用的过程中更加科学合理。最后，从就业效应来看，由于储蓄与投资发挥合理资金配置作用，企业发展能力及竞争力不断增强，从而提高了整个社会的就业率。

二、金融功能理论

金融功能是金融对于经济发展的作用和功效，与地区金融货币制度、金融运行环境、金融体系发展水平有关，它随着地区经济发展与制度变革而发生变化。金融体系最重要功能是金融资源的高效配置，而且金融市场自由化与金融机构竞争会促进金融配置效率的提高与金融功能完善。具体功能可概况为以下几点。

第一，储蓄投资转化功能。金融体系发展可以降低信息搜寻成本、提供风险分散机制将经济中分散资金聚集起来，进而为工业化和长期经济发展提供资本支持。金融中介发展降低了资金供给者与资金需求方因签订借贷合约所需要的信息搜寻成本，而且金融机构的安全性也会降低投资者与借贷者之间的不对称性，从而提高资金的储蓄投资转化率。同时，金融机构及金融工具的创新发展也使居民实现了投资分散化，降低了金融风险，增强资产的流动性。

第二，金融资源配置功能。金融资源配置效率是经济增长的关键因素，而高额的信息成本不利于资本流向具有高投资价值的领域。信息不对称的存在影响着金融资源配置效率，金融中介发展降低了信息不对称与交易成本，使投资者可以以更低成本获取更多信息，有利于改善投资者投资决策，促进金融资源配置效率的提高。股票市场通过披露上市公司信息可以减少社会收集与处理信息的成本，有助于改善资源配置效率。此外，金融体系的风险分散特性会引诱资本投向更高预期回报的项目、促进技术创新以及经济创新活动，同时还会为金融资源在时间、地域和行业间的转移提供便利，从而提高金融资源配置效率。

第三，风险分散功能。金融体系可以降低流动性风险，一方面，股票市场发展为长期资本流动性风险化解提供了可能，股票市场把具有流动性的金融工具转变成长期和非流动性资本投资，解决了规模较大和回报率较高的长期项目资金需求；另一方面，金融中介发展通过创新金融业务，为经济主体提供活期储蓄、选择合适的流动与非流动投资组合，将流动性高、收入低的活期储蓄资金与企业的流动性低、高回报的长期投资结合起来，降低资金流动性风险，将金融资源配置到有投资前景、高回报项目中。此外，金融工具创新也为投资者和企业进行套期保值创造了机会。

第四，监督经理层以实现公司有效治理。所有权与控制权相分离是现代企业制度的主流，这种制度存在明显代理问题，本质是信息不对称和道德风险问题。金融市场发展会降低信息和监督成本，而且在金融安排下，会促使职业经理人以所有者利益最大化为原则来管理公司，从而实现公司有效治理。

第五，促进交换实现专业分工。亚当·斯密在《国富论》中阐述了劳动分工是生产力发展的主要因素，它要求在封闭经济环境中实现更多的交换，金融市场中的信息优势有助于搜寻信息费用下降，从而降低交易成本实现更多交换，促进生产专业化分工和劳动生产率的提高。

基于金融深化与金融功能理论，结合当前我国县域金融市场的竞争自由化不断加强，并已形成以中央银行基准利率为基础，由市场供求决定金融机构存贷款利率的市场利率体系的现实背景，县域金融市场化的储蓄效应会促使县域金融机构提高储蓄利率，吸收社会闲置资金，增加县域金融资本存量；县域金融市场化的投资效应会促使金融机构增加贷款授信，缓解农村信贷约束，促使农户采用先进技术、农机装备，加速农业资本深化，提高粮食生产效率；县域金融市场化的金融资源配置功能，会降低信息获取成本，使投资者以更低成本获取更多投资机会信息，提高资金投资效率，促使县域金融资金投向预期收益更高的技术研发部门，从而促进农业技术进步、带动粮食生产效率增长；县域金融市场化的收入效应，会提高农民收入、加速农业资本深化，促进粮食生产效率增长；等等。总之，金融深化与金融功能理论为分析县域金融市场化对粮食生产效率的直接作用机理奠定重要理论基础。

第二节 内生金融增长理论

一、内生经济增长理论

20世纪80年代，一些经济学家围绕新古典经济增长理论的不足与现实经济发展情况需要开始探讨经济增长的内生机制，统称为内生经济增长理论或新经济增长理论，实现了经济增长理论与研究方法从外生均衡分析到内生机制分析的转变。内生经济增长理论强调一个国家或地区在经历了靠资本、劳动力、土地等有形资源要素投入、结构优化配置以及体制制度创新所带来经济增长之后，要想继续实现经济稳定持续增长，则需要转变发展理念，寻找新的经济增长驱动力，从主要依靠生产要素投入数量增加的粗放经济发展方式，向依靠生产效率提高的内涵式高质量发展方式转变。内生增长理论认为，资本存量和资本边际生产率是经济增长的主要驱动力，资本存量包括固定资本和人力资本等多种资本，其中资本存量主要取决于投资率的高低，而投资率又受储蓄率与储蓄—投资转化率的影响。在收入一定的条件下，投资量的高低主要取决于储蓄率的大小。资本边际效率则主要取决于技术进步。因此，一国经济增长主要受储蓄率、储蓄转换为投资率以及资本配置效率大小的影响。此外，内生经济增长理论的主要观点包括以下内容：一是经济增长是由系统内部众多经济因素之间的相互作用所推动的，而非外部因素作用结果；二是技术进步是推动经济增长的决定性因素，是由经济系统中的主体选择的，是内生的；三是经济持续稳定增长的关键是技术进步能促使资本边际收益递增；四是均衡增长状态下的经济发展不能实现帕累托最优，是因为技术、知识经验和人力资本等具有外部效应（苏建军，2014）。

二、内生金融增长理论

基于内生经济增长理论中的资本边际收益是递增的，一些经济学家在内生增长理论模型中引入金融要素，研究金融要素在经济增长中的效用与作用机制。他们在 M – S 金融深化理论模型中考虑内生增长因素和内生金融中介等因素，同时还引入信息不对称和交易成本等理论，改造原来的金融深化理论模型，这些理论进展统称为"内生金融增长模型"（endogenous financial model）。内生金融增长理论认为金融发展是影响储蓄率、储蓄—投资转化率以及资本边际生产率的最重要因素之一。金融市场与信用中介发展不仅能更好地动员居民储蓄，储蓄更多的金融资源，还能缓解信息不对称降低交易成本，提高储蓄—投资转化率，增加社会资本投资量。金融发展对经济增长的影响不仅体现在储蓄率和储蓄—投资转化率上，还能促进资本边际生产率增长。资本边际生产率增长主要取决于技术进步，企业等生产主体需要通过技术改造升级提高资本边际生产率，以保证经济效益增长，而技术升级改造和革新需要资金支持，当企业自身资金不足时需要对外进行融资。商业银行等金融机构的运行效率会影响信贷资金的投向，当地区金融体系健全、金融市场高效运行时，金融信贷资金会投向回报率更高的项目，从而使经济发展潜力大的企业可以按期进行技术改革升级与革新，提高企业的资本边际生产率进而带来生产效率的增长。

粮食生产是社会经济发展的基础。基于内生增长理论可知，粮食生产效率增长的核心动力是农业资本存量增加与农业资本边际生产率递增，其中资本存量受社会投资率及其储蓄投资转化率的影响，资本边际生产率受技术进步的影响，因此粮食生产率增长的关键是提高社会储蓄率、储蓄投资转化率以及促进农业技术进步。根据内生金融增长理论，金融发展是提高储蓄率与储蓄投资转化率、促进技术创新的关键因素。鉴于此，第一，县域金融市场化通过提高储蓄率可以为投资募集更多资金，增加农业资本存量，促进粮食生产效率增长；第二，县域金融市场化发展通过信息收集功能可以减少信息不对称、降低交易成本，提高地区储蓄投资转化效率，进而增加农业资本存量、促进粮食生产效率增长；第三，县域金融市场化发展通过资源优化配置功能促使经济主体更好选择投资项目，有助于为农业技术研发部门、农机装备生产企业提供信贷资金，促进农业技术创新与农机升级换代，实现农业资本边际生产率递增，并最终带动粮食生产效率增长。

第三节　舒尔茨的改造传统农业理论

改造传统农业理论是舒尔茨于 20 世纪 60 年代提出，他认为传统农业只有转变为现代化农业才能对经济增长作出贡献，因此要对发展中传统农业进行改造。传统农业是一种生产方式长期维持不变，即投入要素与技术水平不发生变化，只能维持简单再生产的小农经济，他认为要改造农业使发展中传统农业向现代农业转变的关键是引入新的生产要素，不仅是机械装备、化肥种子农药等物质资本要素，还包括现代化农业生产方式、科学知识以及人才等。并进一步从三个方面提出引入新的生产要素的方式：一是建立适合传统农业改造的制度体系；二是要创新研发和引进适应当地农业生产环境的先进技术和生产投入要素；三是从人力资本角度，提高农业劳动者的知识与技能水平，提高人力资本水平。自改造传统农业理论被提出后，如何提高农业生产效率成为改造传统农业研究的落脚点，舒尔茨进一步研究发现，生产投入要素质量的提高，如农业劳动者的受教育水平、农业技术变化等是农业生产力增长的主要驱动力，并把生产要素质量的提升归功于个人、企业等生产主体以及政府部门对科学技术、教育以及正规和非正规研发的投资（龚斌磊，2020）。

基于上述分析，粮食生产效率提升的关键是引入现代生产要素，增加粮食种植过程中现代化农机装备、种子科技、化肥农药等资本要素，同时还要提高农业劳动力的科技素养与技能水平，提高劳动力质量。舒尔茨的改造传统农业理论为从农业技术创新、城镇化与工业化的技术溢出、生产要素质量提升等方面探究县域金融市场化影响粮食生产效率的作用机制奠定理论基础。

第四节　诱致性技术变迁理论

诱致性技术变迁理论最早由希克斯（Hicks，1932）在《工资理论》中提出，在农业经济领域，海亚米·鲁坦（Hayami Ruttan，1971）建立了诱致性技术与制度创新模型，从农业发展的国际比较视角，阐述了资源禀赋积累和经济发展中产品市场需求等因素是诱导内生性技术与制度变革的原因，这可弥补一国在某些资源禀赋上的稀缺与不足。该理论的基本思想是资源要素稀缺性变化引致不同要素之间的相对价格发生变化，为了稳定生产、降低成本，在市场需求和价格信号传导的双重作用下，诱致性技术会朝着节约稀缺资源要素的方向发展（Yujiro and Ruttan，1970），并且相对稀缺要素的技术会得到广泛应用和推广（郑旭媛和徐志刚，2017），同时生产者会选择相对丰富且价格低廉的生产要素替代稀缺且昂贵的生产要素（林毅夫，1990）。自此，该理论成为学者研究农业发展及农业技术变革的重要理论基础。

诱致性技术变迁理论为资源要素稀缺且价格贵由此而诱致技术与制度改革或选择相对丰富且价格低廉的生产要素进行替代提供了一个非常独特的理论视角（陆五一，2016）。长期以来，我国农业生产具有收入不确定性、投资长期性、低收益性、风险高、抵押物不足等产业特征，使农业生产面临较高的信贷约束。随着县域金融市场化改革，县域金融资源逐渐丰富、金融支农惠农水平也有所改善，致使农户信贷资金约束得以缓解，有助于降低农户采用农机装备等农业资本的成本，促使农户采用节约劳动力的技术（如机械技术的运用）；与此同时，县域金融市场化促进了县域城镇化与工业化，加速了农村剩余劳动力从农业部门脱离，使粮食种植劳动力短缺。根据诱致性技术变迁理论，农户会调整粮食生产要素投入结构，促使农业资本替代劳动力，实现要素合理配置，提高粮食生产效率。因此，诱致性技术变迁理论对后文从要素配置优化角度探究县域金融市场化影响粮食生产效率的理论逻辑有重要指导价值。

第五节　生产效率理论

在经济学研究中，生产效率的相关研究从单要素生产率向全要素生产率演进，单要素生产率是假定其他投入要素不变、经济产出与技术水平一定情形下特定生产要素投入总量与总产出的比值（赵丹丹，2018）。进一步研究发现，经济增长并不完全是由劳动力、资本等传统生产要素的发展所决定的，还应包括以现代要素为代表的技术进步、技术效率和生产要素间优化配置等因素（马林静，2015）。因此，需要从全要素生产率角度分析生产效率问题。

全要素生产率并不是所投入要素的生产率，而是经济增长中无形生产要素产生作用的部分，它可以直接表示为总投入要素与总产出之比，即生产部门在生产过程中将全部生产要素（包括传统的生产要素数量和非传统的生产要素质量、技术进步水平、制度水平和管理水平等）转化为产出的综合效率水平。早期的研究中假设所有厂商的生产过程中技术都是完全有效的，将全要素生产率全部归结于技术进步。然而，现实中发展中国家和处于转型阶段的国家非效率现象是普遍存在的，这与费雷尔（Farrell，1957）技术无效率的观点一致，即大多数厂商的生产效率并不是最优化、完全有效的。在这一前提下，确定性生产前沿理论被提出，认为生产过程中要素偏离生产前沿面，则是技术无效率。在此基础上，将全要素生产率分解为技术进步和技术效率，其中技术进步是随着科技发展旧技术被新技术替代而不断优化改进的过程。从狭义角度讲，是机械设备、材料等物质资本被新技术改造升级；从广义角度讲，不仅包括物质技术创新与升级，还包括新知识、先进生产管理理念的改进；技术效率反映了资源要素利用效率，是生产部门在现有技术水平和要素投入价格下的最佳生产要素的投入产出比。目前，全要素生产率的增长主要体现在依靠生产要素的优化组合、提高生产要素的质量和使用效率、提高生产技术水平、提高劳动者素质、提高资金和设备以及原材料的利用率等（王留鑫和洪名勇，2018）。生产效率相关理论为我们剖析粮食生产效率的驱动机制，探究县域金融市场化影响粮食生产的作用机理奠定重要理论基础。

生产效率是指在一定的社会、经济和技术条件下，生产过程中生产要素资源投入与产出之间的关系，通常用生产单位的实际产出与其所能达成的最大潜在产出之间的比值来衡量，它反映了对现有生产要素的配置效果以及技术的利用能力。在具体的研究过程中，从生产率所度量的全面程度划分，分为单要素生产率（SFP）、多要素生产率（MP）和全要素生产率（TFP）。从生产率衡量方式的角度划分，分为静态生产效率和动态生产效率，其中静态生产效率主要指技术效率，它反映了经济主体在给定技术水平和要素投入下可以实现最大经济产出的组织能力，在衡量过程中不需考虑时间变化和动态变化要素；动态生产效率主要指全要素生产效率，不仅包含了投入要素效率，还考虑了技术进步以及生产经营方式创新、组织创新、专业化生产等要素带来的技术效率，在衡量过程中需要考虑时间变化和动态变化，已经成为综合考察技术进步与技术效率变化的动态研究方法。由于全要素生产率可分解为技术进步和纯技术效率等，因此当全要素生产率在某一年份中出现问题时，可以通过分析效率、技术等要素找出问题根源。

综合现有研究，从粮食单要素生产率与粮食全要素生产率两方面衡量粮食生产效率，其中粮食单要素生产率包括劳动生产率、土地产出率、资本产出率，其中农业机械是粮食种植中主要资本投入，因此对资本产出率的分析主要为农业机械利用效率。粮食单要素生产率定义为粮食产出和单要素的投入之比，是指在既定技术、产出和除投入要素以外的其他生产要素投入量保持不变的条件下，特定要素可以实现的潜在最小化投入量与实际生产要素投入量的比值。它的高低表示该要素的投入量与最少要素投入量的差距距离，距离越小代表要素使用效率越高，即单要素生产效率越高，距离越大代表单要素的使用效率较低，说明要素可节约的空间越大。粮食全要素生产率定义为粮食生产中所有生产要素投入带来的总产出率，即粮食总产出与全部要素投入量之比（包括传统的生产要素数量和非传统的生产要素质量、技术进步水平、制度水平和管理水平等），它综合反映了粮食生产中的投入产出关系，最能体现生产效率与生产能力。

第三章

县域金融市场化改革历程
与动态演变

本章主要阐述县域金融市场化的演变历程、测算方法与动态演变趋势，并分析其时序演变趋势与区域结构差异，进而明晰县域金融市场化的发展特征，为后续研究提供现实依据。

第一节　县域金融市场化改革发展历程

金融市场化可以概述为发展中国家对国内滞后的金融市场体系进行市场化改革，放开利率及汇率管制实现市场化定价，并通过放松金融机构准入限制，实现金融市场自由化竞争与区域资本配置效率提高（McKinnon and Ronald，1973），其中，金融市场自由化和利率市场化是金融市场化的核心思想。因此，本章将从县域金融体系变迁与利率市场化改革两方面阐述县域金融市场化的基本特征。

一、县域金融体系的变迁与发展

自 2004 年以来，连续 21 个中央一号文件都强调推动"三农"发展，并不同程度地提出改革农村金融体系、改善农村金融服务的具体措施，把更多金融资源配置到县域农村经济发展的重要领域和薄弱环节，满足"三农"发展多样化金融需求。县域金融作为打破城乡要素平等交换、统筹城乡发展的重要节点，是解决"三农"资金短缺问题的重要切入点。理论上，金融体系是一种降低交易成本与提高资源配置效率的制度安排，其产生与变迁既不受某种意志与外来模式人为安排，也不是经济主体的自主性行为，而且也不是一种有形的框架，而是一系列相互关联、相互影响的演进过程的最终表现形式。我国县域金融体系包含县（县级市）及县以下的城镇金融和农村金融（谢问兰，2012）。党的十九大提出实施"乡村振兴战略"以来，中央一号文件持续关注县域金融体系建设，2018 年《中共中央 国务院关于实施乡村振兴战略的意见》（以下简称"2018 年中央一号文件"）提出"推动农村信用社省联社改革，强化农村信用社县域法人地位和数量总体文件，完善村镇银行准入条件"；2019 年《中共中央、国务院关于坚持农业农村优先发展做好"三农"工作的若干意见》（以下简称"2019 年中央一号文件"）提出"打通金融服务'三农'各个环节，建立县域银行业金融机构服务'三农'的激励约束机制，实现普惠性金融贷款增速总体高于各项贷款的平均速度""推动农村商业银行、农村合作银行、农村信用社逐步回归本源，为本地'三农'服务"；2020 年《中共中央、国务院关于抓好"三农"领域重点工作确保如期实现全面小康的意见》（以下简称"2020 年中央一号文件"）进一步强调"深化农村信用社改革，坚持县域法人地位""加强考核引导，合理提升资金外流严重县的存贷比"；2021～2022 年中央一号文件明确指出"加大对机构法人在县域、业务在县域的金融机构的支持力度，推动农村金融机构回归本源""保持农村信用合作社等县域农村金融机构法人地位和数量总体稳定""支持市县构建域内共享的涉农信用信息数据库""加快农村信用社改革""开展金融机构服务乡村振兴考核评估"[①]。这些文件的出台充分体现了深化县域金融改革与县域金融服务"三农"实体经济发展的重要性和紧迫性。

---

① 2021 年《中共中央 国务院关于全面推进乡村振兴加快农业农村现代化的意见》；2022 年《中共中央 国务院关于做好 2022 年全面推进乡村振兴重点工作的意见》。

我国县域金融体系的变迁与演变不是县域经济主体自主性行为，也不是自下而上的市场诱发性政府行为，而是具有明显的自上而下的政府强制性行为特征（谢问兰，2012）。回顾我国县域金融体系改革的历程，总的来看，县域金融市场体系改革的本质就是整个农村金融体制变迁。改革开放前，我国县域农村金融市场一直是被中国人民银行所垄断，央行下设农村营业所、农村信用社（以下简称"农信社"）和农业银行等三个农村金融机构。改革开放后，为了适应整个县域农村经济体制改革的推进，推动县域农村经济和金融市场化发展，县域农村金融体系不断调整，经历了五个明显不同的发展阶段：新中国成立至改革开放前（1949~1978 年）、改革开放伊始至 1992 年金融体制改革前（市场化起步阶段）、1993 年金融体制改革至 2002 年农信社改制前（市场化构建阶段）、2003 年农信社改制后至 2012 年农村金融增量改革（市场化完善阶段）、2013 年至今（市场化改革深化阶段）。整个变迁的过程都体现为政府制度的强制性供给，而非民间自发的制度变迁（谢问兰，2012）。

（一）县域金融体系发展的起步与停滞阶段（1949~1978 年）

新中国成立初期，我国社会主义面临改造的历史任务，急需金融支持农业生产尽快恢复和发展以及农民生活条件改善。在这种背景下，我国建立了以国家银行为主体、农村信用合作社和非正规金融为补充的县域金融体系。20 世纪 50 年代末期，社会主义改造基本完成，我国迈入了计划经济体制，民间自由借贷被取消，农村信用社被纳入国有商业银行，单一的县域农村金融体制形成。此外，在该时期，农业银行经历了三次成立、三次与人民银行合并。总之，该时期县域农村金融改革的基本特征是，集中统一领导、经营权上收、结构简化。

（二）县域金融体系市场化改革起步阶段（1978~1992 年）

改革开放初期，农业生产逐渐恢复，"三农"发展的核心矛盾是农业生产要素投入不足，尤其是农村资金短缺。该阶段县域农村金融改革是伴随着家庭联产承包责任制和农村商品经济的恢复而展开的，其核心是恢复和成立新的金融机构，形成多元化、富有竞争的县域农村金融体系，使金融向适应"三农"发展需要转变,以促进农业生产、农村经济发展和农民增收。1978年开始,我国进行家庭联产承包责任制改革,确立了以个体农户为基本农业生产经营单位的格局,激发了农民生产积极性,将过去被人民公社束缚的巨大生产力释放了出来,极大地提高了农业生产效率。但是由于前期农户自身金融资本积累有限,其生产经营活动需要外部信贷资金支持,因此,县域农村金融服务需求呈现小微化和多样性,此时国有银行难以满足其发展要求。同年召开的党的十一届三中全会上,通过的《中共中央关于加快农业发展若干问题的决定(草案)》中,明确提出恢复中国农业银行,大力发展农村信贷事业。同时,由于单个农户自身抗风险能力和市场议价能力比较弱,家庭联产承包责任制经过一段时间发展所固有的局限性便显现出来,此时,农业生产经营逐渐迈向组织化、专业化、社会化转变,带动了个体企业的发展,从而对金融资金需求更为旺盛。但是,政府主导的正规金融难以融入农村经济发展中,不能充分满足县域农村经济发展的多样化金融需求,因此在市场拉动与政府允许与支持下。民间非正规金融组织得到发展。现阶段基本形成,以计划为主、市场配合的正规金融与以市场完全配置的非正规金融相结合的县域农村金融体系。

该时期通过自上而下推进金融改革,重构了我国县域金融体系,农业银行、农村信用社等基层金融机构得到较快发展。主要包括以下五个方面:一是建立中国农业银行。为了大力支持农村商品经济发展,提高支农资金使用效益,1979年国家恢复建立中国农业银行,并赋予其运营支农资金的职能。二是组建农村信用合作联社并恢复农信社的"三性"。恢复建立了农村信用合作社,并接受农业银行领导与管理,同时恢复了农村信用社的群众性、管理上的民主性及经营上的灵活性。三是放松民间借贷管制。将民间金融看作正规金融的补充,允许民间自由借贷以及成立民间合作金融组织。四是授权邮政部门从事储蓄汇兑等业务代理活动。五是允许包括存款贷款、股票、基金、债券、信托、票据贴现、租赁在内的多种融资方式的并存。

(三) 县域金融体系构建阶段 (1993～2002年)

为了完善县域农村金融体系、满足农村资金需求,一是组建中国农业发展银行，1994 年国家组建了中国农业发展银行，将粮棉油收购相关的贷款业务等政策金融业务从中国农业银行和农村信用社中分离出来，降低中国农业银行道德风险。后期，为确保政策性信贷资金及时供应、保证粮食收购贷款的封闭运行，将中国农业发展银行的农业综合开发贷款、农业基础设施建设贷款等职责重新划归中国农业银行。二是农村信用社脱离农业银行改革。1996 年国家提出农村信用社与农业银行脱离行政隶属关系，其业务管理由县联社负责，县以上不再专设农信社经营机构，并由中国人民银行进行金融监督管理，农信社走向按合作制独立经营的道路。在上述金融改革下，县域金融形成了商业性金融与政策性经营分工协作的体制。三是国有银行进行商业化改革，撤并县域及其以下分支机构。1997 年中央金融工作会议指出"各国有商业银行收缩县（及以下）机构，发展中小金融机构，支持地方经济发展"的策略，中国农业银行等国有商业银行开始收缩县域及其以下营业网点。四是厘清整顿农村合作基金会。1998 年国务院又对农合会进行了全面的取缔，其中对合法且符合条件的并入农村信用社，对经营差、资不抵债且无法偿还债务的实行取消。2000 年，江苏进行了农村信用社试点改革。

（四）县域金融体系完善阶段（2003～2012 年）

2003 年以来，中国社会主义市场经济体制进一步完善，处在城市和工业反哺农业阶段，同时扩大公共财政支持"三农"发展，为建立可持续发展的县域农村金融体系创造了条件。2003 年，国务院颁布《深化农村信用社改革试点方案》，在山东等 8 个省（市）试点农信社改革，2004 年，国务院办公厅颁布的《关于进一步深化农村信用社改革试点的意见》，进一步扩大了新一轮农村信用社改革范围。2006 年国家放宽农村地区金融机构准入条件，实施农村金融增量改革，多样化的金融机构进入县域农村金融市场。2008 年我国提出构建现代县域农村金融制度战略，同年中国人民银行、银监会联合出台的《关于加快推进农村金融产品和服务方式创新的意见》，推动了农村金融业务、金融产品与服务方式创新。通过上述放松县域农村金融市场管制的改革，促进了金融市场自由竞争，提高了县域农村金融市场运行效率。

这一阶段金融改革主要包括：一是深化农村信用社管理体制和产权制度改革。此次新一轮农村信用社改革以明晰产权和完善经营管理体制为主要内容，放宽农信社贷款利率浮动限制、加大国家财政投入以解决农信社不良资产问题，并根据农信社实际发展水平提出不同的农信社改革的产权制度，主要包括农信社向农商行、农合行及农信社转变的三种产权组织形式。农村信用社改革一直是县域金融体系变迁的主线，随着农信社性质和产权的明晰，农信社逐步垄断了县域农村金融市场。二是对中国农业银行和邮政储蓄银行进行股份制改革。2007 年中国农业银行进行股份制改革，坚持"面向'三农'、商业运作"的原则，成立三农金融事业部，2009 年银监会在《中国农业银行三农金融事业部制改革与监管指引》中指出农业银行县域支行作为三农金融部的经营平台，全部纳入三农金融事业部管理体制。2007 年银监会批准成立中国邮政储蓄银行，定位于服务"三农"、城乡居民和中小企业。三是农村金融增量改革。2007 年初银监会发文允许股份制商业银行在县域设立分支机构，并放宽农村金融市场准入、逐步开放农村金融市场，鼓励在县域农村地区成立村镇银行、贷款公司和互助社等多种类型的新型农村金融机构。四是开展政策性农业保险试点工作。

（五）县域金融体系深化阶段（2013 年至今）

2013 年至今，我国围绕农村金融发展理念与创新方式对县域农村金融体系机制进行了深化改革。首先提出了农村普惠金融的发展理念，在市场运行机制下强调农村金融资源"普惠"性；其次在金融制度创新的同时着重推进金融技术、金融科技创新，一方面，通过创新金融运行机制、组织方式深化县域农村金融制度；另一方面，强调数字技术在农村金融领域应用，通过数字普惠金融方式解决传统金融服务"最后一公里"问题，促进农村普惠金融发展、缓解农村信贷约束。具体任务：鼓励社会金融资本进入县域金融市场，继续做大县域金融市场；通过税费减免与定向降准政策对金融精准扶贫工作实施引导；强调县域农村金融机构应优先满足农村信贷需求；鼓励数字科技在农村金融领域应用与创新，引导鼓励移动金融、互联网金融在农村金融市场规范发展；开展农业保险品种创新与试点，如天气指数保险；发展新型农村合作金融组织，开展资金互助合作社。

经过40多年的县域金融体制改革与发展，我国县域金融体系发生了较大变化，经历了从计划经济走向市场经济、从公平导向的网点布局转为效益导向的过程。当前县域金融体系具有多层次、广覆盖的特征，主要包括受中央货币当局或者金融市场当局监管的正规金融组织和以私人借贷、小额信贷组织、典当行为代表的非正规金融组织两大部分。从金融机构种类形式和实际功能上看，已经初步形成了以正规金融机构为主导、以合作金融为基础，商业金融和政策金融三者间彼此分工合作、相互配合的县域金融体系。我国县域正规金融体系中政策性金融主要是指中国农业发展银行及其分支机构，商业金融主要包括中国工商银行、中国农业银行、中国银行、中国建设银行、交通银行等大型商业银行在县域内的分支机构、全国性股份制商业银行在县域内的分支网点以及部分发达县域的股份制银行为主的金融机构，合作性金融主要是指改革后的农村信用社、农村商业银行、农村合作银行等机构。此外，为了满足县域与农村经济金融发展的客观需要，在县域及农村还同时存在多种形式的金融组织机构，如保险公司、证券公司、担保公司等非银行类金融机构（见图3-1）。

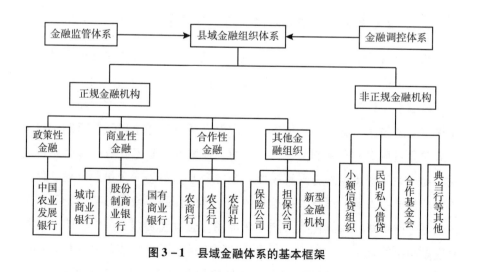

图3-1　县域金融体系的基本框架

金融深化理论要求政府放松对各类金融机构的管制，允许非国有金融机构存在和发展，鼓励各类金融机构、企业和居民积极参与金融市场活动，实现金融机构竞争自由化、金融产品种类与金融机构类型不断丰富、金融市场机制不断健全。纵观中国县域金融市场体系改革历程，整体的改革实践遵循了麦金农和肖（McKinnon and Shaw，1973）的"金融深化理论"，沿着金融市场化与自由化思路改革。1978 年改革开放前，我国县域金融市场被央行高度垄断，到以农业银行和农信社为主导、正规金融与非正规金融并存的竞争性市场、再到农村信用社为主体的完全垄断格局，目前正逐步朝向多元化竞争的趋势转变，逐渐实现了县域金融市场自由化目标。

二、利率市场化改革历程

利率市场化是一个国家金融深化过程中的关键一步，同样也是中国金融市场化改革的重要内容。利率市场化改革持续深化会加剧商业银行间竞争，给商业银行带来阶段性风险和恒久性风险，因此中国利率市场化改革采取渐进的层层推进的改革思路，先货币市场与债券市场利率市场化改革，后存贷款利率市场化改革。中国利率市场化改革，首先于 1996 年放开了同业拆借利率，向市场利率迈出了坚实的第一步；其次又放开了国债的市场利率，逐步建立起一个良好的货币市场与国债市场的利率形成机制，为存贷款利率市场化打下了基础。

中国存贷款利率市场化的思路是"先外币、后本币""先贷款、后存款""先长期、大额，后短期、小额"。在人民币贷款利率市场化改革方面，经历了"上限到下限"的改革过程。1987 年 1 月，央行首次进行了贷款利率市场化的尝试，允许商业银行以国家规定的流动资金贷款利率为基准上浮贷款利率，浮动幅度最高不超过 20%[①]。从 1996 年开始县域农村金融贷款利率的浮动区间不断扩大，1998 年 10 月 31 日央行将县域农村信用社贷款利率最高上浮幅度由 40% 扩大到 50%，同时为鼓励金融机构大力支持中小企业发展，并兼顾风险与收益对等的原则，将银行机构对小微企业的贷款利率上浮至 20%，县域及其以下银行机构可以将贷款利率最高上浮 30%，2003 年允许试点地区将贷款利率上浮至基准利率 2 倍，2004 年央行

---

① 基准利率诞生不易 二十年迈出四大步方形成雏形 [EB/OL]. 中国新闻网，2007 - 01 - 04.

又决定将农村信用社贷款利率上浮到基准利率 2 倍，其他商业银行则上浮至 1.7 倍[1]。2004 年允许商业银行（不含城乡信用社）将贷款利率上限全部放开，城乡信用社贷款利率上浮为基准利率 2.3 倍，2013 年央行全面放开银行金融机构贷款利率管制，同时取消贷款利率 0.7 倍的下限，以及取消票据贴现利率限制，不再对农村信用社贷款利率设定上限[2]。

在人民币存款利率市场化改革方面，经历了"下限到上限"的改革过程。2004 年开始，央行允许金融机构人民币存款利率在基准利率基础上可下浮，但存款利率不能上浮，到 2004 年 10 月放开了存款利率下限。2014 年 11 月央行将银行金融机构存款利率浮动区间的上限由存款基准利率的 1.1 倍调整为 1.2 倍，后于 2015 年 5 月将金融机构存款利率浮动区间的上限调整到存款基准利率 1.5 倍[3]。2015 年 8 月，央行放开了一年期以上的存款利率上限，紧接着 10 月 24 日，对商业银行和农村合作金融机构等全面取消存款利率浮动上限。至此，中国利率市场化改革全面完成。

金融市场化理论的核心内容是对金融体系及市场放松过多无效的政府行政干预，取消对存贷款利率的硬性规定，使利率能充分反映资本市场资金供求关系。当前，我国已形成以中央银行基准利率为基础，由市场供求决定金融机构存贷款利率的市场利率体系和利率形成机制，使得县域金融资源配置效率与金融市场化程度不断上升。

第二节　县域金融市场化测算与动态演变趋势

一、数据来源与说明

县级行政区是中国行政区划之一，由市辖区、县级市、自治县、旗、

---

① 万荃. 推进中国利率市场化研究 [D]. 长春：吉林大学，2013.

② 人民银行：我国将全面放开金融机构贷款利率管制 [EB/OL]. 中央政府门户网站，2013 - 07 - 19.

③ 中国人民银行决定下调金融机构人民币贷款和存款基准利率并扩大存款利率浮动区间 [EB/OL]. 中央政府门户网站，2014 - 11 - 21.

自治旗、特区、林区等组成，市辖区具有明显的城市经济特征，与县（县级市）在经济金融特征及财权事权划分上存在较大差异，而且我国粮食生产又高度集中于县域，故在统计数据时不考虑市辖区，同样也不考虑特区和林区。根据 2019 年 5 月民政部发布的《中华人民共和国县以上行政区划代码》，全国（不包括港澳台地区）除市辖区和林区、特区以外，共有 1879 个县级行政区划，包含 375 个县级市、1335 个县、117 个自治县、49 个旗、3 个自治旗[①]。随着经济发展，近年来我国县级行政区划在不断地调整和变化中，因此我们在县域样本选择中还剔除了少量因撤县划区的县域样本，同时还剔除了北京、上海、天津、西藏以及港澳台地区。根据数据的可获得性，从剩余地区中选取了 729 个县（县级市、旗）2010 ~ 2019 年的相关变量作为样本数据进行实证分析。这主要是由于实证分析涉及粮食产量、粮食播种面积、农业机械总动力、农用化肥折纯量、农林牧渔业从业人员数、农业产值及农林牧渔业产值等诸多农村经济发展与粮食生产指标，而部分县域未公布相关农村经济发展指标或粮食生产指标数据缺失严重（剔除连续缺失 3 年以上数据的样本），因此为尽可能保证全书实证数据的一致性，最终选取了 729 个县域样本。县域样本数据代表性说明。一是由于我国粮食生产主要集中在粮食主产区与产销平衡区，因此选取的县域样本主要来自上述功能区。根据《国家粮食安全中长期规划纲要（2008—2020 年）》[②] 的标准划分，选取的 729 个县域样本中分布在粮食主产区有 381 个县，分布在产销平衡区有 277 个县，而分布在主销区有 71 个县。二是样本地区金融发展水平存在明显差异性，如 2019 年县域平均贷款余额江苏 883.35 亿元、重庆 263.15 亿元、河南 145.1287 亿元、宁夏 100.05 亿元、海南 98.59 亿元、河北 98.24 亿元及山西 64.13 亿元[③]。其特点与全国存在共性。三是考虑不同地理区域的资源禀赋、经济发展水平、县域金融市场化程度及粮食生产存在明显异质性，因此选取的样本来自不同地理区域。根据国家统计局 2017 年划分的三大区域，选取的 729 个

---

① 资料来源：中华人民共和国民政部网站。

② 国家粮食安全中长期规划纲要（2008—2020 年）[EB/OL].中央政府门户网站，2008 - 11 - 14.

③ 资料来源：各省统计年鉴。

县域样本中分布在东部地区的有 233 个县域，分布在中部地区的有 315 个县域，分布在西部地区的有 181 个县域。四是样本地区经济发展水平也存在明显差异性，地区经济发展水平与金融市场化程度密切相关，样本地区经济、金融发展水平不平衡的特点与全国整体经济发展存在共性，在一定程度上可以代表全国的情况。

实证分析所用数据主要来源于《中国县域统计年鉴》、《中国县（市）社会经济统计年鉴》、Wind 数据库、EPS 数据库、中经网统计数据库以及各县（县级市、旗）统计公报整理而成。原始数据处理说明：一是对于缺失值的处理。先通过样本县（县级市、旗）所在省（市、区）的统计年鉴或所在节（盟）的市级统计年鉴对部分缺失数据进行补充和完善补全，对于仍然缺失的个别指标数据采用线性插值与线性外推法进行平滑处理。二是对异常值的处理。为剔除样本异常值对估计结果的影响，采用非删失双边 1% 缩尾方法对部分变量的异常值进行处理。三是平减处理。为了真实反映经济增长，以 2010 年为基期，利用样本县域所在省（市、区）的省级国内生产总值（GDP）价格平减指数对 GDP、固定资产投资完成额等相关名义经济变量进行平减处理。

需要说明的是，实证数据选取 2010 年为基期，主要是由于 2000 年初期我国县域金融市场主要以农村信用合作社为主体，金融信贷产品及金融机构类型单一，自 2006 年银监会发布文件放宽农村金融市场准入开始，县域农村金融市场逐步放开，2007 年初银监会又发文允许股份制商业银行在县域设立分支机构，实施农村金融增量改革。自此村镇银行、贷款公司和互助社等多种类型的新型农村金融机构开始进驻县域农村金融市场，而金融机构网点选址及布局需要一定时间。此外，2008 年前后两年的金融信贷危机，在减弱金融机构盈利能力的同时还增加了金融机构自身的信贷风险，不利于县域金融信贷规模扩张，而且还在一定程度上抑制了各类金融机构在县域地区布局新的营业网点。经过两年风险化解及发展，2010 年后县域金融机构数量，金融产品类型、信贷规模以及金融市场机制不断丰富与健全，县域金融市场化水平持续上升，因此研究样本的时间起点选自 2010 年。

二、县域金融市场化的测算方法

根据金融市场化在规模上表现为金融资产规模相对于国内生产总值的大小，可把金融市场化指标的测算方法概况为货币化程度和金融相关比率两大类，其中，货币化比重主要采用 M2/GDP 衡量，金融相关比率主要是金融机构贷款余额与 GDP 的比值。在此基础上，部分学者将金融机构全部贷款余额调整为只考虑私有信贷，这是因为部分缺少效率的国有企业信贷存在被政府调节或政府干预的信贷配给行为，而私有信贷能真正反映地区金融市场化程度。具体的衡量方式如下。

（1）货币化比重 M2/GDP 衡量法，比值越大说明金融市场化程度越高。麦金农（McKinnon，1973）提出了用 M2/GDP 衡量一国金融市场化程度，这是目前国际上大多数国家认同的指标，每年会通过官方公布该指标，应用非常广泛。这一比值的提高，意味着在经济发展的过程中，金融性资产在整个经济中的比重提高，即金融市场化的程度提高。一国货币化程度是随着该经济体整体经济发展而逐渐提升，同时也是相互影响，即一国经济发展也会随着货币化程度的提高而快速增长。随着金融市场发展、金融结构复杂化及金融资产丰富化，该指标在反映金融市场化程度的代表性和严谨性存在较大的局限性，李广众和陈平（2002）认为，我国较高的 M2/GDP 可能是长期通货膨胀、交易手段落后以及支付体系效率低下等原因导致的，而非较高金融发展水平的直接表现（李广众和陈平，2002）。

（2）金融相关率指标衡量法。戈德史密斯（Goldsmith，1969）最早在《金融结构与金融发展》中提出了用金融相关率作为测算一个国家或地区金融发展程度的指标，金融相关率主要表现为国家金融资产价值与该国经济生产总值（GDP）的比值（Goldsmith，1969），学术界常用金融机构存贷款余额与 GDP 的比值替代。崔庆安等（2018）选用年末金融机构存款余额与 GDP 的比值作为测算我国金融市场化程度的指标。需要注意的是，国家对居民存款具有隐性担保性质，因此中国居民长期以来具有储蓄习惯，而这一现状会削弱存贷款余额反映金融资源配置情况的准确性。为此，陈德球等（2013）、刘耀彬等（2017）、沈悦等（2020）使用地区银行贷款总额与地区 GDP 的比值测算地区金融市场化程度。然而，中国的银行部门存在政策导向的贷款和大量的不良资产，这种使用全部信贷占 GDP 的比值来衡量金融中介的深度测度趋向于过高估计金融深度，因此使用全部信贷占 GDP 的比重作为中国金融中介深度的测量方式并不恰当（张军和金煜，2005）。

（3）信贷资金分配的市场化程度作为度量指标（陈德球等，2013）。金融市场化过程一般可以定义为银行等金融机构的自主化，减少和消除政府人为指令性贷款，以及金融决策的市场化等体制改革的后果（Levine，2005），全部信贷（占 GDP 的比重）中相当部分被政府指令或干预借贷给了那些缺乏效率的国有企业。因此，学者通常用私有部门信贷余额与 GDP 的比值进行衡量（King and Levine，1993），我国缺乏私有部门的信贷数据，为此学者通常采用以下两种方式度量私有部门的信贷，一是采用樊纲和王小鲁编著的《中国市场化指数》，来考察地区非国有部门贷款在金融机构贷款中所占的比例，但是该指数的测度仅为省市地区的市场化程度，尚未测度县域地区信贷资金分配市场化程度。二是采用非国有企业贷款在银行贷款中的占比进行衡量。依据张军和金煜（2005）的计算方法，假定各地区配给到国有企业的贷款与该地区国有企业的产出成正比，然后通过构建残差一阶自回归模型估计配给到国有企业中的贷款比重，从而间接估算地区金融市场化程度。因为使用的是国有企业产出与地区生产总值的比重，所以全部信贷 GDP 比率中配给到非国有部门的比重可以通过减去配给到国有企业中的比重来测度。

综上所述，采用非国有部门信贷虽然能更好地反映地区金融市场化程度，但我国相关部门尚未公布各地区国有部门信贷数据，且县域地区的国有企业的产出值及市场化指数也未公布，因此不能借助张军和金煜（2005）的计算方法，而且将国有企业产出占地区生产总值的比重作为国有部门获得信贷的代理变量也并不能准确反映国有部门信贷水平。金融机构贷款余额是中国居民和企业等经济主体外部融资主要来源。基于金融相关率指标衡量法，借鉴吴等（Wu et al.，2012）、朱玉杰和倪骁然（2014）、刘耀彬等（2017）、沈悦等（2020）等研究，采用各县域地区金融机构年末贷款余额与 GDP 的比值来衡量县域金融市场化水平，该指标不仅反映金融市场化水平，还能较好规避 M2/GDP 指标的缺陷。

三、县域金融市场化的动态演变趋势分析

根据上文分析，基于县域金融机构贷款余额与 GDP 的比值测算 2010～2019 年县域金融市场化水平，并比较分析县域整体与不同地理区域（东部、中部以及西部）、不同粮食功能区（主产区、产销平衡区以及主销区）县域金融市场化发展的动态演变趋势。为了更直观地观察县域金融市场化发展的动态变化，对每年的县域金融市场化水平取均值，数据处理结果如表 3 - 1 所示。

表 3 - 1   **2010～2019 年县域金融市场化水平**

年份	县域整体	东部县域	中部县域	西部县域	主产区	产销平衡区	主销区
2010	0.4843	0.5805	0.3786	0.5445	0.3696	0.5356	0.9000
2011	0.4853	0.5833	0.3610	0.5755	0.3591	0.5497	0.9115
2012	0.5204	0.6298	0.3821	0.6204	0.3810	0.5931	0.9850
2013	0.5757	0.6779	0.4326	0.6932	0.4267	0.6660	1.0225
2014	0.6334	0.7363	0.4767	0.7739	0.4794	0.7327	1.0729
2015	0.7017	0.7963	0.5330	0.8734	0.5366	0.8251	1.1058
2016	0.7590	0.8234	0.5564	1.0284	0.5834	0.9250	1.0533
2017	0.8233	0.8854	0.6168	1.1026	0.6726	0.9587	1.1031
2018	0.8315	0.9700	0.6111	1.0368	0.7131	0.9175	1.1315
2019	0.8738	1.0525	0.6947	0.9555	0.8093	0.8778	1.2045
均值	0.6688	0.7735	0.5043	0.8204	0.5331	0.7581	1.0490

如表 3 - 1 所示，2010～2019 年县域金融机构贷款余额与 GDP 比值，从县域样本整体及不同地理区域来看，我国县域金融机构贷款余额与 GDP 比值由 2010 年的 0.4843 上升到 2019 年的 0.8738，十年间增长了 80.425%，同时东部、中部以及西部地区县域金融机构贷款余额与 GDP 的

比值也分别增长了 81.309%、83.492% 以及 75.482%，说明近十年来我国县域金融市场化水平在不断提升，而且不同地理区域金融市场化水平上升速度整体保持一致。横向对比来看，我国县域金融机构贷款余额与 GDP 的比值在空间分布上表现出非均衡的状态，从三大地理区域来看，2010~2019 年县域贷款余额与 GDP 比值的均值西部地区最高为 0.8204，其次东部地区为 0.7735，中部地区最低仅为 0.5043，同期样本整体的均值为 0.6688。上述不均衡状态与三大区域的经济发展水平并不一致，主要体现在西部地区的县域金融市场化水平最高，而相比东中部地区而言，西部地区经济发展水平却最低。这一相悖现象背后的原因是，在我国西部大开发战略中，为了保障西部地区大规模基础设施建设需要，国家在财政投入及金融资源投放的安排上向西部地区倾斜。据资料显示，仅 2000~2007 年，国家对西部地区的各类财政转移支付累计达 1.5 万亿元，国债、预算内建设资金和部门建设资金累计安排西部地区 7300 多亿元，因此在国家政策安排下西部地区金融贷款余额与 GDP 比值高于全国平均水平以及东中部地区。①

从不同粮食功能区来看（见表 3-1），粮食主销区县域金融机构贷款余额与 GDP 比值的均值最高为 1.0490，其次粮食产销平衡区为 0.7581，粮食主产区则最低为 0.5331，这与不同功能区经济产业结构有关，一般而言，粮食主销区的工商部门更为发达、产业结构更高级，粮食主产区的产业结构水平相对较低，由于二三产业的生产效率远大于第一产业，导致产业结构越高的粮食主销区与产销平衡区的经济发展水平更高，对金融信贷的需求也更为旺盛，因此粮食主销区的县域金融市场化程度大于粮食产销平衡区及主产区。从时间纵向来看，2010~2019 年粮食主产区的县域金融市场化水平上升速度更快，其比值从 2010 年的 0.3696 上升到 2019 年的 0.8093，增长率为 118.966%，其次粮食产销平衡区增长率为 63.891%，主销区的增长率最低为 33.833%。整体而言，我国中部地区及粮食主产区的县域金融机构贷款余额与 GDP 比值低于全国平均水平，而且中部地区的 8 个省份有 7 个又是粮食主产区，说明粮食主产区的县域金融市场化水平处于"洼地"，有待进一步提升。

---

① 区域协调谱新篇——西部大开发综述 [EB/OL]. 中广网，2008-10-14.

第三节　本章小结

结合样本数据分析了县域金融市场化与粮食生产效率的动态演变趋势与区域差异，具体如下。

（1）分析了我国县域金融体系制度变迁历程与利率市场化改革发展脉络，并利用县域宏观数据分析了县域金融市场化的动态演变趋势。研究发现，改革开放前，我国县域金融市场从央行高度垄断，到以农业银行和农信社为主导、正规金融与非正规金融并存的竞争性市场、再到农村信用社为主体的完全垄断格局，目前正逐步朝向多元化竞争的趋势转变，逐渐实现了县域金融市场自由化目标。同时，我国已形成以央行基准利率为基础，货币市场利率为中介，由市场供求决定金融机构存贷款利率的市场利率体系，使得县域金融资源配置效率与金融市场化程度不断上升。统计分析表明，我国县域金融市场化水平整体较低，且存在明显区域差异性，但整体表现出上升趋势，如从金融机构贷款余额与 GDP 比值来看，我国县域金融市场化水平由 2010 年的 0.4843 上升到 2019 年的 0.8738，考察期内整体样本的均值为 0.6688。分区域来看，东部地区、中部地区和西部地区的均值分别为 0.7735、0.5043 和 0.8204，分粮食功能区来看，粮食主销区、产销平衡区以及主产区的均值分别为 1.0490、0.7581 和 0.5331。需要注意的是，粮食主产区和中部地区的均值低于整体样本，而且中部地区主要是粮食主产区，说明粮食主产区的县域金融市场化水平处于"洼地"状况，因此，作为粮食供给的核心地区政府应着重倾斜相关政策给予支持。

（2）考虑外部环境因素、随机误差以及管理无效率对传统 DEA 测算结果的影响，构建三阶段 DEA 动态分析模型测算了县域粮食种植业 TFP 及其指数分解，并考察了区域异质性。统计分析表明，考察期内县域粮食种植业 TFP 呈现波动上升态势，年均增长率为 2.57%，其中东部县域地区的几何平均值最大，西部地区最低。县域粮食种植业 EC 指数呈现出"上升—下降"反复交替的周期性波动特征，TC 指数也呈现出波动上升趋势，而且县域粮食种植业 TFP 与 TC 指数的变化趋势相似且步调基本一致，说明技术进步是县域粮食种植业 TFP 增长的主要源泉。从总体差异来看，县域粮食种植业 TFP 与 TC 指数的总体基尼系数在考察期内呈现上升态势，而 EC 指数呈现"下降—上升"反复交替的周期性波动特征，而且差异主要是由组内的水平差异引起的。不同地理区域，TFP、EC 与 TC 的组内差异具有明显的区域异质性，不同粮食功能区的组内差异也呈扩大趋势，而且主产区和产销平衡区的组内差异更大。

第四章

县域金融市场化与粮食生产效率的影响效应

在以金融为核心的现代经济体系中，金融资本供给和服务对农村经济高质量发展具有不可替代的影响。在保障国家粮食安全、促进粮食种植业高质量发展背景下，粮食生产效率提升需要更多现代生产要素投入，这需要破除城乡二元经济结构、加快城乡要素流动，使工业化、城镇化的先进技术、生产管理经营理念以及内嵌新技术、先进知识的要素进入粮食生产领域，而城乡要素流动与交换、先进技术研发及应用、工业化、城镇化等对县域金融体系的储蓄投资转化能力、资源优化配置能力以及技术创新效应都提出较高要求。按此逻辑，本章基于金融深化与金融功能理论、内生金融增长理论、生产效率理论、舒尔茨改造传统农业理论、诱致性技术变迁理论等，阐述了县域金融市场化对粮食生产效率的影响机理，并从粮食单要素生产率和全要素生产率两个维度，基于县域面板数据展开实证检验。

第一节　县域金融市场化与粮食生产效率的理论逻辑

在县域融资约束条件下，与粮食种植业有关的先进机械、种子科技研发、农机装备改造升级以及新技术的推广与采用等资金需求得不到满足，尤其是粮食种植业同时具备高风险和低收益的主要特征，导致金融供给者提高了风险容忍水平，由此带来粮食种植业相关的新技术研发、成果转化以及应用相比其他行业面临更紧的融资约束和更高的融资成本以保证风险与收益的匹配，这将大大影响粮食种植中现代化生产要素投入，进而阻碍粮食生产效率增长。立足于麦金农和肖（McKinnon and Shaw，1973）的金融深化理论，利用内生经济增长理论和内生金融发展理论对县域金融市场化影响粮食生产效率的内在机理进行数理分析。假设农村是一个封闭的经济系统，粮食种植由农业生产部门、家庭部门、金融部门、研发部门、自然资源部门构成，家庭部门是最终消费主体且为其他部门提供劳动力投入。

（一）农业生产部门

农业生产部门只种植粮食这一种作物，所有部门的资金供给均来源于金融部门，粮食种植的生产函数表示为：

$$Y = A^{\alpha} K^{\beta} (u_Y L)^{\gamma} N^{\delta} \tag{4.1}$$

其中，A 为农业资本边际生产率，取决于技术进步水平；K 为农业资本投入；u_Y 为家庭部门参与粮食种植的劳动力投入占比；N 为粮食种植所需要自然资源投入，如土地、水等自然资源。

（二）研发部门

研发部门的农业新技术研发与创新不仅需要劳动等资源投入，还需要金融部门的资金供给，将农业新技术的生产函数表示为：

$$\dot{T} = H(u_T L)^{\partial} T^{\ell} F^{\nu} \tag{4.2}$$

其中，H 为恒定的农业技术研发部门的生产效率；u_T 为家庭部门的劳动力进入农业技术研发部门所占的比重；∂ 为劳动的产出弹性（$0 < \partial < 1$）；ℓ 为农业技术的外部性程度（$0 < \ell < 1$）；F 为县域金融市场化变量；ν 为金融产品在技术研发创新过程中的外部性（$0 < \nu < 1$）。县域金融市场化程度越高，或者县域金融产品的外部性越大时，县域金融资本对粮食种植技术研发的正效应越大，将上文公式两边同时除以 T，得到：

$$\dot{T}/T = H(u_T L)^{\partial} T^{\ell-1} F^{\nu} \tag{4.3}$$

由此可知，粮食种植新技术的研发与创新不仅与劳动力投入、现有的农业技术研发部门的生产效率有关，还与县域金融部门的金融资本深化水平有关。

（三）金融部门

将金融资本简化为储蓄，假定经济中金融部门的主要作用是将提高储蓄率并将储蓄转化为投资，并假设储蓄并不能完全转化为有效投资，而是与总投资之间存在如下关系：

$$\varepsilon S = I \tag{4.4}$$

其中，S 为储蓄，ε（$0 < \varepsilon < 1$）为储蓄向投资转化的比率，该值的大小取决于县域金融资本深化水平，储蓄向投资的有效转化代表了金融市场化发展的水平以及金融部门的效率。假定社会资本的折旧率为 λ，则当期的总投资为：

$$I = K - (1 - \lambda)K_{t-1} \tag{4.5}$$

经济社会中消费者将全部的收入用于消费和储蓄，可得到：

$$S = Y - C = A^\alpha K^\beta (u_Y L)^\gamma N^\delta - C = \phi Y \tag{4.6}$$

其中，ϕ 为储蓄率，结合以上公式可以得到投资的方程为：

$$\dot{K} = \varepsilon S - \lambda K = \varepsilon A^\alpha K^\beta (u_Y L)^\gamma N^\delta - \varepsilon C - \lambda K = \varepsilon \phi Y - \lambda K \tag{4.7}$$

根据麦金农（Mackinnom，1973）的金融深化理论可知，县域金融市场化的过程会带来储蓄率与投资储蓄转化效率提高，县域金融资本深化程度越高，即县域金融规模和金融部门效率越高，储蓄率及其储蓄转化为投资的比例与效率更高。因此，在阿诺德和沃尔兹（Arnold and Walz，2000）提出的银行等金融部门生产函数的基础上，将金融部门生产函数设定为：

$$\dot{B} = \pi (u_B L)^z B^\theta F^w \tag{4.8}$$

其中，π 为金融存贷部门的生产效率且其值大于 0；u_B 为家庭部门中从事金融行业的劳动占比；z、θ、w 为 0 到 1 之间的相关参数。

（四）资源部门

此外，自然资源存量的方程为：

$$\dot{S} = GS - X \tag{4.9}$$

其中，S 为自然资源存量，G 为自然资源的可再利用率，N 为自然资源的消耗量，主要包括资源数量损耗及质量下降。

（五）消费者部门

假定一般消费者效用函数是一个标准的固定弹性效应函数，遵循 CARR 形式的效用函数表示为：

$$U = \int_0^\infty U(C_t) Le^{-\rho t} dt \tag{4.10}$$

其中，$U(C_t)$ 表示消费者在 t 期的消费水平；ρ 为主观贴现率，反映消费者对未来消费的重视程度，该值越大时，与现期消费相比，消费者对未来消费的重视程度越低，从而其储蓄意愿越低，更倾向于现期消费。经济由无限消费者组成；L 为人口总数，并可标准化为 1。可将具体的函数形式表示为：

$$U = \int_0^\infty \frac{U(C_t)^{1-\phi}}{1-\phi} e^{-\rho t} dt \tag{4.11}$$

其中，ϕ 为消费者边际效用弹性。

借鉴 Lucas 的思路，将人力资源的状态方程设置为：

$$\dot{L} = \tau(1 - u_Y - u_A - u_T)L - \varepsilon_2 L \tag{4.12}$$

其中，τ 为人力资本的利用效率，ε_2 为人力资本的折旧率。

（六）均衡增长路径分析

经济变量产出 Y、消费 C 和资本 K 都以恒定常数增长率增长，则认为该经济是稳态增长或平衡增长。在稳态增长路径中，Y、C、K 的增长率是相同的。在平衡增长路径中，粮食产出增长率等于资本增长率，令 $\dot{Y}/Y = g_Y$，$\dot{T}/T = g_T$，$\dot{N}/N = g_N$，$\dot{B}/B = g_B$ 和 $\dot{L}/L = g_L$，根据上文公式，构建 Hamiliton 函数，运用动态最优化方法求均衡解，并结合稳态定义可得（刘耀彬等，2017）：

$$g_Y = \alpha g_T + \beta(g_B + g_Y) + \gamma g_L + \delta g_N$$

$$g_Y = \frac{\alpha g_T}{1-\beta} + \frac{\beta g_B}{1-\beta} + \gamma g_L + \delta g_N \tag{4.13}$$

根据上文 $g_T = \dot{T}/T = H(u_T L)^\partial T^{\ell-1} F^\nu$，$\dot{B}/B = g_B$，整理可得：

$$g_Y = \alpha \frac{H(u_T L)^{\partial} T^{\ell-1} F^{\nu}}{1-\beta} + \beta \frac{\pi (u_B L)^z B^{\theta} F^w}{1-\beta} + \gamma g_L + \delta g_N \qquad (4.14)$$

根据该模型所反映的各指标间的关系，县域金融市场化作用主要通过促进农业技术创新即式（4.14）中的第一项，提高储蓄率与拉动投资储蓄转化率即式（4.14）中的第二项影响粮食种植业的平衡增长路径，且由于 $0 < \nu < 1$，$0 < \omega < 1$，说明县域金融市场化对粮食种植业的平衡增长路径的作用是非线性的。结合中国县域金融发展的实践，在中央与地方政府不断推进县域金融市场化改革以及县域金融支农惠农的大背景下，我国县域金融规模不断扩大、金融结构持续优化、金融效率逐渐提高，县域金融基本特征逐渐由"抑制"迈向"深化"。随着县域金融市场化发展，农村金融服务渗透能力日益增强，并通过储蓄效应、投资效应以及农业资本边际生产率（技术创新效应）作用于粮食生产效率，具体有以下几点。

第一，县域金融市场化的储蓄效应。县域地区资金储蓄是粮食生产效率提升的重要资金来源，但是粮食种植业相比县域地区第二、第三产业的生产效率要低，为了确保利润最大化，只有当地区储蓄规模达到一定程度时，金融资金才有可能流向粮食种植业，促进粮食生产效率提升。我国县域农村地区过去普遍存在金融抑制与利率管制问题，导致县域地区难以实现社会储蓄规模的大幅增长（董晓林和洪慧娟，2006），利率管制的存在压低了金融机构存款利率，在一定程度上抑制了县域尤其是农村居民收入向社会储蓄转化的效率。随着县域金融市场化改革，政府利率管制政策逐步放松，在利率市场化和金融自由化的大力推动之下，县域金融市场的实际利率水平逐步向均衡利率水平迈进，县域地区居民闲置资金受到金融机构各种高利率金融产品的吸引，使得县域地区的资金储蓄总量大大提升，进而扩大了县域金融体系内信贷资金规模，从而为粮食生产效率提升带来更多资金支持。与此同时，随着县域金融持续深化县域金融中介机构的种类和数量也不断丰富，同时经过长期发展县域金融市场化程度高的地区一般会拥有较好的信用环境，金融中介机构的信用职能也得以充分发挥，信贷担保机制不断健全，融资渠道更加多元化和便利化，使得资本的流动性和透明度日益增强（袁怀宇和陈文俊，2011）。由此，县域地区储户与投资者的风险系数将得到极大降低，有助于增强居民储蓄意愿，吸引更多经济个体参与投融资活动，从而使得县域地区大量闲置、分散的资金能够转化为提升粮食生产效率的长期资本。

第二，县域金融市场化的投资效应。从理论上来看，有效运转的县域金融体系，可以通过降低信贷错配率、创新投融资信贷产品以及提升居民金融素养等方式实现储蓄向投资的高效转化，进而增加农村金融供给、提高粮食生产效率。具体而言：一是县域金融市场化有助于降低信贷错配的可能性，并利用信息收集功能甄别和评估出投资效率相对较高的粮食种植主体或项目，为真正有信贷需求的农业经营主体配置更多资金，从而加速储蓄向投资转化。县域金融市场化不仅可以提升县域地区经济个体运用系统内在信息的能力，还能够提高其向金融体系提供外部信息的能力，使县域金融机构、资金需求者与储蓄者之间的信息不对称性得到一定程度上的缓解（袁怀宇和陈文俊，2011），在有效降低县域储蓄者资金风险的同时，也明显减少了县域储蓄资金转化为投资资金所耗费的交易成本，极大地提高了县域储蓄资金向投资资金转化的效率，有助于提升县域金融对粮食生产领域投资的水平和质量（李晓龙和冉光和，2020）。二是县域金融市场化加剧了金融机构竞争，促使金融机构创新金融产品与业务模式，提高储蓄投资转化效率。随着县域金融市场化的持续推进与县域金融市场不断完善发展，县域地区金融机构种类呈现多样性，如农村信用社、城商行、股份制银行、乡镇银行以及小微信贷企业等，多种金融机构的集聚加剧了金融市场竞争，有助于激励金融机构进行信贷产品与金融业务创新（如农业供应链金融）。县域地区丰富的信贷工具与产品有助于实现金融资本有效积聚与投资分散化，降低金融风险，增强资产的流动性与使用效率，提高储蓄投资转化效率（王修华和赵亚雄，2019）。三是提高居民金融素养。县域金融市场化发展有助于促进金融机构向居民普及金融知识，提升居民金融素养水平，进而增强居民投资理财能力，使社会闲置资金得到充分利用，间接带来储蓄向投资的高效转化。

第三，县域金融市场化的技术创新效应。从新古典增长理论到内生增长理论都遵循一个基本定理：为了获得长期内的生产效率正增长，必须保持技术创新和先进知识的持续进步。如果能够显著地推动一个地区农业技术创新及其推广水平，毫无疑问对粮食生产效率增长将产生深远影响。熊彼特认为技术研发创新、成果转化需要大量资金支持，然而由于农村金融市场信息不对称和较高的交易成本，使农业技术研发、农业装备制造企业面临融资困境（孙志红和王亚青，2017）。首先，县域金融市场化发展有助于金融机构降低评估农业技术研发企业的资信状况所耗费的代理成本（规模经济效应），提高农业技术研发企业信贷可得性，同时也有助于市场投资者以更低成本获取更多投资机会信息，从而引导民间社会资本投向预期回报更高的农业技术创新项目，缓解农业技术研发企业的信贷约束，为农业技术研发创新、成果转化过程提供资金支持，并最终带动粮食生产效率增长。其次，农业技术创新活动具有高风险性，这是因为技术创新过程充满了不确定性，创新活动不一定能够带来额外的收益，相反还可能会因创新支出造成负向损失。金融机构自身的风险管理功能，可以通过内部风险控制及分散投资决策降低农业技术研发初期的风险性，同时金融机构在投资农业技术创新活动过程中也会对农业科技研发项目的可行性及进程进行监控和评估，能够限制农业创新主体盲目性创新而造成金融信贷资源的浪费。不仅如此，金融市场的风险分散功能还有助于将单个企业风险性创新活动的风险分散到社会层面，从而保障农业技术研发企业可持续发展，促进粮食生产效率提升。

第二节　县域金融市场化与粮食单要素生产率的实证分析

县域金融市场化不仅有助于土地流转与适度规模经营，还会促使农业机械等生产效率更高的资本要素替代劳动力要素，有研究表明，土地经营规模扩大与资本替代劳动力会促进土地产出率与劳动生产率增长（刘洋和颜华，2021）。同时，土地经营规模扩大还会打破土地细碎化对农业机械投入限制，为农机跨区作业创造可能，从而提升农业机械配置能力；农业机械投入替代劳动力在减轻劳动强度、提高劳均产出的基础上也会提高农业机械综合利用能力，并最终带来农业机械利用效率的上升。不仅如此，县域金融市场化可直接通过提升金融资源配置效率与金融机构服务能力，缓解农户购买农机装备、农机服务的资金约束，提高农业机械投入利用效率。

此外，县域金融市场化发展有助于农业生产要素质量提升，而生产要素质量与粮食单要素生产率紧密相关，即耕地质量越好，土地产出率越高；农业机械资本质量越高，农业机械产出效率越高；农村人力资本水平越高，劳动生产率越高，不仅如此，由于农业机械使用需要一定劳动技能，因此农村人力资本水平越高，农业机械利用效率也会越高。综上所述，县域金融市场化可通过增加信贷供给、优化农业要素配置结构、提升农业要素质量，促进粮食种植业单要素生产率增长。鉴于此，本章基于县域面板数据实证探究县域金融市场化对粮食单要素生产率（劳动生产率、土地产出率以及农业机械利用效率）的影响效应。具体地，采用最小二乘虚拟变量（LSDV）法、随机效应模型和固定效应模型等方法实证检验县域金融市场化对劳动生产率、土地产出率以及农业机械利用效率的影响，同时从地区差异的角度考察异质性，以及采用面板门槛效应模型进一步探讨不同层级的县域金融市场化发展对粮食单要素生产率的非线性影响。

一、研究设计

（一）模型设定

1. 随机前沿生产函数

粮食单要素生产率测算主要包括劳动生产率、土地产出率以及农业机械利用效率，根据曲玥（2016）、郑宏运和李谷成（2021）的研究，采用边际意义上的单要素生产率来测算粮食单要素生产率。边际意义上的单要素生产率则反映了最后一单位生产要素投入带来的产出，用来度量粮食单要素生产率更为适合，公式如下：

$$tflab_{i,t} = (\eta_{lb} \times grain_{i,t})/labor_{i,t} \tag{4.15}$$

$$tfland_{i,t} = (\eta_{ld} \times grain_{i,t})/land_{i,t} \tag{4.16}$$

$$tfmach_{i,t} = (\eta_{lm} \times grain_{i,t})/mach_{i,t} \tag{4.17}$$

其中，$tflab_{i,t}$、$tfland_{i,t}$ 与 $tfmach_{i,t}$ 分别表示第 t 年第 i 个县域边际意义上的粮食种植业劳动生产率、土地产出率与机械利用效率；η_{lb}、η_{ld} 和 η_{lm} 是劳动投入要素、土地投入要素以及农业机械投入要素的产出弹性；$grain_{i,t}$、$labor_{i,t}$、$land_{i,t}$ 和 $mach_{i,t}$ 分别是粮食产量、劳动要素投入、土地要素投入以及农业机械投入情况。根据式（4.15）、式（4.17）和式（4.18）可知，测算粮食单要素生产率需要估计劳动要素、土地要素、机械投入要素的产出弹性，参考谢杰等（2018）、郑宏运和李谷成（2021）的研究，选取随机前沿生产函数（SFA）进行估计。这是因为随机前沿生产函数与仅包含单一随机扰动项的生产函数相比，可以考虑技术无效率因素和纯随机扰动项的综合冲击，更符合粮食生产特征。将生产函数定义为：

$$grain_{i,t} = F(X_{i,t},\ t)/\exp(-u_{i,t}) \qquad (4.18)$$

其中，$F(\cdot)$ 表示确定性生产前沿；$X_{i,t}$ 是包括粮食种植土地、劳动力、机械和化肥投入在内的生产要素投入向量；t 表示技术进步；$u_{i,t}$ 为技术无效率项。接下来，对对数化的 $F(\cdot)$ 对技术进步 t 求偏导，得到：

$$\frac{d\ln F(X_{i,t},\ t)}{dt} = \frac{\partial\ln F(X_{i,t},\ t)}{\partial t} + \sum_j \frac{\partial\ln F(X_{i,t},\ t)}{\partial X_{j,i,t}/X_{j,i,t}} \times \frac{dX_{j,i,t}/X_{j,i,t}}{dt}$$

$$= TP_{i,t} + \sum_j \eta_{j,i,t}\dot{X}_{j,i,t} \qquad (4.19)$$

其中，第一项 $\frac{\partial\ln F(X_{i,t},\ t)}{\partial t}$ 为技术进步（TP），即当生产要素投入不变时生产前沿面的变化；第二项 $\sum_j \eta_{j,i,t}\bar{X}_{j,i,t}$ 表示当技术进步不变时生产要素投入变化引致的生产前沿面的变化。$\eta_{j,i,t}$ 表示第 j 个投入要素的产出弹性，$\dot{X}_{j,i,t}$ 表示第 j 个投入要素的变化率。

下面，将粮食产出变动定义为 $grain_{i,t} = \ln grain_{i,t}/dt$，则 $\dot{grain}_{i,t}$ 可以分解为：

$$\dot{grain}_{i,t} = \frac{d\ln F(X_{i,t},\ t)}{dt} - \frac{du_{i,t}}{dt} = TP_{i,t} + \sum_j \eta_{j,i,t}\dot{X}_{j,i,t} - \frac{du_{i,t}}{dt}$$

$$= T\dot{F}P_{i,t} + \sum_j \eta_{j,i,t}\dot{X}_{j,i,t} \qquad (4.20)$$

将式（4.20）的 $-\frac{du_{i,t}}{dt}$ 定义为技术效率变化（TEC）。参考林（Lin，1992）和李谷成等（2010）的研究，将随机前沿生产函数（SFA）的具体形式设定为 C – D 生产函数，该函数形式经济含义明晰。其对数形式具体如下：

$$\ln grain_{i,t} = \ln A + \eta_{lb,i}\ln labor_{i,t} + \eta_{ld,i}\ln land_{i,t} + \eta_{ft,i}\ln fert_{i,t}$$
$$+ \eta_{mh,i}mach_{i,t} + \eta_T T + \varepsilon_{i,t} - u_{i,t} \tag{4.21}$$

其中，$fert_{i,t}$ 和 $mach_{i,t}$ 为第 t 年第 i 个县域粮食种植机械投入和化肥投入；A 为常数项；η 为相应投入要素的产出弹性；T 为时间趋势项（$T = 1$，2，…，10）；$\varepsilon_{i,t}$ 和 $u_{i,t}$ 为随机误差项和技术无效率项，假定 $u_{i,t}$ 服从非负截断正态分布，并按照 $u_{i,t}$ 为时变形式进行参数估计。

根据上述设定，可以估计得到粮食种植劳动要素、土地要素以及机械资本要素的产出弹性，进而根据式（4.15）～式（4.17）计算得到粮食种植劳动生产率（$tflab_{i,t}$）、土地产出率（$tfland_{i,t}$）和农业机械利用效率（$tfmach_{i,t}$）。

2. 基准回归模型设定

为了探究县域金融市场化对粮食单要素生产率的影响，以各县级行政区的粮食单要素生产率为被解释变量，县域金融市场化为核心解释变量。县域金融市场化与粮食种植业劳动生产率的模型设定如下：

$$tflab_{i,t} = \beta_0 + \beta_1 finas_{i,t} + \beta_2 X_{i,t} + u_i + \varepsilon_{i,t} \tag{4.22}$$

其中，$tflab_{i,t}$ 代表第 i 个县（县级市）第 t 年的粮食种植业劳动生产率；$finas_{i,t}$ 为县域金融市场化水平；$X_{i,t}$ 表示其他影响劳动生产率的一系列控制变量，包括农民收入、人均化肥投入、人均耕地规模、机械投工比以及粮食作物种植结构等；u_i 表示地区固定效应；$\varepsilon_{i,t}$ 为随机干扰项；β_0、β_1 以及 β_2 为待估系数。

县域金融市场化与粮食土地产出率的模型设定如下：

$$tflab_{i,t} = \beta_0 + \beta_1 finas_{i,t} + \beta_2 X_{i,t} + u_i + \varepsilon_{i,t} \tag{4.23}$$

其中，$tfland_{i,t}$ 代表第 i 个县（县级市）第 t 年的粮食土地产出率；$finas_{i,t}$ 为县域金融市场化水平；$X_{i,t}$ 表示其他影响土地产出率的一系列控制变量，包括农民收入、人均化肥投入、人均耕地规模、机械投工比以及经济发展水平等；u_i 表示地区固定效应；$\varepsilon_{i,t}$ 为随机干扰项；β_0、β_1 以及 β_2 为待估系数。

县域金融市场化与农业机械利用系统的模型设定如下：

$$tfmach_{i,t} = \beta_0 + \beta_1 finas_{i,t} + \beta_2 X_{i,t} + u_i + \varepsilon_{i,t} \tag{4.24}$$

其中，$tfmach_{i,t}$ 代表第 i 个县（县级市）第 t 年的农业机械投入效率；$finas_{i,t}$ 为县域金融市场化水平；$X_{i,t}$ 表示其他影响农业机械利用效率的一系列控制变量，包括农民收入、农业基础设施、人均耕地规模、农村人力资本水平、农业产值贡献度等；u_i 表示地区固定效应；$\varepsilon_{i,t}$ 为随机干扰项；β_0、β_1 以及 β_2 为待估系数。

（二）变量选取

1. 被解释变量

粮食单要素生产率。粮食单要素生产率主要涉及粮食种植业劳动生产率、土地产出率以及资本生产率中的农业机械利用效率，已有研究多是计算平均意义上的单要素生产率水平，即单位要素投入的农业产出。然而，这种平均意义上的单要素生产率掩盖了其他要素对产出的"纯粹"贡献（在相同规模的土地上投入更多的农业资本、劳动力等要素，单位面积的土地生产率会更高，而这并不是土地要素的纯粹贡献，还包括了劳动力要素及资本要素投入带来的增长）。边际意义上的单要素生产率则反映了最后一单位生产要素投入带来的产出，用来度量粮食单要素生产率更为适合（曲玥，2016；郑宏运和李谷成，2021）。因此，选择边际意义上的单要素生产率来测算粮食种植业劳动生产率（$tflab$）、土地产出率（$tfland$）以及农业机械利用效率（$tfmach$）。

根据上文分析，测算边际单要素生产率需要构建 C-D 生产函数，这会涉及土地、农业劳动力、农业机械以及农业化肥等投入要素与粮食总产量产出指标的选取。由于选取粮食作物为研究对象，因此借鉴王跃梅等（2013）研究，采用权重系数法从广义农业中（包括粮食作物和经济作物）分离出粮食生产要素投入使用量，进而更加准确地估算出种粮耕地投入与劳动力投入的弹性及其生产效率。其中，粮食种植机械总动力 = 农业机械总动力 ×（粮食播种面积/农作物播种面积），粮食种植化肥施用量（折纯量）= 农用化肥施用量（折纯量）×（粮食播种面积/农作物播种面积），粮食种植劳动力投入 = 农林牧渔业从业人员数 ×（农业产值/农林牧渔业总产值）×（粮食播种面积/农作物播种面积），该权重系数法可在一定程度上，从广义农业投入总量中剥离出粮食生产要素投入使用量。

2. 核心解释变量

县域金融市场化（*finas*）。根据前文所述，依据县域金融相关比指标衡量县域金融市场化，即各县域地区金融机构贷款占 GDP 的比值。县域金融市场化的计算结果及现状详见第三章。

3. 控制变量

考虑其他因素对粮食单要素生产率（劳动生产率和土地产出率）的影响，在相关研究基础上，将以下变量作为控制变量。（1）农业物质投入情况（*pfert*），化肥、农药等物质投入对粮食单产增加具有重要作用，考虑县域数据可得性，采用粮食种植化肥施用量与粮食种植劳动力投入数量的比值进行表征。（2）机械投工比（*machp*），采用粮食种植机械投入总动力与粮食种植劳动力投入数量的比值进行表征。（3）土地规模经营（*scalep*），土地经营规模扩大一般有助于劳动生产率和农业机械利用效率增长，选取粮食播种面积与粮食种植劳动力投入数量的比值来衡量。（4）农民收入水平（*income*）关系着农民种粮的积极性及投资能力，农民收入水平越高越有助于增加粮食生产过程中农业资本的投入以及采用先进的农业生产技术，正向影响粮食单要素生产率。但是，当前农民工资性收入逐渐成为农民收入结构的主体，从农业生产领域得到的收入不断下降，这也会导致农民减少对粮食种植业资本投入，进而不利于先进农业生产技术与生产方式的应用，从而对粮食单要素生产率产生负向影响。（5）农业种植结构（*nstruct*），用粮食作物播种面积与农作物总播种面积的比值来表示，中国农业资源禀赋呈现人多地少、分散经营等基本特征，因此劳动密集型经济作物在种植上相比土地密集型粮食作物更具优势。（6）农村人力资本水平（*hum*），现有文献一般基于教育衡量法和采用高等教育入学人数衡量地区人力资本水平，考虑到县域层面鲜有高等教育在校生，而更好的基础教育能够为未来较高专业水平的人力资源回流奠定基础。冯林等（2016）用中学入学人数与年末总人口的比值反映县域内具有高等教育的学生规模数，并将其作为县域人力资本的代理变量。限于数据的可得性，同样采用初中学校在校生数占地区总人口的比重表征县域人力资本水平。(7) 农业经济贡献度 (ngdp),以第一产业生产总值占地区生产总值的比重来衡量县域地区农业经济贡献度。(8) 农业基础设施建设 (pinfras),主要包括农村电力、农田水利、基础交通等,考虑到县域数据的可获得性,用农村用电情况来衡量,并借鉴卓乐和曾福生 (2018)、易福金等 (2021) 的研究,采用农村人均用电总量表征农业基础设施。

(三) 描述性统计

资料来源与说明详见本书第三章,在此不再赘述。相关样本数据的描述统计分析结果如表 4 − 1 所示。此外,为了避免"伪回归",确保模型估计参数的有效性,采用 LLC 检验、IPS 检验、Fisher − ADF 及 Fisher − PP 检验方法对面板数据进行平稳性分析,结果显示所有变量均在两种及以上检验方法中判定为平稳序列。

表 4 −1　　　　　　　　　　　　变量的描述性统计

变量分类	变量名称及符号	变量含义	均值	标准差
被解释变量	劳动生产率 (tflab)	边际劳动生产率	0.6008	0.5992
	土地产出率 (tfland)	边际土地产出率	5.2317	5.3781
	机械利用效率 (tfmach)	边际农业机械利用效率	0.0401	0.0297
解释变量	县域金融市场化 (finas)	金融机构贷款与 GDP 比值	0.6688	0.4095
控制变量	农业物质投入 (pfert)	粮食种植化肥施用量与劳动力投入比值	0.5399	0.5095
	机械投工比 (machp)	粮食种植机械投入与劳动力投入比值	9.6680	9.1884
	农民收入 (income)	农村居民可支配收入	1.0491	0.5778
	农业种植结构 (nstruct)	粮食播种面积与农作物播种面积比值	0.7081	0.1952
	土地规模经营 (scalep)	粮食播种面积与劳动力投入比值	19.4530	11.8028
	农村人力资本 (hum)	初中学校在校生数与地区总人口比值	0.0489	0.0182
	农业经济贡献度 (ngdp)	第一产业 GDP/地区生产总值	0.1841	0.1138
	农业基础设施 (pinfras)	农村人均用电总量	0.4288	1.0991

二、县域金融市场化对劳动生产率的影响结果分析

（一）基准模型估计结果

基于 2010~2019 年中国 729 个县域的面板数据，采用最小二乘虚拟变量（LSDV）法、随机效应模型和固定效应模型等估计方法展开计量检验。在利用模型估计参数前，先对所有变量按照 1% 进行缩尾处理，以剔除异常值对参数估计结果的影响。如表 4 - 2 所示依次报告了相应的估计结果。列（1）是在未引入其他控制变量的情况下，采用 LSDV 法对式（4.22）进行估计，县域金融市场化在 1% 水平上显著，且系数为正，初步判定县域金融市场化对劳动生产率具有显著正向影响。列（2）和列（3）是在引入控制变量后，采用随机效应模型和固定效应模型的估计结果，且豪斯曼检验（Hausman）表明固定效应的估计结果要优于随机效应，结果显示县域金融市场化的系数方向与显著性同列（1）基本一致，说明县域金融市场化程度的提升可促进劳动生产率提高。

表 4 - 2　　　　　县域金融市场化对劳动生产率影响的估计结果

估计方程	(1)	(2)	(3)
估计方法	LSDV	RE	FE
finas	0. 1240 *** (10. 52)	0. 0157 * (1. 78)	0. 0213 ** (2. 32)
income		0. 0273 *** (4. 84)	0. 0212 *** (3. 66)
pfert		0. 4876 *** (42. 34)	0. 4691 *** (37. 98)
scalep		0. 0068 *** (39. 09)	0. 0071 *** (39. 04)
machp		0. 0117 *** (19. 47)	0. 0120 *** (18. 80)

续表

估计方程	(1)	(2)	(3)
估计方法	LSDV	RE	FE
nstruct		− 0.0489 * (− 1.81)	0.0039 (0.13)
Cons	0.8049 *** (11.73)	0.0571 ** (2.39)	0.0227 (1.03)
个体固定	YES	NO	YES
Hausman P 值		0.000	
F 检验	68.63 ***		1657.81 ***
Wald chi2		120.52 ***	
R²	0.884	0.602	0.603
N	7290	7290	7290

注：① *** 、** 和 * 分别表示1%、5%和10%的显著性水平；②括号内为估计系数的 Z 值或 T 值。

除此之外，从控制变量的估计结果来看，系数基本符合理论预期，并且与其他学者的研究结论基本一致。农民收入水平显著正向影响劳动生产率，说明农民收入水平的提高有助于促进机械替代劳动力，带来地区劳动生产率的提高。农业物质投入变量显著正向影响劳动生产率，说明农业资本深化有助于提高劳动生产率。土地规模经营变量也显著正向影响劳动生产率，这意味着当前土地经营尚处于适度规模经营范围，在达到拐点之前，对粮食劳动生产率的提高是有益处。机械投工比变量显著为正，说明通过机械实现对劳动力替代提高了劳动生产率。最后，粮食作物种植结构对劳动生产率的系数为正，但未通过10%显著性检验，说明粮食作物种植结构调整并不能促进劳动生产率提高。

综上所述，县域金融市场化可以促进劳动生产率增长。联系前面的理论分析，其促进路径是多方面的，可归纳为：第一，县域金融市场化会促进县域城镇化及产业结构变迁发展，加速农业劳动力非农就业转移与农村人口城市化，一方面缓解了粮食种植过程中劳动力过密化问题，且随着"刘易斯拐点"的到来，劳动力供给由过剩走向短缺；另一方面县域金融市场化通过缓解信贷约束会促进农业生产性服务主体发展并降低农户农业资本投入的相对价格。面对有效劳动力的供给约束及农业机械等资本相对价格下降时，农户会调整粮食生产要素投入结构，即通过劳动节约型技术创新实现对劳动要素的替代，如机械替代劳动力，从而促进劳动生产效率的提高。第二，县域金融市场化会通过信贷约束缓解促进土地流转与适度规模经营，而土地规模扩大又通过提升农地资源配置效率、促进农业生产要素更优化整合，实现人均耕地规模的扩大及劳均粮食产出水平的提高，从而正向作用于劳动生产率。第三，县域金融市场化程度越高的地区，金融机构的规模越大，经营效率越高，同时政府在职业培训、素质教育方面的投入相对也越高，使得农民也可以接收到日益更新的现代化知识，从而为农民科技素养和能力提升提供助力，农民科技掌握及应用能力的提高，有助于提高粮食种植的劳动生产率。第四，合理的劳动分工产生着行业专业化和规模化，县域金融市场化政策作为实现和调节地区投资的重要手段之一，可以通过县域信用体系建设、信贷资本市场支持等政策，促进符合各县域发展优势的农业产业优先发展，从而实现农业分工水平的上升并带来劳动生产率的提高。

（二）内生性与稳健性检验

上述基准回归模型基本验证了前文理论分析，但仍可能存在县域金融市场化与劳动生产率互为因果或遗漏关键变量的内生性关系，因此仅依靠上述基准回归模型就得出上述研究结论显得过于武断，为了使研究结果更具稳健性，将采取县域金融市场化滞后项、IV–2SLS 工具变量法以及增加控制变量等方式对基准回归进行稳健性检验，表 4–3 报告了相关稳健性检验结果。

表 4–3　　　　　　　　内生性与稳健性检验估计结果

估计方程	（1）	（2）	（3）
估计方法	滞后一期	IV–2SLS	增加控制变量
finas	0.0362 *** (3.54)	0.0480 *** (3.06)	0.0165 * (1.83)

续表

估计方程	(1)	(2)	(3)
估计方法	滞后一期	IV – 2SLS	增加控制变量
income	0.0125 ** (1.97)	0.0067 (0.64)	0.0364 *** (4.87)
pfert	0.4970 *** (36.78)	0.4974 *** (16.85)	0.4691 *** (39.55)
scalep	0.0071 *** (36.88)	0.0071 *** (10.85)	0.0060 *** (33.24)
machp	0.0114 *** (16.83)	0.0113 *** (8.63)	0.0165 *** (25.92)
nstruct	– 0.0221 (– 0.68)	– 0.0258 (– 0.56)	0.0200 (0.71)
industs			0.1619 *** (3.37)
pgdp			– 0.0062 *** (– 2.88)
pinfras			– 0.1122 *** (– 3.81)
moder			0.1328 *** (24.14)
Cons	0.0348 (1.42)	0.2374 *** (4.91)	– 0.2283 *** (– 5.51)
个体固定	YES	YES	YES
Hausman P 值	0.000		0.000
F 检验	1511.49 ***	1953.55 ***	1146.41 ***
识别不足 P 值		0.000	
弱工具变量 (F > 10)		YES	
R^2	0.609	0.956	0.636
N	6561	6561	7290

注：① *** 、** 和 * 分别表示 1%、5% 和 10% 的显著性水平；②括号内为估计系数的 Z 值或 T 值。

1. 工具变量法

列（1）是利用县域金融市场化的滞后一期为解释变量并基于面板固定效应模型重新估计的结果，结果显示县域金融市场化对劳动生产率的影响仍为正，且在1%显著性水平上显著，与基准回归模型的估计结果完全一致，说明基准回归模型的估计结果是稳健的。但是，仅依靠县域金融市场化的滞后项为解释变量的稳健性检验方式还不足以完全验证结果的稳健性，因此采用滞后一期的县域金融市场化作为工具变量，并利用两阶段最小二乘法（IV–2SLS）进行再次估计［列（2）］。从工具变量的估计结果来看，识别不足检验的P值为0，弱工具变量检验F值大于一般标准（即F值10），即拒绝了弱工具变量的原假设，说明工具变量的选择整体上是有效的。在考虑内生性的情况下，县域金融市场化变量的系数显著为正，即县域金融市场化有助于提高劳动生产率，而且与固定效应的基准回归模型相比，系数大小有明显提高。

2. 增加控制变量

在基准回归模型中，仅控制了农民收入、人均化肥投入、人均耕地规模、机械投工比以及粮食作物种植结构的影响，但考虑到遗漏变量会对估计结果造成影响，为了检验基准估计结果的稳健性，在原有控制变量的基础上，再加入经济发展水平（$pgdp$）、基础设施建设（$ginfras$）以及农业技术水平（$moder$）等可能影响劳动力生产率的其他变量，并利用固定效应模型进行了重新估计，具体估计结果如表4–3列（3）所示。结果显示，在增加其他控制变量后，县域金融市场化的系数仍为正，且在10%显著性水平上显著，即县域金融市场化对劳动生产率的正向影响效应仍然存在，也再次证明研究结论是高度稳健的。除此之外，从控制变量来看，在增加其他控制变量后，原来的控制变量的影响方向和显著性均与基准回归模型一致。在新加入的控制变量中，经济发展水平和农业基础设施建设变量对劳动生产率具有显著负向影响。经济发展水平高地区产业结构更倾向第二、第三产业，这会吸收农村具有较高资本水平的劳动力进入非农部门就业，从而降低了粮食种植过程的劳动力质量，进而对粮食劳动力生产率具有负向影响。农业基础设施建设具有负向影响可能的原因是，人均农业基础设施建设投入越多，会挤占对农业资本投入及农业技术研发创新的投入，进而不利于劳动生产率的提高。此外，农业技术水平对劳动生产率具有正向影响，且通过了 1% 显著性水平检验，这与以往研究结论基本一致。

（三）区域异质性考察

在考虑中国农业区域发展不均衡、各地区粮食种植差异较大，而且不同区域的县域金融市场化改革与经济发展情况存在着现实差异，因此进一步考察不同地理区域与不同粮食功能区县域金融市场化影响粮食单要素生产率的异质性。

1. 分地理区域的异质性

为了考察不同地理区域县域金融市场化对粮食种植业劳动生产率影响的异质性，将样本划分为东部、中部和西部 3 个地区，并通过豪斯曼检验（Hausman）确定利用面板固定效应模型进行估计，同时考虑到县域金融市场化与劳动生产率可能存在互为因果的关系，因此在基准回归的基础上，用县域金融市场化滞后一期作为工具变量，并基于两阶段最小二乘估计（2SLS）进行面板工具变量法估计，以增加结论的稳健性。如表 4-4 所示，不同地理区域县域金融市场化对粮食种植业劳动生产率影响的估计结果。从列（2）、列（4）和列（6）工具变量的估计结果来看，识别不足检验的 P 值均为 0，弱工具变量检验 F 值均大于一般标准（即 F 值为 10），即拒绝了弱工具变量的原假设，说明工具变量的选择整体上是有效的。此外，基于固定效应模型与 IV-2SLS 方法估计的县域金融市场化系数的符号及显著性在东中西地区均是一致的，证明了估计结果的可靠性。

表 4-4　　　　　　　　　　分地理区域的估计结果

估计方程	(1)	(2)	(3)	(4)	(5)	(6)
	东部地区		中部地区		西部地区	
估计方法	FE	IV-2SLS	FE	IV-2SLS	FE	IV-2SLS
$finas$	-0.0278 ** (-2.31)	-0.0475 *** (-2.98)	0.0678 *** (3.46)	0.0961 *** (2.79)	-0.0104 (-0.55)	-0.0040 (-0.14)
$income$	0.0138 ** (2.10)	0.0081 (1.01)	0.0298 *** (3.03)	0.0140 (1.13)	0.1356 *** (7.28)	0.1542 *** (6.74)

续表

估计方程	(1)	(2)	(3)	(4)	(5)	(6)
	东部地区		中部地区		西部地区	
估计方法	FE	IV－2SLS	FE	IV－2SLS	FE	IV－2SLS
pfert	0.5929 ***	0.6437 ***	0.4868 ***	0.5275 ***	0.4822 ***	0.4732 ***
	(23.97)	(23.99)	(29.77)	(28.47)	(22.52)	(20.85)
scalep	－0.0088	0.0030	－0.0985 *	－0.1170 *	0.0396	0.0336
	(－1.12)	(0.38)	(－1.86)	(－1.89)	(0.44)	(0.34)
machp	0.0150 ***	0.0147 ***	0.0053 ***	0.0052 ***	0.0131 ***	0.0137 ***
	(24.92)	(22.98)	(22.51)	(21.57)	(24.16)	(23.32)
nstruct	0.3732 ***	0.3377 ***	－0.3522 ***	－0.4000 ***	－0.0091	－0.0201
	(9.68)	(8.26)	(－5.64)	(－6.00)	(－0.28)	(－0.55)
Cons	－0.2091 ***	－0.1832 ***	0.3381 ***	0.3623 ***	0.0263	0.0007
	(－6.78)	(－5.52)	(6.42)	(6.45)	(0.96)	(0.02)
个体固定	YES	YES	YES	YES	YES	YES
F 检验	464.58 ***	44.82 ***	404.71 ***	54.24 ***	686.01 ***	39.25 ***
识别不足 P 值		0.000		0.000		0.000
弱工具变量 (F＞10)		YES		YES		YES
R^2	0.571	0.564	0.462	0.467	0.717	0.732
N	2330	2097	3150	2835	1810	1629

注：① *** 、** 和 * 分别表示 1%、5% 和 10% 的显著性水平；②括号内为估计系数的 Z 值或 T 值。

从表 4-4 可以发现，县域金融市场化对不同地区粮食种植业劳动生产率的影响表现出显著的差异，对中部地区的正向影响最大，对东部地区具有显著负向影响，对西部地区则不显著。具体地，东部地区县域金融市场化对劳动生产率具有显著的负向影响，即东部地区县域金融市场化不利于劳动生产率的提升，该结果与整体样本中的影响效应不一致。一般而言，东部地区经济比较发达，产业结构趋向第二、第三产业，产业结构的调整与升级需要金融资源支持，同时第二、第三产业发展也会给金融机构带来巨大利润回报，因此县域金融资源会更多流向工商部门，这会进一步促进非农产业繁荣与发展，两者呈现螺旋上升的现象。而非农部门的繁荣与发展会加速农村有效劳动力流失，当粮食种植面临趋紧的劳动力约束时，农户又会进一步做出粗放式经营的响应，如农地撂荒、抛荒等，从而不利于粮食种植业劳动生产率的提升。与此同时，由于工商部门发展需要较高技能人员，这也进一步降低农村劳动力质量，对粮食种植业劳动生产率产生负向影响。此外，农业部门尤其是粮食种植业在东部地区属于弱势产业，不仅对经济发展贡献度低，对农民收入的支撑能力也弱，这会抑制农户对粮食种植增加投资，不利于农业资本深化及农业机械替代劳动力，进而对劳动生产率提升具有抑制效果。从中部地区的回归结果来看，县域金融市场化对劳动生产率则表现出显著的正向影响，即县域金融市场化有助于提高劳动生产率，该结果与整体样本的估计结果保持了一致。而且中部地区县域金融市场化的系数大于整体样本，说明县域金融市场化对中部地区粮食种植业劳动生产率的促进作用最大。这是因为中部地区的县域金融市场化水平较低，正在快速上升阶段，同时中部地区的粮食种植业的劳动生产率的基数比较小，提升空间较大，因此县域金融市场化程度上升对劳动生产率的提升水平比其他地区更高。从西部地区回归结果来看，县域金融市场化的系数为负，但未通过显著性检验。可能原因是，西部地区县域金融市场化处于起步阶段，金融资源更多是从农村流向城市，农业、农村面临较强的金融排斥，对粮食劳动生产率具有负向影响，但由于西部地区县域经济发展及金融市场化水平普遍低，对粮食种植业的劳动生产率尚不足以产生影响。

2. 分粮食功能区的异质性

除了地理区域会导致县域金融市场化对劳动生产率的影响效应会存在异质性外，一般而言，各个粮食功能区在县域金融市场化水平、农业产业布局以及粮食生产要素结构等方面也可能存在显著的系统性差异。因此，按照《国家粮食安全中长期规划纲要（2008—2020年）》的分类标准，将整体县域样本划分为粮食主产区、粮食产销平衡区以及粮食主销区。表4-5汇报了不同粮食功能区县域金融市场化对粮食种植业劳动生产率影响的估计结果。从列（2）、列（4）和列（6）工具变量的估计结果来看，识别不足检验的P值均为0，弱工具变量检验F值均大于一般标准（即F

值为10），即拒绝了弱工具变量的原假设，说明工具变量的选择整体上是有效的。此外，基于固定效应模型与 IV – 2SLS 方法估计的县域金融市场化系数的符号及显著性在粮食主产区、产销平衡区及主销区均是一致的，证明了估计结果的可靠性。

表4 – 5　　　　　　　　　　　分粮食功能区的估计结果

估计方程	(1)	(2)	(3)	(4)	(5)	(6)
	主产区		产销平衡区		主销区	
估计方法	FE	IV – 2SLS	FE	IV – 2SLS	FE	IV – 2SLS
$finas$	0.0340 ** (2.17)	0.0429 * (1.88)	0.0125 (0.18)	0.0135 (0.63)	0.0234 (0.76)	0.0261 (0.57)
$income$	0.0245 *** (2.86)	0.0051 (0.47)	0.0967 *** (7.36)	0.1064 *** (6.64)	– 0.0040 (– 0.32)	0.0007 (0.05)
$pfert$	0.5173 *** (32.71)	0.5575 *** (31.61)	0.5160 *** (27.89)	0.5138 *** (26.11)	0.6487 *** (11.03)	0.8154 *** (12.54)
$scalep$	– 0.0331 ** (– 2.34)	– 0.0210 (– 1.43)	– 0.0190 (– 0.34)	– 0.0520 (– 0.84)	– 0.0607 (– 0.50)	– 0.0600 (– 0.45)
$machp$	0.0071 *** (31.43)	0.0070 *** (30.35)	0.0130 *** (28.37)	0.0136 *** (27.31)	0.0094 *** (18.71)	0.0091 *** (17.49)
$nstruct$	– 0.0659 (– 1.30)	– 0.1055 ** (– 1.97)	0.0159 (0.57)	0.0116 (0.37)	0.4516 *** (4.90)	0.4990 *** (4.87)
$Cons$	0.2259 *** (5.72)	0.2470 *** (5.92)	– 0.1129 *** (– 4.66)	– 0.1333 *** (– 5.08)	– 0.2301 *** (– 2.86)	– 0.3154 *** (– 3.39)
个体固定	YES	YES	YES	YES	YES	YES
F 检验	559.15 ***	58.87 ***	944.67 ***	54.53 ***	247.43 ***	15.66 ***
识别不足 P 值		0.000		0.000		0.000
弱工具变量 (F > 10)		YES		YES		YES
R^2	0.495	0.498	0.695	0.711	0.701	0.717
N	3810	3429	2770	2493	710	639

注：①*** 、** 和 * 分别表示 1%、5% 和 10% 的显著性水平；②括号内为估计系数的 Z 值或 T 值。

根据表4-5可知，县域金融市场化对不同粮食功能区粮食种植业的劳动生产率的影响也表现出显著的差异，对粮食主产区的正向影响效应最大，对主销区和产销平衡区劳动生产率的影响则不显著。具体地，从粮食主产区回归结果来看，县域金融市场化对粮食主产区劳动生产率的影响显著为正，即县域金融市场化有助于提高劳动生产率，该结果与整体样本的估计结果保持了一致。从粮食产销平衡区和主销区的回归结果来看，县域金融市场化的系数为正，但未通过显著性检验。可能的原因是，第一，主销区的县域金融市场化水平高，部分县域地区呈现集聚现象，而且劳动生产率水平也比较高，所以县域金融市场化的继续发展对劳动生产率的影响不足，同时主销区的粮食种植业不断被边缘化，不受地区重视，县域金融资源更多会流向回报高、资金需求旺盛的工商部门，因此粮食种植业的资金得不到支持，对劳动生产率的影响有限。第二，粮食产销平衡区多位于西部地区，正如上文分析的，西部地区县域经济发展及金融市场化水平普遍低，对粮食种植业的劳动生产率尚不足以产生影响。

三、县域金融市场化对土地产出率的影响结果分析

（一）基准模型估计结果

本章主要考察县域金融市场化对粮食土地产出率的影响。在模型估计参数前，本章对所有变量按照1%进行缩尾处理，以剔除异常值对参数估计结果的影响。基准回归主要采用最小二乘虚拟变量（LSDV）法、随机效应模型和固定效应模型等估计方法展开计量检验，表4-6报告了县域金融市场化对粮食土地产出率影响的估计结果。从中可以发现，列（1）是在未引入其他控制变量的情况下，采用LSDV法对式（4.23）进行估计，结果显示县域金融市场化系数为正，且在1%显著性水平上显著，初步判定县域金融市场化对土地产出率具有显著正向影响。列（2）和列（3）是在引入控制变量后，采用随机效应模型和固定效应模型的估计结果，且豪斯曼检验（Hausman）表明固定效应的估计结果要优于随机效应，结果显

示县域金融市场化对粮食土地产出率的正向影响依然显著，且影响效应相较列（1）有明显提升。

表4-6 县域金融市场化对土地产出率影响的估计结果

估计方程	(1)	(2)	(3)
估计方法	LSDV	RE	FE
finas	0.2210 *** (2.32)	0.6516 *** (5.94)	0.6295 *** (5.60)
income		-0.2629 *** (-2.89)	-0.2239 ** (-2.40)
machp		0.0537 *** (7.34)	0.0524 *** (6.86)
pfert		-3.4469 *** (-24.63)	-3.3565 *** (-22.74)
scalep		0.0479 *** (24.29)	0.0462 *** (22.72)
pgdp		-0.0281 (-1.15)	-0.0516 ** (-1.98)
Cons	5.3621 *** (9.66)	5.3857 *** (27.12)	5.4568 *** (53.21)
个体固定	YES	NO	YES
Hausman P 值		0.000	
F 检验	86.52 ***		148.70 ***
Wald chi2		149.30 ***	
R^2	0.906	0.170	0.170
N	7290	7290	7290

注：① *** 、** 分别表示1%、5%的显著性水平；②括号内为估计系数的 Z 值或 T 值。

上述实证结果表明，县域金融市场化可促进粮食土地产出率的提高，县域金融市场化水平每上升 1 个百分点，粮食土地产出率则相应上升 0.0063。根据前文的理论分析，县域金融市场化通过为土地流转主体提供信贷支持，促进了土地流转与规模经营，土地规模化经营有助于增加粮食生产要素的投入与农业经营方式的转变，从而促使农业经营主体采纳农业机械化作业及先进的施肥、灌溉技术，进一步提高土地产出率。此外，县域金融市场化还能为工商资本下乡提供资金支持，不少学者认为工商资本下乡的主要形式便是通过农地流转实现土地规模化经营（周飞舟和王绍琛，2015；张良，2016），进而通过优化要素配置提高了粮食作物的土地产出率（刘洋和颜华，2021）。

从控制变量的估计结果来看，农民收入水平显著负向影响土地产出率，表明农民收入的提高会降低土地产出率，这主要是农民收入结构中农业经营性收入占比不断下降，导致农户不愿增加粮食生产过程中的资本投入，甚至出现粗放式经营方式，如改多次施肥为单次施肥，这不仅不利于粮食种植领域新的生产方式与生产技术的应用，还会造成粮食产量下降，从而不利于土地产出率提升；机械投工比变量显著为正，说明通过机械实现对劳动力替代提高了土地生产率；农业物质投入变量显著负向影响土地产出率，说明目前化肥投入量达到临界状态继续增加化肥投入，会严重影响耕地质量，降低粮食土地产出率；土地规模经营变量显著正向影响土地产出率，这意味着当前人均耕地规模尚处于适度规模经营范围，在达到拐点之前，土地规模扩大有利于机械作业，并通过规模经济效应带来土地产出率的提高；经济发展水平对土地产出率具有显著的负向影响，这是因为粮食种植业的经济效应比较低，在经济发展水平越高的地区越不被重视，地区粮食种植业被边缘化，耕地弃耕抛荒严重，因此不利于土地产出率。

（二）内生性与稳健性检验

正如上文分析，县域金融市场化与土地产出率之间也可能存在互为因果或遗漏关键变量的内生性关系，因此本章也采取县域金融市场化滞后项、IV-2SLS 工具变量法以及增加控制变量等方式进行稳健性检验，表4-7报告了相关稳健性检验结果。列（1）是利用县域金融市场化的滞后一期为解释变量并基于面板固定效应模型重新估计的结果，结果显示县域金融市场化显著且系数为正，即县域金融市场化有助于提高粮食土地产出率，说明基准回归模型的估计结果是稳健的。列（2）是采用滞后一期的县域金融市场化作为工具变量，并利用两阶段最小二乘法（IV－2SLS）进行估计的结果。从工具变量的估计结果来看，识别不足检验的 P 值为 0，弱工具变量检验 F 值大于一般通常标准（即 F 值为 10），说明工具变量的选择整体上是有效的。在考虑内生性的情况下，县域金融市场化仍能显著促进土地产出率，而且与固定效应的基准回归模型相比，影响效应有明显提高。

表 4－7   内生性与稳健性检验估计结果

估计方程	（1）	（2）	（3）
估计方法	滞后一期	IV－2SLS	增加控制变量
finas	0.4772 *** (4.08)	0.6463 *** (3.44)	0.6893 *** (6.28)
income	−0.1061 (−1.19)	−0.2253 (−1.53)	−0.2271 ** (−2.48)
machp	0.0558 *** (7.26)	0.0552 *** (2.99)	0.1112 *** (14.03)
pfert	−3.4339 *** (−22.40)	−3.4356 *** (−10.38)	−3.4691 *** (−24.17)
pgdp	0.0485 *** (24.04)	0.0489 *** (6.28)	0.0366 *** (17.96)
scalep	−0.1086 *** (−4.13)	−0.0886 ** (−2.34)	−0.0445 * (−1.70)
pinfras			−0.1781 ** (−2.11)
moder			1.9060 *** (20.66)
industs			2.1217 *** (3.66)
Cons	5.6534 *** (51.30)	7.1263 *** (12.98)	1.7859 *** (3.86)

续表

估计方程	（1）	（2）	（3）
估计方法	滞后一期	IV – 2SLS	增加控制变量
个体固定	YES	YES	YES
Hausman P 值	0.000		0.000
F 检验	38.15 ***	720.20 ***	148.70 ***
识别不足 P 值		0.000	
弱工具变量（F > 10）		YES	
R^2	0.133	0.926	0.170
N	6561	6561	7290

注：① ***、** 和 * 分别表示 1%、5% 和 10% 的显著性水平；②括号内为估计系数的 Z 值或 T 值。

在基准回归模型中，仅控制了农民收入、人均化肥投入、人均耕地规模、机械投工比以及经济发展水平的影响，但考虑到遗漏变量会对估计结果造成影响，为了检验基准估计结果的稳健性，在原有控制变量的基础上，再加入地区产业结构（*industs*）、基础设施建设（*ginfras*）以及农业技术水平（*moder*）等可能影响土地产出率的其他变量，并利用固定效应模型进行了重新估计，具体估计结果如表 4 – 7 中列（3）所示。结果显示，在增加其他控制变量后，县域金融市场化的系数仍显著为正，与前文的参数估计结果在方向上完全吻合，仅在系数大小上略有差异。除此之外，从控制变量来看，在增加其他控制变量后，原来的控制变量的影响方向和显著性均与基准回归模型一致。在新加入的控制变量中，农业基础设施建设具有负向影响可能的原因是，人均农业基础设施建设投入越多，会挤占对农业资本投入及农业技术研发创新的投入，进而不利于土地产出率的提高；农业技术水平对土地产出率具有显著的正向影响，说明农业技术进步仍是土地产出率提升的重要驱动力；地区产业结构对土地产出率具有显著正向影响，一般而言，第二、第三产业发展不仅有助于农业机械、化肥等农业生产资料的制造与生产，还会促进先进的现代管理理念及生产方式向农业种植业溢出，改善粮食生产方式，从而提高土地产量。据此，可判定县域金融市场化对粮食土地产出率的影响效应具有一定的稳健性。

（三）区域异质性分析

1. 分地理区域的异质性

本章主要考察东中西不同地理区域县域金融市场化影响粮食土地产出率的异质性问题。通过豪斯曼检验确定利用面板固定效应模型进行估计，同样将县域金融市场化滞后一期作为工具变量，选择两阶段最小二乘估计（2SLS）进行面板工具变量法估计，以避免存在互为因果的内生性问题，增强实证结论的稳健性。表4-8汇报了不同地理区域县域金融市场化对粮食土地产出率影响的估计结果。从列（2）、列（4）和列（6）工具变量的估计结果来看，识别不足检验的 P 值均为 0，弱工具变量检验 F 值均大于一般标准（即 F 值为 10），说明工具变量的选择整体上是有效的。

表4-8 分地理区域的估计结果

估计方程	(1)	(2)	(3)	(4)	(5)	(6)
	东部地区		中部地区		西部地区	
估计方法	FE	IV-2SLS	FE	IV-2SLS	FE	IV-2SLS
finas	0.1918 (1.43)	0.2432* (1.71)	1.4157*** (6.26)	1.9915*** (5.20)	0.1811 (0.73)	-0.3759 (-1.06)
income	-0.5237*** (-4.96)	-0.4364*** (-3.27)	-0.3468** (-2.35)	-0.4677*** (-2.65)	0.3832 (0.93)	0.7720* (1.76)
machp	-5.2231*** (-19.61)	-4.6078*** (-22.40)	-1.7264*** (-9.54)	-1.7513*** (-8.90)	-3.2696*** (-11.66)	-3.3525*** (-12.06)
pfert	0.2622*** (2.97)	0.6873*** (5.43)	-1.4203** (-2.35)	-2.0417*** (-3.10)	0.0751 (0.06)	0.6135 (0.51)
scalep	0.0842*** (13.55)	0.1158*** (19.45)	0.0470*** (21.44)	0.0484*** (22.26)	0.0678*** (9.66)	0.0728*** (10.24)
pgdp	0.1348*** (4.27)	0.0876*** (3.26)	-0.0811** (-2.37)	-0.1535*** (-3.92)	-0.0744 (-0.65)	-0.0624 (-0.54)
Cons	5.7007*** (36.12)	4.6048*** (30.90)	3.8651*** (17.37)	4.2450*** (17.57)	7.8480*** (25.18)	7.7242*** (24.49)

续表

估计方程	(1)	(2)	(3)	(4)	(5)	(6)
	东部地区		中部地区		西部地区	
估计方法	FE	IV－2SLS	FE	IV－2SLS	FE	IV－2SLS
个体固定	YES	YES	YES	YES	YES	YES
F 检验	72.13***	116.36***	91.25***	58.20***	24.58***	57.96***
识别不足 P 值		0.000		0.000		0.000
弱工具变量检验（F＞10）		YES		YES		YES
R^2	0.171	0.315	0.162	0.189	0.083	0.098
N	2330	2097	3150	2835	1810	1629

注：① ***、** 和 * 分别表示1%、5%和10%的显著性水平；②括号内为估计系数的 Z 值或 T 值。

从表4－8可以发现，县域金融市场化对不同地区粮食土地产出率的影响表现出显著的差异，对中部地区的正向影响效应最大，其次是东部地区，对西部地区的影响则不显著。具体地，从东部地区回归结果来看，列（1）固定效应模型的估计结果显示县域金融市场化系数为正，但未通过显著性检验。东部地区经济较为发达同时土地产出率也较高，可能存在较高的土地产出率也刺激了县域金融市场化，即县域金融市场化与土地产出率之间存在互为因果的内生性问题，致使普通面板固定效应模型的估计是有偏不一致的。而列（2）在考虑内生性问题后，IV－2SLS 估计结果显示县域金融市场化对粮食土地产出率具有显著正向影响，即东部地区县域金融市场化可正向作用于土地产出率，该结果与整体样本中的影响效应一致。从中部地区的回归结果来看，无论面板固定效应模型还是 IV－2SLS 法，县域金融市场化对土地产出率均表现出显著的正向影响，而且影响效应也是最大的，说明中部地区县域金融市场化对劳动生产率的正向促进效应最大。正如上文分析，中部地区的县域金融市场化水平较低，正在快速上升阶段，同时中部地区粮食土地产出率的基数也比较小，提升空间较大，因此县域金融市场化对粮食土地产出率的提升水平比其他地区更大。从西部地区回归结果来看，县域金融市场化变量未通过显著性检验，可能原因是西部地区县域经济发展及金融市场化水平普遍低，对粮食土地产出率尚不能产生影响。

2. 分粮食功能区的异质性

本章主要考察不同粮食功能区县域金融市场化对粮食土地产出率影响的异质性，同样基于面板固定效应模型与两阶段最小二乘估计（2SLS）法对粮食主产区、产销平衡区以及主销区的样本进行估计。表4-9汇报了不同粮食功能区县域金融市场化对粮食土地产出率影响的估计结果。从列（2）、列（4）和列（6）工具变量的估计结果来看，识别不足检验的P值均为0，弱工具变量检验F值均大于一般标准（即F值为10），即拒绝了弱工具变量的原假设。

表4-9　　　　　　　　　　分粮食功能区的估计结果

估计方程	(7)	(8)	(9)	(10)	(11)	(12)
	主产区		产销平衡区		主销区	
估计方法	FE	IV-2SLS	FE	IV-2SLS	FE	IV-2SLS
finas	1.2224*** (6.61)	1.5419*** (5.94)	0.1885 (1.08)	-0.2036 (-0.80)	-0.7710* (-1.91)	-0.4902 (-0.79)
income	-0.4698*** (-3.56)	-0.5878*** (-3.82)	0.1224 (0.47)	0.3609 (1.32)	-0.3169 (-1.46)	-0.3970* (-1.67)
machp	-2.3727*** (-13.38)	-2.4482*** (-12.81)	-3.3133*** (-14.16)	-3.3563*** (-14.44)	-4.0389*** (-5.17)	-3.3166*** (-3.70)
pfert	-0.0913 (-0.56)	-0.1057 (-0.66)	0.3132 (0.43)	0.5583 (0.75)	-0.3645 (-0.23)	-0.9620 (-0.52)
scalep	0.0560*** (25.38)	0.0579*** (26.42)	0.0660*** (11.56)	0.0703*** (12.15)	0.0065 (1.00)	0.0061 (0.88)
pgdp	-0.0355 (-1.13)	-0.1080*** (-3.13)	-0.0019 (-0.03)	0.0133 (0.18)	0.3993*** (3.57)	0.0134 (0.16)
Cons	5.2369*** (31.82)	5.5848*** (30.00)	5.1840*** (22.44)	5.0995*** (21.49)	0.9307*** (2.65)	7.2022*** (11.46)

续表

估计方程	(7)	(8)	(9)	(10)	(11)	(12)
	主产区		产销平衡区		主销区	
估计方法	FE	IV – 2SLS	FE	IV – 2SLS	FE	IV – 2SLS
个体固定	YES	YES	YES	YES	YES	YES
F 检验	126. 31 ***	45. 08 ***	35. 33 ***	121. 07 ***	10. 53 ***	28. 41 ***
识别不足 P 值		0. 000		0. 000		0. 000
弱工具变量 （F > 10）		YES		YES		YES
R^2	0. 181	0. 211	0. 079	0. 091	0. 091	0. 059
N	3810	3429	2770	2493	710	639

注：① *** 、* 分别表示1% 、10% 的显著性水平；②括号内为估计系数的 Z 值或 T 值。

根据表4-9可知，县域金融市场化对不同粮食功能区粮食土地产出率的影响也表现出显著的差异，对粮食主产区的正向影响效应最大，对主销区和产销平衡区土地产出率的影响则不显著。具体地，从粮食主产区的回归结果来看，县域金融市场化能显著促进粮食主产区土地产出率增长，该结果与整体样本的估计结果保持了一致。从粮食产销平衡区和主销区的回归结果来看，县域金融市场化的系数均未通过显著性检验。可能的原因是，粮食产销平衡区多位于西部地区，而西部地区县域经济发展及金融市场化水平普遍低，对粮食土地产出率尚不足以产生影响。而主销区由于产业结构及经济发展水平高，粮食种植业逐渐被边缘化，县域金融资源更多会流向回报高、资金需求旺盛的工商部门，因此粮食种植业的资金得不到支持，对土地产出率的影响有限，甚至会产生抑制效应。值得说明的是，在粮食主销区，固定效应模型估计结果和 IV - 2SLS 方法的结果存在差异性，即县域金融市场化系数显著性不同。可能的原因是，县域金融市场化对土地产出率存在互为因果的内生性问题，导致普通固定效应模型估计结果是有偏的，在考虑内生性问题后，县域金融市场化变量不再显著，据此得出东部地区县域金融市场化并不能影响粮食土地产出率。

四、县域金融市场化对农业机械利用效率的影响结果分析

(一) 基准模型估计结果

在农业资本投入要素中农业机械尤为重要，因此本章主要从农业机械利用效率角度实证分析县域金融市场化对农业资本投入效率的影响。基于按1%缩尾处理后的样本数据，采用最小二乘虚拟变量（LSDV）法、随机效应模型和固定效应模型等估计方法展开计量检验，表4-10报告了县域金融市场化对农业机械利用效率影响的估计结果。从中可以发现，列（1）是在未引入其他控制变量的情况下，采用 LSDV 法对式（4.24）进行估计，结果显示县域金融市场化系数显著为负，初步判定县域金融市场化对农业机械利用效率具有抑制作用。列（2）和列（3）是在引入控制变量后，采用随机效应模型和固定效应模型的估计结果，且豪斯曼检验（Hausman）表明固定效应的估计结果要优于随机效应，结果显示县域金融市场化对农业机械利用效率的负向影响依然显著。可能的原因是，第一，现阶段县域金融市场化水平仍较低，金融规模扩张能力不足，在市场配置金融资源导向下县域金融主要流向回报率更高的工商部门，致使粮食种植业中农机装备购买、服务采纳面临较强信贷约束，抑制了粮食种植过程中农业机械的合理配置。第二，县域金融市场化水平上升具有一定的滞后性，主要原因是在县域金融市场化发展的初期阶段，由于农业属于弱性行业、风险高且收益低，农户获得金融信贷主要用来消费而不是增加农业生产投资（Feder et al.，1990）。尤其是农机装备购买一次性投入成本高，即使购买农机服务或农机装备也更倾向经济作物，以获取更高收益，因此农户在粮食种植过程中对农机装备的利用能力不足。第三，县域农村地区道路交通设施建设、农机扩区作业服务市场发展、土地细碎化是制约农业机械利用效率的关键。当县域金融市场化水平处于较低层级时，县域农村地区公共基础设施与土地规模经营很难迅速发展起来，进而阻碍了农业机械利用效率。为进一步考察县域金融市场化发展迈入快速成长期后对农业机械利用效率的影响，列（4）和列（5）在列（1）和列（3）的基础上加入县域金融市

场化二次项，结果显示县域金融市场化的一次项系数仍显著为负数，二次项系数为正，且在1%水平上显著，说明县域金融市场化与农业机械利用效率之间存在"U"型影响关系。也就是说，从长期来看，随着县域金融市场化水平的提高，对农业机械利用效率的影响将由负向抑制转为正向促进，这与上述分析一致。

表4-10　　县域金融市场化对农业机械利用效率影响的估计结果

估计方程	(1)	(2)	(3)	(4)	(5)
估计方法	LSDV	RE	FE	LSDV	FE
$finas$	-0.0033 *** (-5.73)	-0.0025 *** (-3.69)	-0.0027 *** (-3.83)	-0.0089 *** (-5.33)	-0.0095 *** (-4.94)
$fina^2$				0.0028 *** (3.58)	0.0032 *** (3.82)
$income$		0.0003 (0.61)	0.0001 (0.23)		0.0032 *** (3.82)
$scalep$		0.0001 *** (8.17)	0.0001 *** (8.15)		0.0001 *** (8.13)
$pinfras$		0.0008 * (1.74)	-0.0000 (-0.00)		-0.0002 (-0.29)
$ngdp$		0.0531 *** (14.94)	0.0428 *** (11.12)		0.0432 *** (11.22)
hum		-0.0330 ** (-2.26)	-0.0343 ** (-2.29)		-0.0307 ** (-2.05)
$Cons$	0.0534 *** (15.95)	0.0309 *** (20.87)	0.0334 *** (27.86)	0.0561 *** (16.36)	0.0352 *** (27.35)
个体固定	YES	NO	YES	YES	YES
Hausman P 值		0.000			
F 检验	71.14 ***		38.19 ***	71.18 ***	34.89 ***
Wald chi2		333.40 ***			
R^2	0.888	0.143	0.034	0.888	0.036
N	7290	7290	7290	7290	7290

注：①*** 、** 和 * 分别表示1%、5%和10%的显著性水平；②括号内为估计系数的 Z 值或 T 值。

从控制变量的估计结果来看，农民收入水平、土地规模经营、农业经济发展对农业机械利用效率均具有正向影响。农民收入和农业经济发展促进了农户购买农机装备或农机服务，土地规模经营则为农业机械作业提供了可能，进而提高了农机利用效率。农业基础设施建设在列（3）和列（5）中系数为负，未通过显著性检验，说明现阶段农业基础设施建设未对农业机械利用效率产生影响。农村人力资本对农业机械利用率的系数为负，且通过1%显著性检验。在中国农业生产部门的生产率及工资水平远低于工商部门，因此农村人口中受过教育以及劳动技能熟练的人更多从事非农工作，导致粮食种植业中农村人力资本水平不足，而且农业机械使用具有一定技能门槛，因此抑制了农业机械利用效率。

（二）内生性与稳健性检验

正如上文分析，县域金融市场化与农业机械利用效率之间也可能存在互为因果或遗漏关键变量的内生性关系，因此本章采取县域金融市场化滞后项、IV－2SLS 工具变量法以及更换被解释变量测算方法等方式进行稳健性检验，表4－11报告了相关稳健性检验结果。列（1）是利用县域金融市场化的滞后一期为解释变量并基于面板固定效应模型重新估计的结果，结果显示县域金融市场化显著且系数为负。列（2）是采用滞后一期的县域金融市场化作为工具变量，并利用两阶段最小二乘法（IV－2SLS）进行估计的结果。从工具变量的估计结果来看，识别不足检验的 P 值为 0，弱工具变量检验 F 值大于一般通常标准（即 F 值为 10），说明工具变量的选择整体上是有效的。在考虑内生性的情况下，县域金融市场化发展仍显著抑制了农业机械利用效率，说明基准回归模型的估计结果是稳健的。此外，变换农业机械利用效率测算方法后，列（3）回归结果仍显示县域金融市场化系数为负数。上述稳健性检验表明，现阶段县域金融市场化确实不能促进农业机械利用效率。在基准回归模型中，加入县域金融市场化二次项进一步考察了不同层级的县域金融市场化对农业机械利用效率的异质性影响，为了确保基准估计结果的稳健性，采用变换被解释变量测算方法进行再次回归［列（4）］，结果显示县域金融市场化二次项仍显著为正，说明县域金融市场化对农业机械利用效率存在正"U"型影响的结论是稳健的。

表 4 – 11 内生性与稳健性检验估计结果

估计方程	(1)	(2)	(3)	(4)
估计方法	滞后一期	IV – 2SLS	变更被解释变量	变更被解释变量
finas	– 0. 0035 *** (– 4. 69)	– 0. 0046 *** (– 4. 25)	– 0. 0006 *** (– 3. 83)	– 0. 0021 *** (– 4. 94)
*fina*²				0. 0007 *** (3. 82)
income	0. 0007 (1. 45)	– 0. 0046 *** (– 4. 25)	0. 0000 (0. 23)	0. 0002 (1. 55)
scalep	0. 0001 *** (8. 06)	0. 0001 *** (2. 84)	0. 0000 *** (8. 15)	0. 0000 *** (8. 13)
pinfras	– 0. 0005 (– 0. 81)	– 0. 0006 (– 0. 86)	– 0. 0000 (– 0. 00)	– 0. 0000 (– 0. 29)
ngdp	0. 0359 *** (8. 78)	0. 0380 *** (6. 56)	0. 0093 *** (11. 12)	0. 0094 *** (11. 22)
hum	– 0. 0482 *** (– 2. 95)	– 0. 0479 *** (– 3. 14)	– 0. 0075 *** (– 2. 29)	– 0. 0067 ** (– 2. 05)
Cons	0. 0352 *** (27. 41)	0. 0544 *** (9. 41)	0. 0073 *** (27. 86)	0. 0077 *** (27. 35)
个体固定	YES	YES	YES	YES
Hausman P 值	0. 000		0. 000	0. 000
F 检验	31. 13 ***	1049. 20 ***	38. 19 ***	34. 89 ***
识别不足 P 值		0. 000		
弱工具变量（F > 10）		YES		
R²	0. 031	0. 897	0. 034	0. 036
N	6561	6561	7290	7290

注：① *** 、** 分别表示 1%、5% 的显著性水平；②括号内为估计系数的 Z 值或 T 值。

（三）区域异质性分析

1. 分地理区域的异质性

本章主要考察东中西不同地理区域县域金融市场化影响农业机械利用效率的异质性问题。通过豪斯曼检验确定利用面板固定效应模型进行估计，同样将县域金融市场化滞后一期作为工具变量，选择两阶段最小二乘估计（2SLS）进行面板工具变量法估计，以避免存在互为因果的内生性问题，增强实证结论的稳健性。表4－12汇报了不同地理区域县域金融市场化对农业机械利用效率影响的估计结果。从列（2）、列（4）和列（6）工具变量的估计结果来看，识别不足检验的P值均为0，弱工具变量检验F值均大于一般标准（即F值为10），说明工具变量的选择整体上是有效的。

表4－12　　　　　　　　　　分地理区域的估计结果

估计方程	(1)	(2)	(3)	(4)	(5)	(6)
	东部地区		中部地区		西部地区	
估计方法	FE	IV－2SLS	FE	IV－2SLS	FE	IV－2SLS
finas	0.0079 *** (7.75)	0.0090 *** (6.58)	－0.0057 *** (－5.24)	－0.0082 *** (－4.12)	－0.0041 ** (－2.54)	－0.0047 * (－1.96)
income	－0.0020 *** (－3.53)	－0.0022 *** (－3.51)	0.0036 *** (6.91)	0.0053 *** (6.14)	－0.0029 * (－1.91)	－0.0014 (－0.79)
scalep	0.0013 * (1.94)	0.0006 (1.02)	－0.0070 ** (－2.34)	－0.0030 (－0.79)	－0.0103 (－1.40)	－0.0068 (－1.03)
pinfras	0.0031 (0.87)	0.0015 (0.37)	0.0058 * (1.96)	0.0070 * (1.78)	0.0073 (1.12)	0.0094 (1.29)
ngdp	0.0549 *** (9.26)	0.0532 *** (4.60)	－0.0008 (－0.16)	－0.0043 (－0.70)	0.0920 *** (9.57)	0.0866 *** (7.54)
hum	0.0093 ** (2.00)	0.0080 (1.20)	0.0783 *** (28.62)	0.0802 *** (14.33)	0.0925 *** (19.25)	0.0919 *** (14.89)
Cons	0.0155 *** (4.03)	0.0415 *** (7.36)	0.0002 (0.08)	－0.0072 (－1.21)	－0.0077 (－1.31)	0.0097 (1.30)
个体固定	YES	YES	YES	YES	YES	YES
F检验	28.53 ***	241.32 ***	145.20 ***	504.46 ***	100.40 ***	824.22 ***
识别不足P值		0.000		0.000		0.000
弱工具变量检验 (F＞10)		YES		YES		YES
R^2	0.076	0.890	0.235	0.931	0.271	0.871
N	2330	2097	3150	2835	1810	1629

注：①*** 、** 和 * 分别表示1%、5%和10%的显著性水平；②括号内为估计系数的Z值或T值。

从表 4 - 12 可以发现，县域金融市场化对不同地区农业机械利用效率的影响表现出显著的差异，对中部地区和西部地区具有显著负向影响，与基准回归不同的是，对东部地区的农业机械利用效率产生了显著的正向促进作用。具体地，从东部地区回归结果来看，列（1）和列（2）的估计结果显示县域金融市场化系数为正，且通过 1% 显著性检验。正如上文分析，当县域金融市场化水平上升到一定水平后，县域金融市场化对农业机械利用效率具有显著正向促进作用，东部地区县域经济与金融发展水平较高，而且农业基础设施建设与农机服务组织也较为完善，因此县域金融市场化发展能缓解农户农机装备购买信贷约束，并促进农机服务扩区作业，进而提高农业机械利用效率。从中部地区和西部地区的回归结果来看，无论面板固定效应模型还是 IV - 2SLS 法，县域金融市场化对土地产出率均表现出显著的负向影响，即中部和西部地区县域金融市场化抑制了农业机械利用效率，该结果与整体样本中的影响效应一致。我国中部地区和西部地区的县域金融市场化水平与经济发展落后于东部地区，处于上升初期，因此县域金融对农业机械配置能力不足，以致产生负向抑制效应。

2. 分粮食功能区的异质性

本章主要考察不同粮食功能区县域金融市场化对农业机械利用效率影响的异质性，同样基于面板固定效应模型与两阶段最小二乘估计（2SLS）法对粮食主产区、产销平衡区以及主销区的样本进行估计。表 4 - 13 汇报了不同粮食功能区县域金融市场化对农业机械利用效率影响的估计结果。从列（2）、列（4）和列（6）工具变量的估计结果来看，识别不足检验的 P 值均为 0，弱工具变量检验 F 值均大于一般标准（即 F 值为 10），即拒绝了弱工具变量的原假设。

表 4 - 13　　　　　　　　　分粮食功能区的估计结果

估计方程	(7)	(8)	(9)	(10)	(11)	(12)
	主产区		产销平衡区		主销区	
估计方法	FE	IV - 2SLS	FE	IV - 2SLS	FE	IV - 2SLS
finas	- 0.0012 （- 1.16）	- 0.0013 （- 0.81）	- 0.0051 *** （- 4.45）	- 0.0061 *** （- 3.39）	0.0046 ** （2.10）	0.0086 ** （2.12）

续表

估计方程	(7)	(8)	(9)	(10)	(11)	(12)
	主产区		产销平衡区		主销区	
估计方法	FE	IV-2SLS	FE	IV-2SLS	FE	IV-2SLS
income	0.0014 *** (2.73)	0.0027 *** (3.18)	-0.0006 (-0.56)	0.0009 (0.69)	0.0017 ** (1.99)	0.0019 * (1.73)
scalep	0.0036 *** (4.02)	0.0028 *** (3.57)	-0.0054 (-1.16)	-0.0034 (-0.79)	-0.0410 *** (-4.20)	-0.0475 *** (-3.12)
pinfras	0.0063 ** (2.23)	0.0064 * (1.88)	0.0020 (0.43)	0.0035 (0.65)	-0.0064 (-0.63)	-0.0089 (-0.88)
ngdp	0.0041 (0.91)	-0.0010 (-0.19)	0.0826 *** (11.39)	0.0768 *** (7.96)	0.1219 *** (9.47)	0.1363 *** (3.43)
hum	0.0706 *** (25.96)	0.0720 *** (14.82)	0.0938 *** (23.49)	0.0937 *** (15.68)	0.0067 (0.73)	0.0039 (0.42)
Cons	-0.0056 ** (-2.23)	-0.0078 (-1.38)	-0.0064 (-1.56)	-0.0058 (-1.08)	0.0255 ** (2.57)	0.0344 *** (3.18)
个体固定	YES	YES	YES	YES	YES	YES
F 检验	113.38 ***	141.31 ***	35.33 ***	238.07 ***	31.52 ***	312.14 ***
识别不足 P 值		0.000		0.000		0.000
弱工具变量 (F>10)		YES		YES		YES
R^2	0.166	0.876	0.253	0.936	0.230	0.912
N	3810	3429	2770	2493	710	639

注：① *** 、** 和 * 分别表示 1% 、5% 和 10% 的显著性水平；②括号内为估计系数的 Z 值或 T 值。

根据表 4-13 可知，县域金融市场化对不同粮食功能区农业机械利用效率的影响也表现出显著的差异，对粮食主销区的正向影响效应最大，对粮食产销平衡区具有显著负向影响，对粮食主产区的影响不显著。具体地，从粮食主销区的回归结果来看，无论面板固定效应模型还是 IV-2SLS 法，县域金融市场化的系数均为正，且在 5% 显著性水平上显著，说明粮食主销区中县域金融市场化能显著促进农业机械利用效率。粮食主销区一般是发达省市，县域金融市场化水平较高，根据金融深化理论，县域金融市场化水平越高金融资源配置效率与金融机构服务能力越强，因此粮食主销区县域金融市场化发展能为农机服务市场发展、土地规模经营以及农机替代劳动力提供充足信贷服务，从而有助于提高农业机械利用效率。从粮食主销区的回归结果来看，县域金融市场化的系数显著为负，抑制了农业机械利用效率，该结果与整体样本的估计结果保持了一致。在研究样本中，产销平衡区多位于中西部地区，县域金融市场化水平处于初期阶段，金融规模不足且市场配置金融资源能力有限，不利于农业机械利用效率提升。从粮食主产区的回归结果来看，无论是面板固定效应模型还是 IV‐2SLS 法，县域金融市场化的系数均未通过显著性检验，说明粮食主产区县域金融市场化对农业机械利用效率不存在影响。可能的原因是，在政府保障粮食安全大背景下，政府对粮食主产区农机装备购买补贴支持力度大，而且粮食主产区对农业机械作业的需求旺盛，也促进了农机服务组织繁荣，2021 年我国主粮作物耕种收综合机械化率已超 80%。也就是说，粮食主产区农业机械利用效率本身就处于较高水平，因此县域金融市场化发展对农业机械利用效率难以再产生显著影响。

第三节 县域金融市场化与粮食全要素 生产率的实证分析

前文证实了县域金融市场化能促进粮食单要素生产率增长。那么，在考虑时间变化引致技术变动后，县域金融市场化是否对粮食全要素生产率、技术进步、技术效率也具有促进效应？不同区域又具有怎样的异质性特征？以及不同层级的县域金融市场化对粮食全要素生产率是否也存在异质性影响？本节将对上述问题进行回答。

一、研究设计

（一）模型设定

1. 基准回归模型设定

为了探究县域金融市场化与粮食生产效率之间的影响关系，结合前文理论机制分析，以各县级行政区的粮食生产效率为被解释变量，县域金融市场化为核心解释变量，建立如下基准模型：

$$gtfp_{i,t} = \beta_0 + \beta_1 fina_{i,t} + \beta_2 X_{i,t} + u_i + e_t + \varepsilon_{i,t} \qquad (4.25)$$

式（4.25）中，$fina_{i,t}$ 为第 i 个县（县级市）第 t 年的县域金融市场化水平，$gtfp_{i,t}$ 为第 i 个县（县级市）第 t 年的粮食全要素生产率。此外，$X_{i,t}$ 表示其他影响粮食全要素生产率的一系列控制变量；u_i 表示地区固定效应；e_t 表示时间固定效应；$\varepsilon_{i,t}$ 为随机干扰项；β_0、β_1、β_2 和 β_3 为待估系数。在模型参数估计中对相应变量做自然对数化处理，以减轻变量间的异方差和多重共线性。为进一步探究县域金融市场化是通过何种方式影响粮食全要素生产率，参考张恒和郭翔宇（2021）的研究，将技术进步变化指数和技术效率变化指数作为因变量进行回归估计，模型如下：

$$gtc_{i,t} = \beta_0 + \beta_1 fina_{i,t} + \beta_2 X_{i,t} + u_i + e_t + \varepsilon_{i,t} \qquad (4.26)$$

$$gec_{i,t} = \beta_0 + \beta_1 fina_{i,t} + \beta_2 X_{i,t} + u_i + e_t + \varepsilon_{i,t} \qquad (4.27)$$

式（4.26）和式（4.27）中，$gtc_{i,t}$ 为第 i 个县（县级市）第 t 年的粮食技术进步变化指数；$gec_{i,t}$ 为第 i 个县（县级市）第 t 年的粮食技术效率变化指数。其余变量解释同式（4.25）。

2. 门槛效应模型设定

为了考察县域金融市场化与粮食全要素生产率之间可能存在的非线性影响关系，即随着县域金融市场化水平的变化，县域金融市场化对粮食全要素生产率的影响程度甚至是方向可能会发生显著变化，因此构建门槛模型进行实证研究是一个很好的选择。根据豪斯曼（Hausman，1999）提出的面板门槛理论，在式（4.25）的基础上构建面板门槛回归模型，含有一个门槛值的面板门槛模型可表示为：

$$gtfp_{i,t} = \beta_0 + \beta_1 finas_{i,t} \cdot F(finas_{i,t} < \gamma_1) + \beta_2 finas_{i,t}$$
$$\cdot F(finas_{i,t} \geq \gamma_1) + \beta_3 X_{i,t} + u_i + \varepsilon_{i,t} \qquad (4.28)$$

考虑到县域金融市场化可能存在多个门槛值的情况，在单一门槛模型基础上进行扩展，构建多重门槛面板模型：

$$gtfp_{i,t} = \beta_0 + \beta_1 finas_{i,t} \cdot F(finas_{i,t} < \gamma_1) + \beta_2 finas_{i,t} \cdot F(\gamma_1 \leq finas_{i,t} < \gamma_2)$$
$$+ \cdots + \beta_n finas_{i,t} \cdot F(\gamma_{n-1} \leq finas_{i,t} < \gamma_n) + \beta_{n+1} finas_{i,t}$$
$$\cdot F(finas_{i,t} \geq \gamma_n) + \beta_{n+2} X_{i,t} + u_i + \varepsilon_{i,t} \qquad (4.29)$$

式 (4.28) 和式 (4.29) 中, $gtfp_{i,t}$ 为粮食全要素生产率及其分解项, 县域金融市场化水平 $finas_{i,t}$ 为门槛变量, γ 表示未知门槛值, $F(\cdot)$ 为指示函数, 当 $finas_{i,t}$ 满足指示函数括号中的条件, 则 $F(\cdot) = 1$, 否则 $F(\cdot) = 0$。

(二) 变量选取

1. 被解释变量

粮食全要素生产率 ($gtfp$)。由于 Malmquist 指数为动态增长率, 表示的是两年间效率变动情况, 因此在模型回归估计参数时, 需要先将其转化为累积形式。借鉴刘涛等 (2019)、张恒和郭翔宇 (2021) 的研究, 以 2009 年为基年且设定该年 TFPCH = 1, 那么 2010 年的生产效率等于 2009 年的 TFPCH 乘以 2010 年的 Malmquist 指数, 而 2011 年的生产效率等于 2010 年的生产效率乘以 2011 年的 Malmquist 指数, 以此类推, 可得到 2010~2019 年县域粮食全要素生产率指数转换成的累积值。县域粮食种植业 TFP 及其分解项的测算结果详见本小节第二部分, 在此不再赘述。

2. 核心解释变量

县域金融市场化 ($finas$)。根据前文所述, 以县域金融相关比指标衡量县域金融市场化水平, 即各县域地区金融机构贷款占 GDP 的比值。

3. 控制变量

考虑到其他因素对粮食生产效率的影响, 在相关研究的基础上, 将以下变量作为控制变量。(1) 财政自给率 ($govz$), 以一般预算内财政收入与预算内财政支出的比值表示, 财政自给率越高, 地方经济实力越雄厚, 政府的 "自身造血" 能力越强, 政府对农业生产领域投入水平可能会更高, 因此财政自给率对粮食生产效率可能具有正向影响。(2) 人口密度 ($popu$), 用县域地区总人口数与行政区划面积的比值来衡量, 一般来说, 人口密度越大地区 "人多地少、地块分散" 特征越突出, 不利于粮食种植规模化, 难以通过规模经济提高粮食单产水平, 因此人口密度与粮食生产效率可能呈现负相关关系。(3) 农民收入水平 ($income$), 以农村居民可支配收入来表示, 农民收入关系着农民种粮的积极性及投资能力, 农民收入水平越高有助于增加粮食生产过程中农业资本的投入及采用先进的农业生产技术，正向影响粮食单要素生产率。但是，当前农民工资性收入逐渐成为农民收入结构的主体，从农业生产领域得到的收入不断下降，这也会导致农民减少对粮食种植业资本投入，进而不利于先进农业生产技术与生产方式的应用，从而对粮食单要素生产率产生负向影响。(4) 经济发展水平（$pgdp$），用人均 GDP 表征，经济发展水平越高地区产业结构越高级，具有较高人力资本水平的农业劳动力非农就业转移越严重，从而降低粮食种植业的劳动力质量，不利于劳动生产率。同时，经济发展水平越高也有助于增加农业资本投入，促进农业技术进步，促进粮食单要素生产率增长。(5) 地区产业结构（$indust$），决定着经济发展质量与所获得资源的支持力度，非农部门的发展有利于农业资本深入，但如果工农关系、城乡关系处理不当则不利于"三农"产业发展。以第二产业与第三产业增加值占地区生产总值的比重来衡量县域地区产业结构变动。(6) 农村用电情况（$elect$），用各县域地区农村用电总量来表示，电力能源可有效促进粮食生产要素投入的利用效率，这是因为随着粮食种植规模化、产业化、机械化以及信息化的快速推进，对电力等能源需求越来越大，农村电力可为其提供充足动力来源。(7) 农业种植结构（$nstruct$），用粮食作物播种面积与农作物总播种面积的比值来表示，中国农业资源禀赋呈现人多地少、分散经营等基本特征，因此劳动密集型经济作物在种植上相比土地密集型粮食作物更具优势。(8) 商业活动扩张程度（$busin$），以县域地区人均社会消费品零售总额表示，商业活动扩张程度越高对粮食作物的需求能力越强，可在一定程度上刺激粮食供给水平提高，进而影响粮食生产能力。(9) 农业物质投入情况（$pfert$），化肥、农药等物质投入对粮食单产增加具有重要作用，考虑县域数据可得性，采用粮食种植化肥施用量与粮食种植劳动力投入数量的比值进行表征。

（三）描述性统计

数据来源与说明详见第三章，在此不再赘述。相关样本数据的描述统计分析结果如表 4－14 所示。

表 4 -14 变量的描述性统计

变量分类	变量名称及符号	变量含义	均值	标准差
被解释变量	粮食全要素生产率（$gtfp$）	由三阶段 DEA 和 Malmquist 指数测算的全要素生产率	1.1870	0.7566
	粮食技术效率（gec）	Malmquist 指数分解出技术效率	0.9721	0.4758
	粮食技术进步（gtc）	Malmquist 指数分解出技术进步	1.2129	0.1609
解释变量	县域金融市场化（$finas$）	金融机构贷款与 GDP 的比值	0.6688	0.4095
控制变量	财政自给率（$govz$）	财政支出与财政收入的比值	0.2979	0.2263
	人口密度（$popu$）	地区人口数与行政面积的比值	0.0320	0.0305
	农民收入水平（$income$）	农村居民可支配收入	1.0491	0.5778
	经济发展水平（$pgdp$）	人均 GDP	3.9594	3.4165
	产业结构（$indust$）	第二、第三产业 GDP 与地区生产总值的比值	0.8001	0.1232
	农村用电情况（$elect$）	农村用电总量	3.2570	7.7170
	农业种植结构（$nstruct$）	粮食播种面积与农作物播种面积比值	0.7081	0.1952
	商业扩张程度（$busin$）	人均社会消费品零售总额	1.1673	0.9247
	农业物质投入（$pfert$）	粮食种植化肥施用量与劳动力投入比值	0.5399	0.5095

二、粮食全要素生产率测算与动态演变趋势

（一）研究方法与变量选取

1. 研究方法

（1）全要素生产率的主要测算方法。全要素生产率是一种对所有投入要素进行测量的生产率，其增速是指剔除全部投入要素后产出仍能增加的部分，突出投入要素整体的配置组合情况、质量与效率提升情况以及前沿面变动情况，反映了生产过程中所有投入要素的综合使用效率，避免了单要素生产率无法全面衡量的弊端。按照不同的模型假设及测算逻辑，可将要素生产率测算方法划分为增长核算法（索洛余值法）、指数法、随机前沿分析（SFA）以及数据包络分析（DEA）等四种类型，具体如下。

第一，增长核算法（索洛余值法）。索洛余值法是由索洛（Solow）于 1957 年提出，被视为全要素生产率的基准算法。索洛余值法认为全要素生产率的增长率是产出增长率扣除所有实物投入要素增长率后剩余的部分，也就是说，在总产出增加中不能由土地、劳动力、资本等投入要素增加而解释的部分是由技术进步导致的。很明显，增长核算法（索洛余值法）对技术进步的理解过于宽泛，忽视了生产无效率、测量误差等其他非技术进步因素的影响。乔根森和格里利奇斯（Jorgenson and Grilliches，1967）认为索洛余值法测算出的全要素生产率主要来源于测量误差或遗漏变量的一种残差，并不能将真正的技术进步和其他部分剥离开来，导致测量结果与真实的技术进步之间可能存在偏差。另外，索洛余值法具有较强的外部假设条件，与现实经济生产情况存在偏差。基于此，近年来索洛余值法的演进主要遵循以下两个研究线索进行：一是与随机前沿分析等测算方法相结合，避免非技术进步因素对全要素生产率测算的干扰；二是构建新的生产函数，逐步放松索洛余值法中的理论假设。

第二，指数法。指数法测算全要素生产率的原理是运用产出指数与所有投入要素加权指数的比率，该方法的优势在于不需要设定生产函数形式，只需要两个时期的观测值，并利用拉式或帕氏指数构造投入要素加权指数。指数法主要包括 Divisia 指数、Tornquist 指数、Fisher 指数及 Malmquist 指数的应用较为广泛。然而，指数法首先需要利用经验人为地确定各投入要素的产出份额，然后构造指数来计算全要素生产率，具有很强的主观性，同时，由于指数法在本质上是一种自下而上的非参数方法，大部分测量指数无法对全要素生产率进行合理的分解，因此无法观测到实际的技术进步。基于此，近年来通常将不同的指数与其他测算方法相结合（如 DEA – Malmquist 法），以弥补指数法的测算缺陷。

第三，随机前沿分析（SFA）。随机前沿分析允许技术无效率（技术效率缺失）存在，并且将误差项分为生产者无法控制的随机误差（随机扰动项）和生产者可以控制的技术误差（技术无效项）。对比确定性技术前沿的生产指数法和基于非参数设定的指数法，随机前沿分析有以下优势：一是随机前沿分析可以解释在没有技术进步和技术效率改善的情况下，生产者仍能提升产出的内在逻辑，这意味着随机前沿分析有利于实现对全要素生产率更为细致的分解；二是随机前沿分析允许技术无效率存在，并且将误差项分为生产者无法控制的随机误差和生产者可以控制的技术误差，从而得到更为真实的技术效率值（Gong，2018）。然而，与生产函数法类似，随机前沿分析需要对函数形式进行设定，如柯布—道格拉斯生产函数（Cobb – Douglas）或超越对数生产函数（Translog），正因为随机前沿分析具有较强的函数形式和分布形式的假设，降低了技术进步率核算的科学性。

第四，数据包络分析（DEA）。DEA 是一种利用非参数法估计生产前沿面的技术进步率测算方法，主要包括规模报酬不变的 CRS – DEA 模型、规模报酬可变的 VRS – DEA 模型以及与使用距离函数定义的 Malmquist 指数相结合的 DEA – Malmquist 模型。数据包络分析中的研究对象称为决策单元（DMU），在生产经济学领域，可以将一个决策单元视为一个生产者或经济体。数据包络分析的基本原理在于，根据各个决策单元不同的投入产出组合，运用数学中线性规划的方法构造出一个代表最优投入产出的生产前沿面，然后比较各个生产者与生产前沿面之间的距离，测算出各个生产者的技术效率。虽然该方法本身只能测算效率，但与一些指数结合后不仅能够测算整体的全要素生产率，还可以将其分解为技术进步和技术效率变动。作为典型的非参数形式技术效率测算方法，DEA 的最大优势是无须提前设定投入与产出之间的生产函数关系，进而有效地避免了生产函数设定和估计过程中的分布假定等问题。然而，数据包络分析本质上是一种非参数的线性规划方法，只能提供计算结果数值，无法分辨由环境变化或随机冲击造成的非投入性技术无效，而且无法解决多个产出之间的非相关性问题。此外，数据包络分析的测算过程类似于"黑箱"，无法对模型的适应性进行具体的统计检验，因此其实证结果的经济学含义有限。

（2）三阶段 DEA 动态分析模型。DEA 和 SFA 方法是学术界测算全要素生产率的常用方法，但是传统 DEA 与 SFA 模型包含了外部环境因素、随机扰动等因素对决策单元效率评价的影响，致使测算的全要素生产率存在偏差。弗里德等（Fried et al.，2002）在上述研究基础上将 SFA 方法嵌入到 DEA 模型中提出了三阶段 DEA 模型，弥补了 DEA 无法考虑随机误差的缺陷，有效剔除了外部环境因素、随机误差以及管理无效率的异质性影响，能够准确反映决策单元多投入、多产出情境下的真实生产效率（罗登跃，2012）。由于三阶段 DEA 模型更多适用于截面数据，测算某一时间的生产技术效率，然而实际经济生产是一个长期连续的过程，生产技术在这一过程中会随着时间不断变化，因此当决策单元是跨时期的面板数据时，需要考虑技术进步、技术效率在不同时期的变动情况，指数法中的 Malmquist 指数可适用于多个跨时期的效率测算，因此将 Malmquist 指数纳入三阶段 DEA 分析框架，构建三阶段 DEA – Malmquist 生产率指数，对中国县域粮食种植业的全要素生产率的真实水平及其动态演变趋势进行分析。首先，利用 DEA – Malmquist 指数模型对初始数据进行测算，以获取效率值和松弛变量。其次，选取环境变量利用似 SFA 回归，剔除投入变量中的外部环境因素和随机误差的影响。最后，再利用 DEA – Malmquist 指数模型，基于原始产出数值和剔除外部环境因素影响的投入变量测算实际生产效率。具体模型构建如下：

第一阶段：DEA – Malmquist 指数模型。

DEA – Malmquist 指数模型将 Malmquist 指数的距离函数引入现象规划方法中，该方法无须设定生产函数形式，能有效避免因误设函数导致的偏误，同时也不受输入、输出数量量纲的影响，还可以综合考虑规模报酬不变和规模报酬可变的情形，大大提高了评价结果的客观性；此外，Malmquist 生产率指数不需要相关的价格信息，有效避免了价格信息不易获得的弊端，同时还可适用于多个地区跨时期的效率测算，以及将全要素生产率指数分解为技术效率变化指数和技术进步指数，与单独使用指数法相比有了较大的改进。Malmquist 生产率指数是在距离函数的基础定义的，通过计算每个数据点相对于通用技术距离的比率来测量两个数据点之间的全要素生产率变化，按照法勒等（Fare et al.，1994）的研究，用 t 到 $(t+1)$ 时期之间的 Malmquist 生产率指数的几何平均值来计算产出导向的全要素生产率 TFP 指数，具体形式如下：

$$M_i(x^{t+1}, y^{t+1}, x^t, y^t) = \left[\frac{D_i^t(x^{t+1}, y^{t+1})}{D_i^t(x^t, y^t)} \times \frac{D_i^{t+1}(x^{t+1}, y^{t+1})}{D_i^{t+1}(x^t, y^t)} \right]^{1/2}$$

(4.30)

其中，$D_i^t(x^{t+1}, y^{t+1})$ 表示从 t 到 $(t+1)$ 时期之间的技术距离，当 $M_i > 1$

时，代表 t 到 $(t+1)$ 时期的全要素生产率增长，$M_i = 1$ 时，代表 t 到 $(t+1)$ 时期的全要素生产率稳定不变，$M_i < 1$ 则代表 t 到 $(t+1)$ 时期的全要素生产率下降。由于式（4.1）是两个时期全要素生产率指数的几何平均值，因此在基础上整理为：

$$M_i(x^{t+1}, y^{t+1}, x^t, y^t) = \frac{D_i^{t+1}(x^{t+1}, y^{t+1})}{D_i^t(x^t, y^t)} \times \left[\frac{D_i^t(x^{t+1}, y^{t+1})}{D_i^{t+1}(x^{t+1}, y^{t+1})} \times \frac{D_i^t(x^t, y^t)}{D_i^{t+1}(x^t, y^t)} \right]^{1/2}$$

$$(4.31)$$

由于大多数经济主体在生产中普遍存在某种程度的技术无效率，因此 Malmquist 生产率指数可能是技术效率的变化与技术进步共同的结果，技术效率是给定要素投入下生产者再组合获取最大产出的能力，即科学的管理决策方法及组织方式，反映的是生产过程中经济主体对现有技术利用的有效程度，它以接近生产前沿面的程度来衡量；技术进步是通过引入时间趋势因素反映生产率变动，生产技术的进步表现为生产前沿面的上移。此外，技术效率（TE）可分解为纯技术效率（PTE）和规模效率（SE），即 $TE = PTE \times SE$，规模效率是实际规模与最优规模的差距，反映了粮食生产过程中投入是否合理，是否存在投入规模不足或投入冗余的情况。根据式（4.31）可知，此时 Malmquist 生产率指数可分解为技术效率变化和技术进步变化两部分，具体如下：

$$\text{技术效率 } TE = \frac{D_i^{t+1}(x^{t+1}, y^{t+1})}{D_i^t(x^t, y^t)} \tag{4.32}$$

$$\text{技术进步 } TC = \left[\frac{D_i^t(x^{t+1}, y^{t+1})}{D_i^{t+1}(x^{t+1}, y^{t+1})} \times \frac{D_i^t(x^t, y^t)}{D_i^{t+1}(x^t, y^t)} \right]^{1/2} \tag{4.33}$$

在 Malmquist 生产率指数的基本形式及其分解的基础上，使用 DEA 中的线性规划方法计算出 Malmquist 生产率指数所需的距离函数，进而求得全要素生产率及其分解成分。查恩斯等（Charnes et al.，1978）首次提出规模报酬不变（CRS）的 DEA 模型，即 CCR - DEA 模型，之后班克（Banker，1984）放松了规模报酬不变的假设，提出了规模报酬（VRS）可变的 BCC - DEA 模型。考虑规模报酬可变更符合县域粮食种植业全要素生产率增长的现实情况，因此基于 VRS 构建 DEA 模型计算 Malmquist 生产率指数所需的距离函数，模型如下：

$$\min \varepsilon = 1$$

$$s.t. \begin{cases} \sum_{i=1}^{n} \lambda_i X_i + s^- = \varepsilon X_i \\ \sum_{i=1}^{n} \lambda_i Y_i - s^+ = Y_i \\ \lambda_i \geq 0, \ s^- \geq 0, \ s^+ \geq 0 \\ \sum_{i=1}^{n} \lambda_i = 1 \end{cases} \quad (4.34)$$

其中，X_i 表示第 i 个决策单元的投入量，Y_i 表示第 i 个决策单元的产出量，n 为决策单元的数量，λ 为决策单元投入指标组合系数，s^- 为松弛变量反映产出不足，s^+ 为剩余变量反映投入冗余量，ε 为决策单元的效率，当 $\varepsilon = 1$ 表示 DEA 有效，反之则表示无效。

通过上述模型可以测算得到原始数据的全要素生产率（TFP）、技术进步（TC）以及技术效率（TE），以及各样本的投入指标的目标值与松弛变量。弗里德（Fried，2002）认为，这一阶段的决策单元的效率受到外部环境因素、管理无效率以及统计噪声等复杂因素的影响，因此有必要分离这些因素，将各决策单元置于同一条件下进行效率测算。

第二阶段：面板随机前沿分析列（SFA）。

考虑外部环境因素、随机误差及管理无效率会对决策单元产生影响，构建类似面板随机前沿分析模型（SFA）对第一阶段得出的松弛变量进行调整，以剔除环境因素和统计噪声。具体 SFA 模型如下：

$$S_{ni}^t = f(Z_{ni}^t, \ \beta_n) + v_{ni}^t + u_{ni}^t \quad t=1, \ 2, \ \cdots, \ T \quad i=1, \ 2, \ \cdots, \ I \quad n=1, \ 2, \ \cdots, \ N$$

$$(4.35)$$

其中，S_{ni}^t 为第 i 个决策单元在时期 t 的第 n 类投入要素的投入松弛变量，$f(\cdot)$ 代表随机前沿生产函数，Z_{ni}^t 和 β_n 分别为环境变量与参数估计值，$\varepsilon_{ni}^t = v_{ni}^t + u_{ni}^t$ 为复合误差项，v_{ni}^t 为随机误差项，且 $v_{ni}^t \sim N(0, \ \sigma_{vn}^2)$、$u_{ni}^t$ 为管理无效率项，且 $u_{ni}^t \sim N^+(0, \ \sigma_{un}^2)$，$u_{ni}^t$ 和 v_{ni}^t 独立不相关。

为了分离管理无效率和随机误差项，将各决策单元的投入指标置于相同条件下，参考罗登跃（2012）的研究，利用管理无效率公式进行处理，公式如下：

$$\bar{E}\left(u_{ni}^{t}/\varepsilon_{ni}^{t}\right)=\frac{\lambda\sigma}{1+\lambda^{2}}\left(\frac{\phi(\varepsilon_{ni}^{t}\lambda/\sigma)}{\Phi(\varepsilon_{ni}^{t}\lambda/\sigma)}+\frac{\varepsilon_{ni}^{t}\lambda}{\sigma}\right)\tag{4.36}$$

其中，$\lambda=\sigma_{un}/\sigma_{vn}$，$\sigma=(\sigma_{vn}^{2}+\sigma_{vn}^{2})^{1/2}$，$\phi(\cdot)$ 和 $\Phi(\cdot)$ 分别为标准正态分布的密度函数和分布函数。同时随机误差项的估计公式如下：

$$\bar{E}\left(v_{ni}^{t}/\varepsilon_{ni}^{t}\right)=S_{ni}^{t}-f(Z_{ni}^{t},\ \bar{\beta}_{n})-\bar{E}\left(u_{ni}^{t}/\varepsilon_{ni}^{t}\right)\tag{4.37}$$

为剔除松弛变量的外部环境因素、管理无效率和随机误差项的影响，根据弗里德（Fried，2002）的研究，需要将各个决策单元置于相同外部环境中进行效率评估，其调整公式如下：

$$x_{ni}^{*}=x_{ni}+\left[\max(f(Z_{ni}^{t},\ \bar{\beta}_{n}))-f(Z_{ni}^{t},\ \bar{\beta}_{n})\right]+\left[\max(v_{ni}^{t})-v_{ni}^{t}\right]\tag{4.38}$$

其中，x_{ni}^{*} 和 x_{ni} 分别为调整后的和调整前的投入变量，等式右侧的两个中括号分别表示将所有决策单元去除环境要素和随机误差后处于相同条件下，不受其他因素影响。

第三阶段：调整后的 DEA – Malmquist 指数模型。

本阶段基于原始产出值与第二阶段得到调整后的投入值，利用 DEA – Malmquist 指数模型再次进行运算，得到剥离了外部环境因素、管理无效率以及随机误差影响的各个决策单元的生产效率。由于各个决策单元处于相同的环境，因此调整后的效率值更真实客观（Liu et al.，2024b）。

2. 变量选取与描述性统计

利用三阶段 DEA 分析模型并结合 Malmquist 生产率指数对我国县域地区粮食生产效率进行测算。由于 Malmquist 指数表示的是两年间效率变动情况，故投入产出变量选取 729 个县域样本 2009～2019 年数据，以测算出 2010～2019 年的 Malmquist 粮食全要素生产率。具体变量指标如下：

（1）投入变量：选取四个投入指标，一是土地投入，以各县域地区粮食作物总播种面积（单位：公顷）进行衡量；二是农业机械投入，以粮食种植机械总动力（单位：千瓦时）指标进行衡量；三是农用化肥投入，以粮食种植化肥施用量（折纯量）（单位：吨）衡量；四是农业劳动力投入，以粮食种植劳动力投入人员数（单位：人）衡量。由于县域统计年鉴鲜有专门针对粮食作物的要素投入数量，因此为更好地估计粮食生产过程中要素投入的使用量，借鉴王跃梅等（2013）的研究，采用权重系法从广义农业中（包括粮食作物和经济作物）分离出粮食生产要素投入使用量。其中，粮食种植机械总动力＝农业机械总动力×（粮食播种面积/农作物播种面积），粮食种植化肥施用量（折纯量）＝农用化肥施用量（折纯量）×（粮食播种面积/农作物播种面积），粮食种植劳动力投入＝农林牧渔业从业人员数×（农业产值/农林牧渔业总产值）×（粮食播种面积/农作物播种面积），该权重系数法可在一定程度上，从广义农业投入总量中剥离出粮食生产要素投入使用量。

（2）产出变量：沿用肖红波和王济民（2012）的研究，选取各县域地区的粮食总产量（单位：吨）作为产出变量。

（3）环境变量：选取三个环境变量，一是人口密度，以各县域地区人口数与地区行政面积的比值进行表征，该变量涉及各县域地区粮食种植的人口条件作为无法控制的外部社会条件；二是县域产业结构，采用第二产业增加值与第三产业增加值之和占地区生产总值的比值表示，该变量涉及各县域地区一二三产业结构特征作为无法控制外部经济条件；三是县域人力资本水平，沿用冯林等（2016）的研究，以各县域地区中学在校生数与地区人口数的比值进行表征，该变量涉及各县域地区人力资源素质作为无法控制外部社会条件。

资料来源与说明详见第三章，在此不再赘述。相关样本数据的定义与描述统计分析结果如表 4-15 所示。

表 4-15　　　　　　　　　　　　描述性统计

变量分类	变量名称及符号	变量含义及单位	均值	标准差
产出变量	粮食产出（$grain$）	粮食总产量（吨）	29255.66	36767.30
投入变量	土地投入（$land$）	粮食播种面积（公顷）	5382.19	5307.79
	农业机械投入（$machine$）	粮食种植机械总动力（千瓦时）	34309.37	33331.17
	农用化肥投入（$fert$）	粮食种植化肥施用量（折纯量）（吨）	2211.39	3068.02
	农业劳动力投入（$labor$）	粮食种植劳动力投入人数（人）	4555.76	4167.42

续表

变量分类	变量名称及符号	变量含义及单位	均值	标准差
环境变量	产业结构（indust）	第二、第三产业增加值与 GDP 的比值	0.79	0.14
	人口密度（popu）	（人/平方公里）	395.27	768.91
	农村人力资本（hum）	中学在校生数与地区人口总数的比值	0.05	0.02

数据包络分析（DEA）方法测算决策单元生产效率的基本原理是利用非参数估计法挖掘数据本身的结构特征进而构造出生产前沿面，因此在处理数据时并不要求对各投入变量、产出变量以及环境变量进行无量纲化处理，同时也没有生产函数那么严格的投入产出关系要求，对数据前期处理相对宽泛，仅需投入变量与产出变量存在"同向相关性"，即投入变量值与产出变量值同向变化。因此，采用 Pearson 相关性检验方法对投入产出变量进行相关性检验，结果如表 4-16 所示。由表可知，各县域地区的投入变量与产出变量之间的相关系数均为正，且在 5% 的显著性水平上显著，说明所选的投入产出变量符合同向性原则，可进行生产效率测算。

表 4-16 产出投入变量的 Pearson 检验

变量	土地投入	机械投入	化肥投入	劳动投入
粮食总产量	0.9087 *** (0.0000)	0.7293 *** (0.0000)	0.8527 *** (0.0000)	0.5633 *** (0.0000)

注：*** 表示在 1% 的显著性水平上显著；括号中的数字为统计量检验的 P 值。

（二）粮食生产效率的测算

基于三阶段 DEA 动态分析模型，构建 Malmquist 生产率指数测算 2010~2019 年县域粮食全要素生产率增长及其分解，同时在第三阶段以 2009 年为基期，计算了 2010~2019 年县域粮食种植业的全要素生产率及其分解，并对县域整体、不同区域的全要素生产率及其分解进行了动态演变趋势分析，各阶段测算结果及分析如下。

1. 第一阶段：传统粮食 TFP 指数增长率的测算

用 deap 2.1 软件测算了第一阶段 Malmquist 指数，估算得到 2009~

2019 年各县域粮食种植业全要素生产率（TFP）变动情况，并分解出技术效率（EC）变化和技术进步（TC）变化的情况。在未考虑外部环境因素、管理无效率和随机误差因素影响的情形下，县域粮食种植业 TFP 增长与 TC 指数在考察期内呈现出纷乱无序的不稳定增长特征，EC 指数则呈现下降趋势，同时粮食种植业 TFP 增长主要来源于技术进步变化，技术效率变化的贡献并不明显。此外，不同地区县域粮食种植业 EC 指数也呈现出下降的态势，且不同地理区域与粮食功能区之间的差异并不明显，同时不同区域 TFP 指数和 TC 指数均呈现出缓慢上升趋势。

2. 第二阶段：管理无效率、环境因素与随机因素的剔除

为了获得真实县域粮食全要素生产率，根据三阶段 DEA 方法的思想需要将各个决策单元置于相同的生产前沿面，即剔除管理无效率、外部环境因素和随机误差等因素对投入松弛变量的影响。选取县域产业结构（*indust*）、人口密度（*popu*）以及人力资本水平（*hum*）以及作为外部环境变量，并分别以农业化肥、农业机械、劳动力以及粮食播种面积的投入松弛变量作为因变量进行似 SFA 回归估计参数，估计结果如表 4 - 17 所示。

表 4 - 17　　　　　　　　　　似 SFA 回归结果

参数估计值	*Fert*	*Machine*	*Labor*	*Land*
β_0	3467.431 ***	3.570E + 04 ***	6982.249 ***	6211.491 ***
β_1 产业结构	- 997.078 ***	7781.338 ***	- 3726.739 ***	- 1755.694 ***
β_2 人口密度	- 0.051 ***	0.440 ***	- 0.056 ***	- 0.046
β_3 人力资本	5371.760 ***	1.189E + 05 ***	6.317E + 04 ***	7120.024 ***
σ^2	5.582E + 06 ***	1.294E + 10 ***	2.512E + 07 ***	1.245E + 07 ***
γ	0.932 ***	0.938 ***	0.929 ***	0.950 ***
LR 检验	8906.947 ***	1.012E + 04 ***	1.006E + 04 ***	1.300E + 04 ***

注：*** 表示 1% 的显著性水平。

根据表 4 - 17 可知，四类投入松弛变量 SFA 模型中主要环境变量的系数均在 1% 的显著性水平上显著，且 LR 单边检验也通过了 1% 的显著性检验，可初步判定，选取的外部环境变量显著影响投入松弛变量，即环境变量的选取是合适的。此外，四个回归模型的 γ 值均接近于 1，且通过 1% 的显著性水平检验，这意味着管理无效率在复合误差项中占据主导地位，即实际投入值与目标投入值之间的偏离误差主要受外部环境因素的影响，说明利用 SFA 模型对各投入变量进行随机因素和管理无效率因素的调整是适用的。根据三阶段 DEA 方法的思想，若环境变量系数为正（负）值，表明环境变量值的增加将导致投入松弛变量的增加（减少）或产出下降（增长），对生产效率带来负向（正向）影响。对各环境变量的影响分析如下。

地区产业结构对农业机械投入松弛变量的回归系数显著为正值，表明产业结构的优化升级促进了地区农业机械化发展及粮食种植业的机械投入，但产业结构的转型调整也必然会因边缘化粮食种植业而降低部分县域地区粮食种植业的全要素生产率。产业结构对化肥、粮食播种面积以及劳动力投入松弛变量的回归系数显著为负值，表明县域地区产业结构的优化升级，会逐渐淘汰落后的、环境污染严重的工业，因此不利于化肥的生产与投入，同时第二产业的快速发展会加速产业园、工业园落地，导致部分农地性质转变为非农用地、粮食种植面积不断缩小。此外，第二、第三产业的蓬勃发展创造了更多就业岗位，因其生产效率大于第一产业，带来更高的工资性收入，进而减少了粮食种植业劳动力投入数量，有效改善劳动力生产率。人口密度对化肥、劳动力及粮食播种面积投入松弛变量的回归系数为负数，且化肥和劳动力投入通过了 1% 的显著性检验，说明在相同投入下，人口密度越高的地区粮食生产效率更高，主要是人口密度越高越有利于新技术的传播与推广。人力资本对化肥投入、机械投入、劳动力投入以及粮食播种面积投入松弛变量的回归系数均显著为正值，表明较高的人力资本会促使粮食种植业的要素投入冗余，不利于粮食种植业生产效率的提升。地区人力资源不合理配置降低了粮食生产效率，这可能是教育水平越高、综合素质能力越强的劳动力更偏向在工商部门就业，而非农就业带来更高的可支配收入会促使家庭务农人员加大粮食种植过程中化肥、机械等要素的投入，使粮食种植生产呈现粗放投入模式。

由以上分析可知，环境因素对县域粮食种植业的投入冗余变量具有显著影响，且其影响方向与程度各有差异，第一阶段 DEA - Malmquist 指数模型的初步计算结果中，那些效率值较低的决策单元，很可能是因为处于

"不平等"的外部环境，同样那些效率值较高的决策单元，很可能是因为处于"有利"的外部环境中，因此初步计算结果并不能真实客观地反映各县域粮食种植生产效率。通过第二阶段似 SFA 模型对原始投入变量进行调整剥离环境因素，可使得不同地区处于相同的外部环境中，有利于测算出县域粮食种植业的真实生产效率。

3. 第三阶段：真实粮食 TFP 指数增长率的测算

通过第二阶段似 SFA 回归得到剔除外部环境因素影响的投入变量，基于调整后的投入变量与原始产出数据再次利用 DEA – Malmquist 指数模型测算生产效率。第三阶段的 TFP 指数、EC 指数及 TC 指数增长率结果，如表 4 – 18 和表 4 – 19 所示。

表 4 – 18　　　　　　　2009～2019 年全要素生产率指数的变动情况

年份	EC 指数	TC 指数	TFP 指数
2009～2010	0.9400	1.1000	1.0340
2010～2011	0.9600	1.0640	1.0214
2011～2012	0.9980	1.0130	1.0110
2012～2013	0.9940	1.0370	1.0308
2013～2014	1.0240	0.9610	0.9841
2014～2015	0.9670	1.0740	1.0386
2015～2016	1.0900	0.9300	1.0137
2016～2017	0.9450	1.0550	0.9970
2017～2018	1.0800	0.9310	1.0055
2018～2019	0.9580	1.1700	1.1209
均值	0.9956	1.0335	1.0257

表 4 – 19　　　　　　　2009～2019 年不同地区全要素生产率指数

地区	EC 指数	TC 指数	TFP 指数
东部县域	0.9991	1.0405	1.0312
中部县域	1.0146	1.0350	1.0431
西部县域	1.0040	1.0311	1.0301

地区	EC 指数	TC 指数	TFP 指数
主产区	1.0100	1.0391	1.0426
产销平衡区	1.0073	1.0293	1.0308
主销区	0.9901	1.0437	1.0217

从表 4-18 和表 4-19 调整后的第三阶段测算结果，整体来看，县域整体的 TFP 指数、EC 指数和 TC 指数的年均增长率分别为 1.0257、0.9956 和 1.0335，表明县域整体的传统粮食种植业全要素生产率与技术进步在考察期内均呈现上升趋势，而技术效率平均来看具有下降趋势，分地区来看，考察期内中部地区、西部地区、粮食主产区以及产销平衡区的技术效率均值均呈现出增长趋势，同时调整后的技术进步指数均呈现增长趋势。这表明管理无效率、外部环境因素和随机误差等因素确实会对县域粮食种植业 TFP 增长产生重要影响，忽视这些因素就可能造成 TFP 增长测算的估计偏误。概括而言，在考虑外部环境因素、管理无效率和随机误差因素影响的情形下，县域粮食种植业 TFP 增长、TC 指数及 EC 指数在考察期内均呈现出增长特征，不同考察时期内县域整体的 TFP 增长是技术进步变化与技术效率变化交替作用所致。

（三）粮食生产效率的动态演变趋势分析

根据 Malmquist 生产率指数的累乘特征，以 2009 年为基期（2009 年的县域粮食全要素生产率及其分解为 1），计算得到了 2010~2019 年县域粮食种植业的全要素生产率及其分解，同时分别计算了不同地理区域（东部、中部以及西部）和粮食生产功能区（粮食主产区、产销平衡区以及主销区）内县域粮食种植业全要素生产率及其分解。表 4-20 呈现了 2010~2019 年县域整体与各重要区域县域粮食种植业 TFP 的动态变化趋势，从中可以发现，样本考察期内县域样本整体与其他各区域粮食种植业 TFP 均呈现出波动上升的态势。估计的粮食种植业 TFP 的几何平均值低于高塔姆（Gautam，2015）、龚斌磊（Gong，2018）等研究估计的农业 TFP 平均值，与郑志浩和程申（2021）估计的粮食种植业 TFP 比较接近。近年来，随着中国经济发展及人均收入水平提高，对经济作物及畜牧产品的需求能力不断上升，引致我国蔬菜、水果、花卉等经济作物和畜牧业、水产养殖业的技术进步水平较高，产出增长较快，粮食种植业的技术进步水平和产出增长能力落后于经济作物和畜牧业等部门。因此，关于粮食种植业 TFP 低于大多数已有关于农业 TFP 的研究，符合现实情况与理论预期。此外，测算的粮食种植业 TFP 年均增长率为 2.57%，与王璐等（2020）基于农村固定观察点数据测算的种植业 TFP 年均增长率 1.87%，郑志浩和程申（2021）基于省级数据测算的粮食种植业 TFP 年均增长率 2.02% 较为接近。

表 4 – 20　　　　　　以 2009 年为基期的粮食种植业全要素生产率

年份	县域整体	东部县域	中部县域	西部县域	主产区	产销平衡区	主销区
2010	1.0584	1.0690	1.0484	1.0620	1.0759	1.0513	0.9918
2011	1.0917	1.1504	1.0905	1.0181	1.1513	1.0274	1.0223
2012	1.1076	1.1478	1.1213	1.0321	1.1673	1.0443	1.0342
2013	1.1656	1.1651	1.1999	1.1066	1.2393	1.1057	1.0039
2014	1.1441	1.1493	1.1568	1.1153	1.1873	1.1114	1.0401
2015	1.1942	1.2052	1.2002	1.1696	1.2380	1.1670	1.0651
2016	1.2214	1.2562	1.2137	1.1903	1.2617	1.1968	1.1013
2017	1.2548	1.2972	1.2455	1.2164	1.2929	1.2622	1.0216
2018	1.2407	1.2882	1.2373	1.1855	1.2884	1.2206	1.0632
2019	1.3917	1.4355	1.4177	1.2900	1.4938	1.3043	1.1842
均值	1.1870	1.2164	1.1931	1.1386	1.2396	1.1491	1.0528

从区域异质性来看，在东部、中部以及西部三个区域中，东部地区粮食种植业 TFP 的几何平均值最大，其次是中部地区，西部地区则最低，且低于全国平均水平 1.1870。一般而言，东中部地区人才集聚程度高、技术创新能力强，有助于粮食生产效率提升，而西部地区不仅技术创新能力弱于东中地区，而且县域地区地广人稀不利于粮食种植新技术、新方法的传播与采用，从而引致粮食生产效率的提升幅度弱于东中部地区。在粮食生产功能区中，主产区粮食种植业 TFP 的几何平均值最大，其次是产销

平衡区，而粮食主销区则最低。虽然主销区的经济比较发达、技术创新集聚度高，有助于新技术溢出到农业领域带来粮食生产效率增长，但也正因为如此，粮食主销区的经济产业结构更偏向第二、第三产业，而且城镇化水平也比较高，农民完全脱离农业部门进入非农部门就业与生活的程度也高，从而引致农村劳动力数量及人力资本水平下降较快，粮食种植业逐渐被边缘化。相对而言，在国家保障粮食安全策略下，粮食主产区和产销平衡区对粮食种植业重视程度高，农业资本和劳动力要素投入的配置效率相对较高，因此主销区粮食种植业 TFP 的提升幅度弱于主产区和产销平衡区。

表 4－21 呈现了 2010～2019 年县域整体与各重要区域县域粮食种植业 EC 指数的动态变化趋势。从中可以发现，县域样本整体及各重点区域粮食种植业 EC 指数呈现出"上升—下降"反复交替的周期性波动特征，且 2010～2016 年均小于 2009 年基期水平，反映出中国县域地区粮食生产的技术效率水平相对较低，阻碍了粮食生产全要素生产率的提升。然而，从 2016 年开始县域粮食种植业 EC 指数普遍呈现出波动上升的趋势，说明近年来随着农业社会化服务、农业生产托管等模式的应用，先进的管理知识及种植经验在粮食种植业中不断发挥作用，对粮食生产全要素生产率的支撑作用在逐渐显现。相较而言，粮食主销区的技术效率却远低于县域整体及其他区域，可能的原因：第一，粮食主销区主要是浙江等东部沿海经济发达地区，地区产业结构以二三产业为主，农业产值在 GDP 中占比低，粮食种植业不受重视，同时主销区的城镇化及工业化程度高，农村劳动力非农就业转移程度高，农村人力资本水平不断下降、劳动力老龄化严重，致使粮食技术效率不断下降。第二，粮食主销区的农业种植结构"非粮化"趋势严重。粮食主销区城镇化水平及人口集聚程度高，这会增加对绿色水果、蔬菜等经济作物农产品需求并带动农业产业结构调整，同时由于经济作物的种植收益远大于粮食作物，因此在农业劳动力、土地等生产要素数量下降、价格不断上升背景下，理性农户会调整农业内部种植结构，增加蔬菜、水果等经济作物的种植面积减少粮食作物面积以获取更多农业经营性收入，同时也会减少粮食种植业的要素投入，从而粮食种植业被边缘化趋势日益严重，不利于粮食生产技术效率提升。

表 4 – 21　　　　　　　　　以 2009 年为基期的粮食种植业技术效率

年份	县域整体	东部县域	中部县域	西部县域	主产区	产销平衡区	主销区
2010	0.9623	0.9567	0.9507	0.9897	0.9695	0.9709	0.8897
2011	0.9333	0.9686	0.9305	0.8929	0.9764	0.8913	0.8663
2012	0.9363	0.9572	0.9433	0.8972	0.9771	0.8974	0.8693
2013	0.9410	0.9419	0.9594	0.9078	0.9876	0.9065	0.8251
2014	0.9608	0.9638	0.9610	0.9566	0.9810	0.9518	0.8875
2015	0.9266	0.9342	0.9430	0.8881	0.9575	0.8973	0.8749
2016	1.0124	1.0434	1.0279	0.9455	1.0476	0.9718	0.9819
2017	0.9821	0.9883	0.9947	0.9521	0.9996	0.9980	0.8261
2018	1.0485	1.0822	1.0598	0.9855	1.0806	1.0318	0.9415
2019	1.0182	1.0100	1.0506	0.9723	1.0660	0.9982	0.8394
均值	0.9721	0.9846	0.9821	0.9388	1.0043	0.9515	0.8802

表 4 – 22 呈现了 2010～2019 年县域整体与各重要区域县域粮食种植业 TC 指数的动态变化趋势。样本考察期内，县域样本整体及各重要区域粮食生产的技术进步水平都呈现出波动上升趋势，而且中国县域地区粮食种植业 TFP 与 TC 指数的变化趋势相似且步调基本一致，说明技术进步是县域粮食种植业 TFP 增长的主要源泉。从地理区域来看，东部县域地区粮食种植业 TC 指数最大，其次是中部县域地区，西部县域地区则最低，这与不同地区经济发展水平一致，经济越发达地区技术研发投入及创新能力越强，有利于粮食种植技术进步，而西部地区由于地理位置与经济等因素，农业技术创新与推广难度大于东中部地区，进而导致技术进步的提升幅度较小。从粮食功能区来看，粮食主产区县域粮食种植业 TC 指数最大，其次是主销区和产销平衡区。粮食主产区内的粮食种植业占 GDP 的比值一般高于其他地区，而且粮食种植收入也是农民主要的收入来源之一，因此粮食种植业及相关产业，如农业技术研发与新型农业机械装备的推广与采用受重视程度更高，从而相较粮食主销区和产销平衡区的技术进步程度更高。

表 4 - 22　　　　　　　以 2009 年为基期的粮食种植业技术进步

年份	县域整体	东部县域	中部县域	西部县域	主产区	产销平衡区	主销区
2010	1.1018	1.1198	1.1054	1.0725	1.1126	1.0837	1.1150
2011	1.1729	1.1946	1.1764	1.1388	1.1856	1.1529	1.1831
2012	1.1899	1.2100	1.1974	1.1509	1.2059	1.1656	1.1986
2013	1.2327	1.2404	1.2403	1.2095	1.2487	1.2138	1.2203
2014	1.1851	1.1972	1.1941	1.1539	1.2053	1.1601	1.1744
2015	1.2772	1.2595	1.2759	1.3023	1.2751	1.2944	1.2215
2016	1.1942	1.1601	1.1859	1.2526	1.1777	1.2358	1.1203
2017	1.2532	1.2575	1.2451	1.2618	1.2589	1.2491	1.2389
2018	1.1582	1.1371	1.1634	1.1764	1.1611	1.1617	1.1291
2019	1.3638	1.4151	1.3564	1.3105	1.4003	1.2912	1.4508
均值	1.2129	1.2191	1.2140	1.2029	1.2231	1.2008	1.2052

（四）粮食生产效率的区域差异

1. 总体差异分析

为进一步揭示东中西部及其内部以及粮食生产不同功能区及其内部的县域粮食种植业全要素生产率及分解的区域差异，利用基尼系数法与泰尔指数法进行测算差异。表 4 - 23 报告了 2010～2019 年县域粮食种植业全要素生产率及分解的基尼系数，从表中可知，县域粮食种植业全要素生产率与技术进步的总体基尼系数在考察期内呈现上升态势，而技术效率呈现"下降—上升"反复交替的周期性波动特征。县域粮食种植业全要素生产率及其分解的总体基尼系数具有明显结构差异，不同地理区域与粮食生产功能区之间的技术进步总体差距要明显高于技术效率总体差距，从而决定了县域粮食种植业全要素生产率的总体区域差异主要受制于技术进步总体区域差异的影响。

表4 – 23　　　　　　　粮食生产效率的总体基尼系数

年份	粮食全要素生产率	技术进步	技术效率
2010	0.0981	0.1025	0.0183
2011	0.1331	0.1325	0.0042
2012	0.1481	0.1470	0.0077
2013	0.1830	0.1843	0.0126
2014	0.1984	0.1986	0.0077
2015	0.2192	0.2187	0.0071
2016	0.2285	0.2288	0.0076
2017	0.2307	0.2308	0.0074
2018	0.2358	0.2315	0.0200
2019	0.2426	0.2389	0.0175
均值	0.1918	0.1914	0.0110

　　表4 – 24 报告了2010～2019 年不同地理区域（东中西部地区）内县域粮食种植业全要素生产率及分解项的总泰尔指数、组内泰尔指数、组间泰尔指数。整体而言，县域粮食种植业全要素生产率及分解项的差异主要是由于组内的水平差异引起的。具体而言，以组内泰尔指数占总泰尔指数的比例表征其对效率差异的贡献，2010～2019 年效率差异的平均贡献值超过97%，这表明不同地理区域内县域粮食种植业全要素生产率及分解项的差异主要是由于地区内不同县域存在差异而导致的。

表4 – 24　　　　　　　分地理区域的总体泰尔指数

年份	粮食全要素生产率			技术进步			技术效率		
	总体	组内差异	组间差异	总体	组内差异	组间差异	总体	组内差异	组间差异
2010	0.0401	0.0400	0.0000	0.0393	0.0393	0.0000	0.0006	0.0006	0.0000
2011	0.0693	0.0690	0.0003	0.0686	0.0683	0.0003	0.0001	0.0001	0.0000
2012	0.0792	0.0790	0.0002	0.0788	0.0786	0.0002	0.0001	0.0001	0.0000
2013	0.1163	0.1153	0.0011	0.1158	0.1147	0.0011	0.0003	0.0003	0.0000

续表

年份	粮食全要素生产率			技术进步			技术效率		
	总体	组内差异	组间差异	总体	组内差异	组间差异	总体	组内差异	组间差异
2014	0.1412	0.1382	0.0030	0.1406	0.1374	0.0032	0.0002	0.0002	0.0000
2015	0.1757	0.1680	0.0077	0.1750	0.1671	0.0079	0.0001	0.0001	0.0000
2016	0.2215	0.2148	0.0067	0.2203	0.2134	0.0069	0.0002	0.0002	0.0000
2017	0.1322	0.1295	0.0028	0.1319	0.1289	0.0029	0.0001	0.0001	0.0000
2018	0.1465	0.1448	0.0017	0.1436	0.1414	0.0021	0.0008	0.0008	0.0000
2019	0.1349	0.1328	0.0021	0.1310	0.1284	0.0026	0.0006	0.0006	0.0000
均值	0.1257	0.1231 (97.97)	0.0026 (2.02)	0.1245	0.1218 (97.80)	0.0027 (2.19)	0.0003	0.0003 (100)	0.0000

注：括号内为泰尔指数分解的贡献率，单位为%。

表 4-25 报告了 2010～2019 年不同粮食生产功能区内县域粮食种植业全要素生产率及分解的总泰尔指数、组内泰尔指数、组间泰尔指数。不同粮食生产功能区内县域粮食种植业全要素生产率及分解项的总体基尼系数构成在考察期内同样也表现为组内差异高于组间差异的贡献率分布格局，其中组内差异年均贡献率总和均超过 95%，即总体组内差异成为粮食生产功能区区域差异的主要来源，组间差异年均贡献率在 5% 左右，对粮食生产功能区总体区域差异影响偏弱。这反映出不同粮食生产功能区粮食生产效率的区内差距较为显著，导致粮食生产功能区内的区域协同发展效应未能有效发挥，而功能区外部差距则相对稳定。

表 4-25　　　　　　　　　分粮食生产功能区的总体泰尔指数

年份	粮食全要素生产率			技术进步			技术效率		
	总体	组内差异	组间差异	总体	组内差异	组间差异	总体	组内差异	组间差异
2010	0.0401	0.0394	0.0006	0.0393	0.0384	0.0009	0.0006	0.0006	0.0000
2011	0.0693	0.0676	0.0016	0.0686	0.0670	0.0016	0.0001	0.0001	0.0000

续表

年份	粮食全要素生产率			技术进步			技术效率		
	总体	组内差异	组间差异	总体	组内差异	组间差异	总体	组内差异	组间差异
2012	0.0792	0.0777	0.0014	0.0788	0.0775	0.0013	0.0001	0.0001	0.0000
2013	0.1163	0.1139	0.0024	0.1158	0.1132	0.0026	0.0003	0.0003	0.0000
2014	0.1412	0.1364	0.0048	0.1406	0.1356	0.0050	0.0002	0.0002	0.0000
2015	0.1757	0.1683	0.0074	0.1750	0.1676	0.0074	0.0001	0.0001	0.0000
2016	0.2215	0.2142	0.0073	0.2203	0.2128	0.0075	0.0002	0.0002	0.0000
2017	0.1322	0.1218	0.0103	0.1319	0.1214	0.0105	0.0001	0.0001	0.0000
2018	0.1465	0.1360	0.0104	0.1436	0.1342	0.0093	0.0008	0.0007	0.0001
2019	0.1349	0.1227	0.0122	0.1310	0.1199	0.0110	0.0006	0.0006	0.0000
均值	0.1257	0.1198 (95.31)	0.0058 (4.68)	0.1245	0.1187 (95.39)	0.0057 (4.61)	0.0003	0.0003 (96.77)	0.0000 (3.23)

注：括号内为泰尔指数分解的贡献率，单位为%。

2. 区域内差异分析

（1）地理区域内的差异。表4－26报告了东部、中部及西部不同地理区域内县域粮食种植业全要素生产率及分解项的基尼系数。

表4－26 分地理区域的组内基尼系数

年份	粮食全要素生产率			技术进步			技术效率		
	东部区域	中部区域	西部区域	东部区域	中部区域	西部区域	东部区域	中部区域	西部区域
2010	0.0740	0.1119	0.1027	0.0787	0.1175	0.1043	0.0144	0.0208	0.0182
2011	0.1210	0.1450	0.1241	0.1189	0.1454	0.1235	0.0027	0.0055	0.0040
2012	0.1240	0.1495	0.1711	0.1214	0.1489	0.1702	0.0077	0.0077	0.0072
2013	0.1442	0.1877	0.2093	0.1450	0.1897	0.2098	0.0089	0.0152	0.0118
2014	0.1669	0.1861	0.2343	0.1656	0.1870	0.2340	0.0049	0.0097	0.0075
2015	0.1741	0.1808	0.2920	0.1713	0.1806	0.2917	0.0048	0.0091	0.0065

续表

年份	粮食全要素生产率			技术进步			技术效率		
	东部区域	中部区域	西部区域	东部区域	中部区域	西部区域	东部区域	中部区域	西部区域
2016	0.1916	0.1863	0.3042	0.2204	0.1872	0.3043	0.0049	0.0097	0.0075
2017	0.2579	0.1793	0.2608	0.2562	0.1800	0.2613	0.0052	0.0094	0.0068
2018	0.2616	0.1716	0.2891	0.2487	0.1687	0.2895	0.0189	0.0236	0.0145
2019	0.2666	0.2000	0.2648	0.2555	0.1977	0.2642	0.0164	0.0211	0.0119
均值	0.1782	0.1698	0.2252	0.1782	0.1703	0.2253	0.0089	0.0132	0.0096

从县域粮食种植业全要素生产率整体来看，东部地区的基尼系数在考察期内呈现上升趋势，中部地区和西部地区则在 2017 年后开始下降，但仍有反弹趋势。从考察期内县域粮食全要素生产率的基尼系数年度均值对比来看，西部地区内部生产效率差异明显高于东部和中部地区，这反映西部地区县域粮食生产具有显著的"极化效应"。从县域粮食种植业全要素生产率的分解项来看，县域粮食生产技术进步的基尼系数在考察期内逐渐上升，在 2016～2017 年间达到最大值，之后出现下降，而技术效率的基尼系数在考察期内呈现"下降—上升"频繁交替的波动上升趋势，而且技术进步效率系数的年度均值显示中部地区＞西部地区＞东部地区，说明中部地区县域粮食生产的技术效率差异度最大。同时，还计算了不同地理区域组内泰勒系数，整体结果和基尼系数一致，不再汇报。总之，东中西部三大地理区域内县域粮食种植业全要素生产率及其分解项的组内差异具有明显的区域异质性，不同地理区域内部存在不同的全要素生产率、技术进步和技术效率的动态演化趋势。同时，东中西部三大地理区域内县域粮食种植业全要素生产率及其分解的组内差异并未呈现趋于下降的波动态势，说明不同地理区域内各县域之间的空间协调联动机制有待完善。

（2）粮食功能区内的差异。表 4－27 报告了 2010～2019 年不同粮食生产功能区县域粮食种植业全要素生产率及分解项的组内基尼系数。

表 4 – 27   分粮食功能区的组内基尼系数

年份	粮食全要素生产率			技术进步			技术效率		
	粮食主产区	产销平衡区	主销区	粮食主产区	产销平衡区	主销区	粮食主产区	产销平衡区	主销区
2010	0.1003	0.1032	0.0398	0.1044	0.1062	0.0411	0.0200	0.0163	0.0087
2011	0.1507	0.1215	0.0488	0.1498	0.1212	0.0477	0.0054	0.0031	0.0024
2012	0.1520	0.1558	0.0571	0.1508	0.1554	0.0576	0.0091	0.0063	0.0032
2013	0.1917	0.1844	0.0659	0.1922	0.1856	0.0645	0.0142	0.0105	0.0098
2014	0.1894	0.2052	0.1140	0.1892	0.2054	0.1099	0.0090	0.0060	0.0066
2015	0.1863	0.2530	0.1212	0.1851	0.2528	0.1184	0.0091	0.0048	0.0042
2016	0.2003	0.2608	0.1114	0.2002	0.2612	0.1083	0.0095	0.0055	0.0052
2017	0.2078	0.2341	0.1474	0.2075	0.2347	0.1446	0.0097	0.0051	0.0035
2018	0.2065	0.2512	0.1284	0.2013	0.2512	0.1289	0.0241	0.0138	0.0065
2019	0.2271	0.2358	0.1436	0.2236	0.2350	0.1441	0.0218	0.0113	0.0053
均值	0.1812	0.2005	0.0978	0.1804	0.2009	0.0965	0.0132	0.0083	0.0055

从表 4 – 27 中可知，考察期内县域粮食全要素生产率与技术进步的基尼系数年度均值产销平衡区 > 主产区 > 主销区，这表明产销平衡区内县域粮食种植业全要素生产率与技术进步差异度最大，而技术效率的基尼系数年度均值主产区 > 产销平衡区 > 主销区，表明技术效率在主产区的差异度最大。从动态变化趋势来看，县域粮食全要素生产率的基尼系数在主产区内呈上升态势，而在产销平衡区和主销区内则呈现"上升—下降"的周期性波动趋势，整体的波动幅度比较平稳；县域粮食技术进步的基尼系数在不同粮食功能区均呈现"上升—下降—上升"的趋势，整体的波动幅度也比较平稳；而技术效率的基尼系数在不同粮食功能区内则呈现"下降—上升"的周期性波动趋势，波动幅度在 2010 年、2013 年及 2018 年比较剧烈，其余年份波动缓和。整体而言，近年来，不同粮食功能区内粮食生产效率及其分解项的组内差异呈扩大趋势，而且主产区和产销平衡区的组内差异更大。同时，还计算了不同粮食功能区的组内泰勒系数，整体结果和基尼系数一致，不再汇报。

三、县域金融市场化对粮食全要素生产率的影响结果分析

(一) 面板数据的平稳性检验

为了避免"伪回归"出现,确保模型估计参数的有效性,面板模型在回归分析前通常需要对面板数据序列的平稳性进行检验,即通过单位根检验判定面板数据是否平稳。单位根检验的方法主要有两大类,分别是针对同质面板假设的 LLC 检验、Breintung 方法以及针对异质面板假设的 IPS、ADF - Fisher 和 PP - Fisher 方法。为使检验结果具备较强的稳健性和说服力,同时采用 LLC 检验、HT 检验、费雪式检验 (Fisher - ADF) 以及 Fisher - PP 检验综合确定变量序列的平稳性,如果变量在两种以上检验中均拒绝存在单位根的原假设,那么可判定该序列是平稳的,反之则不平稳,检验结果如表 4 - 28 所示。从表中可知,所有变量均通过了 LLC 检验和 Fisher - ADF 检验,大部分变量也通过了 HT 检验与 Fisher - PP 检验,可判定所有变量均为平稳变量,可以进行回归分析。

表 4 - 28　　　　　　　　　变量数据的平稳性检验结果

变量	LLC	HT	Fisher - ADF	Fisher - PP	结论
$gtfp$	- 19.7111 *** (0.0000)	- 15.8971 *** (0.0000)	2328.5492 *** (0.0000)	2991.8271 *** (0.0000)	平稳
gec	- 15.8294 *** (0.0000)	- 14.3044 *** (0.0000)	2495.6069 *** (0.0000)	3574.7831 *** (0.0000)	平稳
gtc	- 2.5049 *** (0.0000)	- 47.8490 *** (0.0000)	2284.5087 *** (0.0000)	6513.9601 *** (0.0000)	平稳
$finas$	- 9.7418 *** (0.0000)	1.8444 (0.9674)	1913.8592 *** (0.0000)	1614.6836 *** (0.0024)	平稳
$govz$	- 88.0414 *** (0.0000)	- 18.8398 *** (0.0000)	2404.2829 *** (0.0000)	2726.1008 *** (0.0000)	平稳

检验方法	LLC	HT	Fisher – ADF	Fisher – PP	结论
popu	– 110 *** (0. 0000)	– 12. 8483 *** (0. 0000)	2248. 6925 *** (0. 0000)	2137. 3719 *** (0. 0000)	平稳
income	– 730 *** (0. 0000)	8. 6828 (1. 0000)	1553. 4296 *** (0. 0376)	1979. 5503 *** (0. 0000)	平稳
pgdp	– 5. 9699 *** (0. 0000)	6. 3165 (1. 0000)	1786. 6603 *** (0. 0000)	1451. 8857 (0. 5402)	平稳
indust	– 7. 2877 *** (0. 0000)	– 6. 6372 *** (0. 0000)	1947. 9784 *** (0. 0000)	2534. 3272 *** (0. 0000)	平稳
elect	– 0. 1513 (0. 4399)	– 0. 4899 (0. 3121)	1876. 0940 *** (0. 0000)	3252. 2474 *** (0. 0000)	平稳
nstruct	– 17. 3236 *** (0. 0000)	– 0. 0410 (0. 4837)	2116. 6307 *** (0. 0000)	2303. 6458 *** (0. 0000)	平稳
busin	2600 *** (0. 0000)	9. 6455 (1. 0000)	2086. 3111 *** (0. 0000)	1626. 5025 *** (0. 0013)	平稳
pfert	– 33. 4791 *** (0. 0000)	– 17. 0205 *** (0. 0000)	2105. 0236 *** (0. 0000)	3157. 7177 *** (0. 0000)	平稳

注：HT 检验汇报结果为 Z 值，其余检验汇报的结果均为统计量值，括号内为统计量检验 P 值；T 或 Z 统计量 P<1% 时，以 *** 标记。

（二）基准模型估计结果

采用最小二乘虚拟变量（LSDV）方法、面板随机效应模型以及固定效应模型，考察县域金融市场化对粮食全要素生产率的影响效应，表4 – 29 报告了相应的估计结果。从表中可知，列（1）是采用最小二乘虚拟变量（LSDV）的估计结果，以未经过缩尾处理异常值的粮食全要素生产率为被解释变量，并在未引入其他控制变量的情况下，县域金融市场化对粮食全要素生产率具有正向影响，并在 1% 的显著性水平上显著。列（2）和列（3）是在列（1）基础上引入控制变量，并采用面板随机效应模型（RE）和双向固定效应模型（Two-way FE）进行估计，从两者的估计结果来看，县域金融市场化在1%显著性水平上仍显著为正，说明县域金融市场化对粮食全要素生产率的正向影响依然显著，而且豪斯曼检验（Hausman）在5%的显著性水平上拒绝原假说，表明双向固定效应的估计结果要优于随机效应。从列（4）、列（5）和列（6）的估计结果来看，在利用缩尾方法处理异常值之后，无论是否引入控制变量，县域金融市场化对粮食全要素生产率均表现为显著的正向影响，而且模型的拟合优度与列（1）、列（2）和列（3）相比均有提升，但影响效应略小于未处理异常值时的情况。

表4-29　　　　　　　　　　基准回归结果

估计方程	(1)	(2)	(3)	(4)	(5)	(6)
被解释变量	全要素生产率（未缩尾）			全要素生产率（缩尾）		
估计方法	LSDV	RE	FE	LSDV	RE	FE
finas	0.1176 *** (3.55)	0.1284 *** (4.28)	0.1249 *** (3.66)	0.0602 *** (3.23)	0.0601 *** (4.20)	0.0503 *** (3.15)
govz		-0.1654 * (-1.81)	-0.1100 (-0.93)		0.0137 (0.35)	0.0924 ** (1.98)
popu		-2.0741 ** (-2.43)	0.5590 (0.36)		-3.0473 *** (-6.98)	-2.2881 *** (-2.97)
income		-0.0579 ** (-2.25)	-0.0870 ** (-2.18)		0.0022 (0.18)	-0.0252 (-1.39)
pgdp		0.0164 *** (2.77)	0.0086 (1.14)		0.0010 (0.33)	-0.0078 ** (-2.15)
indust		-0.0283 (-0.19)	0.0392 (0.20)		-0.1949 *** (-2.81)	-0.1890 ** (-2.24)
Cons	0.7214 *** (3.97)	1.2656 *** (10.47)	1.0565 *** (6.58)	0.7860 *** (15.06)	1.3815 *** (25.07)	1.2965 *** (18.30)
个体固定	YES	NO	YES	YES	NO	YES
时间固定	YES	NO	YES	YES	NO	YES

续表

估计方程	（1）	（2）	（3）	（4）	（5）	（6）
被解释变量	全要素生产率（未缩尾）			全要素生产率（缩尾）		
估计方法	LSDV	RE	FE	LSDV	RE	FE
Hausman P 值	0.029			0.00		
F 检验	22.23 ***		6.84 ***	92.80 ***		22.51 ***
Wald chi2		36.99 ***			83.86 ***	
R^2	0.683	0.004	0.015	0.817	0.007	0.049
N	7290	7290	7290	7290	7290	7290

注：① *** 、 ** 和 * 分别表示1%、5%和10%的显著性水平；②括号内为估计参数的 Z 值或 T 值。

上述结果表明，县域金融市场化水平每提高10个百分点，县域粮食全要素生产率则相应上升约0.0050，即县域金融市场化程度的提高有助于促进粮食全要素生产率增长。一般而言，粮食全要素生产率提高依赖于农业技术进步和技术效率提升，而县域地区资金储蓄是农业技术创新与成果转化的重要资金来源。我国县域农村地区过去普遍存在金融抑制与利率管制问题，导致县域地区难以实现社会储蓄规模的大幅增长（董晓林和洪慧娟，2006），利率管制的存在压低了金融机构存款利率，在一定程度上抑制了县域居民收入向社会储蓄转化的效率。随着县域金融市场化改革，政府利率管制政策逐步放松，在利率市场化和金融自由化的大力推动之下，县域金融市场的实际利率水平逐步向均衡利率水平迈进，居民储蓄积极性与地区资金储蓄总量得到大幅提升，扩大了县域金融体系内信贷资金规模，同时，随着县域金融市场化的持续推进与县域金融市场不断完善发展，县域地区金融机构种类呈现多样性，如农村信用社、城商行、股份制银行、乡镇银行以及小微信贷企业等，多种金融机构的集聚加剧了金融市场化竞争，使得县域地区投融资渠道、金融产品和金融工具日渐丰富与多样化，可拓宽农业技术研发与推广融资渠道，促进农业技术创新与成果转化，提高粮食生产效率。另外，随着县域金融市场化程度的上升，县域农村地区金融信贷约束得以缓解，可通过提升粮食生产要素质量、优化要素配置结构等方式提升粮食生产技术效率，进而促进粮食全要素生产率增长。

从实际情况来看，自改革开放以来，中国粮食综合生产能力不断提高，粮食产量从 1978 年的 3.05 亿吨提高到 2004 年的 4.69 亿吨，再提高到 2020 年的 6.69 亿吨。中国粮食总产量的提升除了由生产要素驱动，还来源于全要素生产率增长，1980～2018 年，我国粮食种植业全要素生产率呈加速增长模式，小麦全要素生产率为恒速增长模式，稻谷和玉米则呈现先下降后上升的"U"型模式（郑志浩和程申，2021）。2010 年以来，我国县域金融市场化水平不断提升，根据样本数据测算，我国县域金融市场化水平从 2010 年的 0.4843 上升到 2019 年的 0.8738，十年间增长了80.425%，县域金融市场化水平上升趋势和粮食生产效率保持一致，可见县域金融为粮食生产效率提升提供了资金支持。

对于控制变量的估计结果而言，系数基本符合理论预期，并且与以往的一些研究基本一致（卓乐和曾福生，2018）。具体而言，财政自给率变量对粮食全要素生产率具有显著的正向影响，表明政府财政自给率的提高会促进粮食全要素生产率增长。地区人口密度变量显著且系数为负，表明地区人口密度越高越不利于粮食全要素生产率的提升，反而地广人稀的地区通过粮食种植规模化、集约化等方式提升了粮食全要素生产率。农民收入对粮食全要素生产率具有显著的负向影响，表明农民收入的提高会降低粮食全要素生产率，这主要是农民从粮食种植领域取得的收入不断下降，导致理性农户减少粮食生产的投入，进而不利于粮食种植领域新的生产方式与生产技术的应用，致使粮食生产效率下降。地区经济发展水平对粮食全要素生产率的影响具有净替代效应，与农民收入变量的方向是一致的，地区经济发展水平提高虽然有利于追加粮食生产过程中的技术投入、促进技术进步，但却不一定能优化生产要素投入结构，而且不合理的要素投入也会导致粮食生产效率下降。产业结构变量对粮食全要素生产率具有显著的负向影响，即产业结构高级化调整会进一步降低粮食生产效率，这是因为第二、第三产业增加值在地区生产总值中的占比越高越会降低地区对粮食生产的重视程度，从而不利于粮食 TFP 的增长。

为了进一步探究县域金融市场化是通过何种方式来影响粮食全要素生产率，基于缩尾方法处理异常值之后的县域面板数据，采用最小二乘虚拟变量（LSDV）方法、面板随机效应模型以及固定效应模型考察了县域金融市场化对粮食生产技术进步与技术效率的影响效应，表4-30报告了相应的估计结果。从技术进步的回归结果来看，列（7）是在未引入控制变量的情况下，利用最小二乘虚拟变量（LSDV）方法估计的结果，结果显示县域金融市场化对粮食生产技术进步同样存在正向影响，且在1%的显著性水平上显著，列（8）和列（9）是在引入控制变量情形下面板随机效应模型和固定效应模型的估计结果，两个模型均显示县域金融市场化对粮食技术进步具有显著的正向影响，表明县域金融市场化促进了粮食生产技术进步增长，县域金融市场化水平每提高1%，粮食生产的技术进步增长0.0495个百分点。从技术效率的回归结果来看，列（10）是在未引入控制变量的情况下，利用最小二乘虚拟变量（LSDV）方法估计的结果，结果显示县域金融市场化对粮食技术效率具有正向影响，但是统计量检验并不显著，列（11）是在引入控制变量情形下面板随机效应模型的估计结果，结果显示县域金融市场化对粮食技术效率具有显著负向影响，列（12）是在引入控制变量情形下面板固定效应模型的估计结果，结果显示县域金融市场化对粮食技术效率的系数为正数，但是结果不显著，而且豪斯曼检验（Hausman）在5%的显著性水平上拒绝原假说，表明双向固定效应的估计结果要优于随机效应，这意味着县域金融市场化对粮食生产技术效率不存在显著的影响。

表4-30　　　县域金融市场化影响技术进步与技术效率的估计结果

估计方程	(7)	(8)	(9)	(10)	(11)	(12)
被解释变量	技术进步（缩尾）			技术效率（缩尾）		
估计方法	LSDV	RE	FE	LSDV	RE	FE
finas	0.0620 *** (4.27)	0.1038 *** (7.42)	0.0495 *** (3.27)	0.0004 (0.22)	-0.0284 *** (-13.79)	0.0016 (0.88)
govz		-0.0609 (-1.60)	0.0917 ** (2.07)		0.1017 *** (23.45)	0.0082 (1.58)
popu		-3.0187 *** (-7.36)	-2.3214 *** (-3.18)		0.0321 (1.07)	0.0628 (0.73)

续表

估计方程	（7）	（8）	（9）	（10）	（11）	（12）
被解释变量	技术进步（缩尾）			技术效率（缩尾）		
估计方法	LSDV	RE	FE	LSDV	RE	FE
income		0.1053 *** （9.00）	− 0.0282 * （− 1.65）		− 0.0777 *** （− 38.24）	0.0020 （1.01）
pgdp		0.0031 （1.01）	− 0.0090 *** （− 2.63）		0.0025 *** （7.28）	0.0004 （0.87）
indust		− 0.0773 （− 1.15）	− 0.2580 *** （− 3.23）		− 0.0230 *** （− 3.36）	0.0431 *** （4.61）
Cons	0.5834 *** （8.94）	1.0589 *** （20.00）	1.1393 *** （16.98）	1.2547 *** （164.16）	1.1805 *** （223.99）	1.2112 *** （154.13）
个体固定	YES	NO	YES	YES	NO	YES
时间固定	YES	NO	YES	YES	NO	YES
Hausman P 值	0.000			0.000		
F 检验	38.38 ***		93.60 ***	96.15 ***		4588.74 ***
Wald chi2		517.35 ***			2837.82 ***	
R^2	0.791	0.073	0.177	0.906	0.480	0.913
N	7290	7290	7290	7290	7290	7290

注：①*** 、**和*分别表示1%、5%和10%的显著性水平；②括号内为估计系数的 Z 值或 T 值。

整体来看，县域金融市场化对粮食种植业 TFP 影响效应的驱动力主要来自对粮食生产技术进步的影响，而通过粮食生产技术效率并不能发挥显著影响。一方面，县域金融市场化通过降低交易成本，缓解了县域地区农业技术研发企业的信贷约束，促进了农业技术创新，同时也降低了农业经营主体的信贷约束，为其购置先进农机装备提供资金支持，进而有助于农业新技术的推广与应用，带来粮食生产效率增长。另一方面，县域金融市场化还会带来地区金融机构多样性发展，首先，增加金融机构间竞争压力，有助于激励县域金融机构研发新的金融信贷产品，并通过发挥金融风险管理功能，降低农业技术研发的风险性。其次，金融机构聚集还有助于知识及技术的共享与扩散，从而作用于农业新技术研发与成果转化，带来粮食种植业技术进步的增长。县域金融市场化对粮食生产技术效率不具有显著的促进效应，一般而言，粮食生产技术效率依赖于先进种植经验与管理方法的应用，而这与粮食种植从业人员的综合素质与人力资本水平息息相关。一方面，县域金融市场化虽然有助于知识和技术的共享与扩散，但由于粮食种植业的盈利性较低，对高素质人才的吸引力不足，因此县域金融市场化引领的先进管理方法与知识难以渗透到粮食种植业。另一方面，即使县域金融市场化有助于提高地区教育水平、增加培训就业机会，但是具有较高人力资本水平的劳动者不愿意从事粮食种植业，第三次全国农业普查数据显示，2016 年末我国农业从业人员中高中和大专及以上学历教育分别占比 7% 和 1%，这会导致先进种植方式与管理方法不能有效应用到粮食种植业。县域金融市场化对人力资本的显著促进效应，以及人力资本对粮食生产效率的影响不显著，在后文得到验证。总之，现阶段县域金融市场化无法显著提升粮食种植业技术效率。

四、县域金融市场化影响粮食全要素生产率的异质性考察

（一）分地理区域的异质性考察

由于各地区的资源禀赋、产业结构布局以及县域金融市场化特征等现实条件存在差异，使得不同区域粮食生产效率呈现较大区域差异性。根据地理分布将县域样本按照所属省份地理位置划分为东部、中部和西部三个区域，基于各区域分样本面板数据采用最小二乘虚拟变量（LSDV）法和固定效应模型，考察不同地理区域县域金融市场化对粮食全要素生产率及分解项影响的异质性。表 4 – 31 报告了东中西三个地理区域县域金融市场化对粮食全要素生产率的影响效应，表 4 – 32 则报告了东中西三个地理区域县域金融市场化对粮食技术进步和技术效率的影响效应。

表 4 - 31　分地理区域县域金融市场化影响粮食全要素生产率的异质性估计结果

估计方程	(1)	(2)	(3)	(4)	(5)	(6)
	东部地区		中部地区		西部地区	
估计方法	LSDV	FE	LSDV	FE	LSDV	FE
finas	0.1333 *** (5.30)	0.0951 *** (3.67)	0.1196 *** (5.21)	0.1238 *** (4.89)	- 0.0632 * (- 1.68)	- 0.0778 * (- 1.96)
govz		0.1808 *** (2.95)		- 0.0880 (- 1.28)		0.0993 (0.66)
popu		- 3.1307 *** (- 4.00)		- 3.4129 *** (- 3.14)		- 7.2391 (- 1.03)
income		- 0.2797 *** (- 9.35)		0.0212 (0.78)		0.2823 *** (4.43)
pgdp		- 0.0159 *** (- 2.73)		0.0030 (0.75)		- 0.0340 ** (- 2.15)
indust		0.1863 * (1.66)		0.2701 * (1.94)		- 0.7951 *** (- 3.92)
Cons	0.8021 *** (14.19)	1.2306 *** (12.49)	0.8041 *** (13.18)	0.9294 *** (7.79)	0.9964 *** (10.22)	1.6686 *** (9.99)
个体固定	YES	YES	YES	YES	YES	YES
时间固定	YES	YES	YES	YES	YES	YES
Hausman P 值		0.000		0.034		0.000
F 检验	97.11 ***	21.72 ***	33.46 ***	16.82 ***	27.82 ***	16.49 ***
R^2	0.909	0.135	0.793	0.082	0.766	0.133
N	2330	2330	3150	3150	1810	1810

注：① *** 、** 和 * 分别表示 1%、5% 和 10% 的显著性水平；②括号内为估计系数的 Z 值或 T 值。

从东部地区回归结果来看，总体上县域金融市场化对粮食全要素生产率具有显著的正向促进作用 [表 4 - 31 中列 (1) 和列 (2)]，从 FE 估计结果来看，县域金融市场化水平上升 1%，粮食全要素生产率则上升 0.0951%。此外，县域金融市场化对粮食技术进步也具有正向影响且通过 1% 显著性检验 [表 4 - 32 中列 (7)]，但是对粮食生产技术效率的正向影响未通过显著性［表4－32中列（10）］，该结果与整体样本的估计结果保持了一致。说明在东部地区县域金融市场化主要通过促进粮食技术进步带来粮食全要素生产率增长，而技术效率未发挥作用。在控制变量中，东部地区的产业结构对粮食全要素生产率具有显著正向影响，与全国样本中影响效果不一致。东部地区经济较为发达，产业结构偏向第二、第三产业，而产业结构的调整与升级有助于将现代先进技术、知识通过农业社会化服务发展溢出到农业领域，进而带来粮食全要素生产率增长。从中部地区回归结果来看，县域金融市场化对粮食全要素生产率具有正向影响，且通过1%的显著性检验［表4－31中列（3）和列（4）］，从FE估计结果来看，县域金融市场化水平上升1%，粮食全要素生产率则上升0.1238%，同时县域金融市场化对粮食生产技术进步也具有显著的正向影响［表4－32中列（8）］，但是对粮食生产技术效率也不具有影响［表4－32中列（11）］。该结果也与全国样本中的影响效应一致，说明在中部地区县域金融市场化也是通过促进粮食技术进步而正向影响粮食全要素生产率。从西部地区估计结果来看，县域金融市场化对粮食全要素生产率具有负向影响，且通过了10%的显著性检验［表4－31中列（5）和列（6）］，即县域金融市场化抑制了粮食全要素生产率增长。同时，表4－32中列（9）和列（12）的估计结果显示县域金融市场化对粮食技术进步和技术效率均具有显著的负向影响，说明目前在西部地区，县域金融市场化通过抑制粮食技术进步和技术效率间接负向影响粮食全要素生产率提升，该结果与全国样本中的影响效应并不一致。

表4－32　分地理区域县域金融市场化影响技术进步与技术效率的异质性估计结果

估计方程	(7)	(8)	(9)	(10)	(11)	(12)
被解释变量	技术进步（缩尾）			技术效率（缩尾）		
地区	东部地区	中部地区	西部地区	东部地区	中部地区	西部地区
finas	0.0980 *** (3.86)	0.1338 *** (5.69)	－ 0.0735 * (－ 1.89)	0.0032 (0.98)	0.0026 (0.73)	－ 0.0607 *** (－ 10.04)
govz	0.1921 *** (3.20)	－ 0.1272 ** (－ 1.99)	0.1510 (1.02)	－ 0.0096 (－ 1.23)	0.0566 *** (5.79)	－ 0.0494 * (－ 1.88)

续表

估计方程	(7)	(8)	(9)	(10)	(11)	(12)
被解释变量	技术进步（缩尾）			技术效率（缩尾）		
地区	东部地区	中部地区	西部地区	东部地区	中部地区	西部地区
popu	-2.7614*** (-3.60)	-4.1589*** (-4.12)	-8.9587 (-1.30)	-0.1489 (-1.49)	0.5886*** (3.81)	-0.1550 (-0.12)
income	-0.2631*** (-8.96)	-0.0062 (-0.25)	0.2975*** (4.78)	-0.0148*** (-3.85)	0.0297*** (7.69)	-0.1272*** (-12.46)
pgdp	-0.0184*** (-3.23)	0.0028 (0.74)	-0.0371** (-2.40)	0.0018** (2.40)	-0.0013** (-2.25)	-0.0074** (-2.55)
indust	0.1205 (1.10)	0.1668 (1.29)	-0.7834*** (-3.96)	0.0417*** (2.91)	0.1155*** (5.84)	-0.2397*** (-6.79)
Cons	1.0283*** (10.63)	0.8402*** (7.58)	1.4543*** (8.91)	1.2392*** (98.16)	1.1120*** (65.51)	1.4712*** (51.09)
个体固定	YES	YES	YES	YES	YES	YES
时间固定	YES	YES	YES	YES	YES	YES
Hausman P 值	0.000	0.000	0.000	0.000	0.000	0.000
F 检验	29.92***	75.96***	28.83***	1888.45***	1582.43***	305.64***
R^2	0.177	0.288	0.211	0.932	0.894	0.531
N	2330	3150	1810	2330	3150	1810

注：① ***、** 和 * 分别表示 1%、5% 和 10% 的显著性水平；②括号内为估计系数的 Z 值或 T 值。

整体而言，县域金融市场化对粮食全要素生产率的影响效应在不同地理区域表现出显著的差异，对东部和中部地区具有显著的正向影响，且主要通过促进粮食技术进步带来粮食生产效率的增长。此外，中部地区县域金融市场化的促进效应 0.1238 大于东部地区的 0.0951，这是由于东部地区的县域金融市场化程度本身较高，而且东部地区经济发展水平高，对粮食种植业的重视程度比较低，因此县域金融市场化程度的继续提升对于粮食生产效率的提升作用较小。而中部地区的县域金融市场化程度较低，但正逐年提高，同时中部地区的农业产值在地区生产总值中占比大于东部地区，粮食种植业仍是主要产业，因此县域金融资源要素快速发展会给粮食种植业带来更多金融服务及信贷资金，有利于粮食生产要素的优化配置，从而导致粮食生产效率提升较快。

然而，在西部地区县域金融市场化却通过抑制粮食技术进步和技术效率对粮食全要素生产率产生了负向影响。一般而言，西部地区县域经济与金融发展水平比较低，当地商业银行、农信社等金融机构为了自身利益考虑会把大部分机构营业网点从经济发展水平低、盈利差的县域撤出，并将其设立在少部分经济发展程度高的地区，致使西部地区县域金融机构多样性及数量增长缓慢。近年来西部地区县域金融市场化程度不断上升，很大程度上依靠国家财政补贴贷款，但由于粮食种植业的收益较低，在资金有限情况下，县域金融机构更倾向将贷款投向生产效率更高的第二、第三产业，以促进地区经济发展、增加居民收入，从而挤占了对农业尤其是粮食种植业的投入，因此不利于粮食技术效率与技术进步。

（二）分粮食功能区的异质性考察

表4-33和表4-34汇报了不同粮食功能区县域金融市场化影响粮食全要素生产率、技术进步及技术效率的估计结果。从粮食主产区的回归结果来看，LSDV和FE模型的估计结果显示县域金融市场化对粮食全要素生产率具有正向影响，且在5%显著性水平上显著，表明县域金融市场化程度上升有助于促进粮食全要素生产率增长，其影响效应为0.0511。从粮食生产技术进步与技术效率的回归结果来看，县域金融市场化对粮食生产技术进步具有显著正向影响，而对粮食技术效率具有显著负向影响。通过比较县域金融市场化对粮食技术进步和技术效率影响的系数绝对值可以发现，对粮食技术效率影响的系数值（-0.0097）远小于技术进步的系数值（0.0724），说明目前在粮食主产区，县域金融市场化虽然抑制了粮食技术效率，但是仍可以通过促进技术进步正向影响粮食生产效率。从粮食产销平衡区的回归结果来看，列（3）是在未控制变量情形下最小二乘虚拟变量（LSDV）法的估计结果，结果显示县域金融市场化对粮食全要素生产率具有显著的正向影响，然而在加入控制变量后双向面板固定效应模型估计结果显示［列（4）］，县域金融市场化对粮食全要素生产率的影响系数

为负数，但未通过显著性检验，同样列（8）的估计结果也显示，县域金融市场化对粮食技术进步的影响效应为负数，也未通过显著性检验，表明县域金融市场化对粮食全要素生产率和技术进步并不能产生影响。可能的原因是，产销平衡区一般位于我国中西部地区，这些地区县域金融市场化程度比较低，而且产销平衡区的粮食播种面积及粮食产量仅占全国20%左右，农业尤其是粮食种植业不受地区经济发展重视，相应的农业技术创新、成果转化水平也比较低，以致县域金融市场化尚不足以促进粮食技术进步与农业资本深化，从而对粮食全要素生产率不能产生显著影响。此外，从列（11）的回归结果可以发现，粮食产销平衡区县域金融市场化对粮食技术效率具有正向影响，且在5%显著性水平上显著，说明县域金融市场化能促进粮食技术效率提升。我国产销平衡区一般位于中西部地区，地区经济发展活力不足，产业结构层级也比较低，所以非农部门就业岗位与机会有限，因此县域地区具有较高教育水平或综合素质的劳动力也可能从事农业，这会将先进生产方式与管理方法带到粮食种植业，从而县域金融市场化能通过影响地区教育与人力资本而促进粮食生产技术效率增长。从粮食主销区的回归结果来看，列（6）固定效应模型估计结果显示，县域金融市场化对粮食全要素生产率具有负向影响，且通过了5%的显著性检验，同时，列（9）和列（12）的估计结果也显示，县域金融市场化对粮食技术效率及技术进步具有显著负向影响，说明目前在粮食主销区县域金融市场化会通过阻碍粮食技术进步与技术效率抑制粮食全要素生产率。该结果与全国样本中的影响效应不一致。粮食主销区的粮食产量及粮食播种面积仅占全国整体的10%左右，而且农业是高风险、低收益行业，农民的种植意愿很低。在主销区产业结构调整升级及城镇化进程快速发展背景下，地区农业人口比重越来越低，从事粮食种植业的劳动力数量不断减少，致使农业尤其是粮食种植业越来越不受重视。因此，县域金融资源会流向回报率更高的非农部门，从而挤占了县域农业技术创新的资金投入，不利于粮食全要素生产率增长。

表 4 – 33　　分粮食功能区县域金融市场化影响粮食全要素生产率的
异质性估计结果

估计方程	(1)	(2)	(3)	(4)	(5)	(6)
	主产区		产销平衡区		主销区	
估计方法	LSDV	FE	LSDV	FE	LSDV	FE
finas	0.0524 ** (2.16)	0.0511 ** (1.96)	0.0681 *** (3.56)	– 0.0186 (– 0.76)	– 0.4319 (– 11.69)	– 0.0717 ** (– 2.25)
govz		– 0.0641 (– 0.87)		0.1704 ** (2.13)		0.1254 * (1.91)
popu		– 4.3193 *** (– 5.20)		– 10.8629 ** (– 2.10)		– 3.3625 *** (– 3.55)
income		– 0.0989 *** (– 3.13)		0.1013 ** (2.44)		– 0.2039 *** (– 12.25)
pgdp		– 0.0014 (– 0.31)		0.0076 (0.80)		– 0.0218 *** (– 3.38)
indust		– 0.0129 (– 0.11)		– 0.5330 *** (– 3.92)		0.0406 (0.24)
Cons	0.7602 *** (10.71)	1.3803 *** (13.44)	1.0013 *** (13.25)	1.5479 *** (11.78)	1.1129 (18.67)	1.4446 *** (9.50)
个体固定	YES	YES	YES	YES	YES	YES
时间固定	YES	YES	YES	YES	NO	NO
Hausman P 值		0.000		0.000		0.000
F 检验	54.87 ***	14.80 ***	23.82 ***	22.49 ***	10.31 ***	150.25 ***
R^2	0.862	0.061	0.726	0.120	0.534	0.588
N	3810	3810	2770	2770	710	710

注：① *** 、 ** 和 * 分别表示1%、5%和10%的显著性水平；②括号内为估计系数的 Z 值或 T 值。

表4-34 **分粮食功能区县域金融市场化影响技术进步**
与技术效率的异质性估计结果

估计方程	(7)	(8)	(9)	(10)	(11)	(12)
被解释变量	技术进步（缩尾）			技术效率（缩尾）		
地区	主产区	产销平衡区	主销区	主产区	产销平衡区	主销区
finas	0.0724*** (2.91)	-0.0307 (-1.31)	-0.0505* (-1.90)	-0.0097*** (-3.08)	0.0088*** (4.11)	-0.0800*** (-5.09)
govz	-0.0856 (-1.22)	0.2077*** (2.71)	-0.1311** (-2.24)	0.0188** (2.11)	-0.0226*** (-3.21)	0.1345*** (4.15)
popu	-4.1015*** (-5.16)	-11.9730** (-2.42)	-2.9741*** (-4.06)	-0.2166** (-2.14)	-0.1412 (-0.31)	-0.5253 (-1.12)
income	-0.0972*** (-3.22)	0.1108*** (2.79)	-0.1275*** (-4.99)	-0.0053 (-1.38)	-0.0108*** (-2.96)	-0.0666*** (-8.10)
pgdp	-0.0036 (-0.82)	0.0038 (0.42)	0.0008 (0.15)	0.0007 (1.18)	0.0017** (2.07)	-0.0226*** (-7.10)
indust	-0.1037 (-0.90)	-0.5658*** (-4.36)	0.5362*** (3.67)	0.0574*** (3.93)	0.0367*** (3.08)	-0.2344*** (-2.75)
Cons	1.2297*** (12.53)	1.3682*** (10.90)	0.7037*** (5.11)	1.2054*** (96.61)	1.2385*** (107.54)	1.5585*** (20.74)
个体固定	YES	YES	YES	YES	YES	YES
时间固定	YES	YES	YES	YES	YES	NO
Hausman P值	0.000	0.000	0.000	0.000	0.000	0.000
F检验	60.95***	51.68***	56.07***	1775.56***	2800.65***	192.17***
R²	0.211	0.238	0.574	0.886	0.944	0.646
N	3810	2770	710	3810	2770	710

注：①***、**和*分别表示1%、5%和10%的显著性水平；②括号内为估计系数的Z值或T值。

整体而言，县域金融市场化对粮食生产效率的影响在不同粮食功能区内也具有明显的差异，在样本考察期内，县域金融市场化仅在粮食生产主产区内对粮食生产效率产生了促进作用，在产销平衡区内未产生显著影响，而在粮食主销区内产生了显著负向影响。粮食主销区多集中在东部沿海发达地区，地区县域金融市场化程度较高，县域金融机构种类多、数量聚集程度高，金融机构间的竞争日益激烈，为追求短期盈利金融机构可能会将金融资源大量用于资本市场进行投机或监管套利（潘敏和袁歌骋，2019），从而导致金融资源错配、减少对粮食种植业等农业部门金融资源投入，不利于农业技术创新及成果转化。同时，随着县域金融资源过度投向非农产业，会加速地区产业结构调整，致使农业产值占比进一步下降、第二、第三产业成为地区主导产业。而该过程由于非农部门生产效率大于农业部门，致使工资性收入远高于农业经营性收入（伍骏骞等，2017），因此会加速农业劳动力完全脱离农业生产进入非农部门工作，带来农村劳动力数量及质量下降，当面临趋紧的劳动力约束时，农户又会进一步做出粗放式经营的响应，同时农村人力资本水平下降也会降低采用新的生产方式及新生产技术，从而不利于粮食全要素生产率增长。

五、内生性讨论与稳健性检验

（一）内生性处理

在考察县域金融市场化给粮食生产效率带来影响效应时可能存在内生性问题，导致参数估计结果出现偏差不一致现象。一方面，基准模型回归可能存在遗漏变量问题，在选取的核心解释变量和控制变量基础上，还可能存在其他影响粮食生产效率但不可度量或观测的因素，尽管利用地区固定效应和时间固定效应可以控制一些不可观测因素的影响，但仍难以控制所有变量尤其一些无法度量因素，如县域地区内粮食作物受灾面积等。另一方面，县域金融市场化与粮食生产效率可能存在互为因果关系，一般而言，县域粮食生产效率高会带来粮食产量的提升，进而农户可以获得更高的农业经营性收入，致使农户存款量增加，从而有助于县域金融市场化程度上升。反之，粮食生产效率低时农户的农业经营性收入会减少，致使金融机构的储蓄存在受到不利影响，从而会降低县域金融市场化程度。

为了克服内生性问题，确保基准回归结果的稳健性，借鉴郭家堂和骆品亮（2016）、刘涛等（2019）的研究，采用县域金融市场化的滞后期作

为解释变量进行回归，其逻辑在于当期的粮食生产效率的提高对县域金融
市场化的滞后项的影响是不存在的，同时县域金融市场化的滞后项对当期
的粮食生产效率依然存在上述分析的关系，则可以说明只存在单向因果关
系。利用面板固定效应模型检验县域金融市场化对粮食生产效率影响的内
生性及稳健性问题，主要有以下考虑：一是随机效应假设地区固定效应项
与解释变量不相关，然而该假设在现实中难以成立，而且上文的基准回归
中豪斯曼检验（Hausman）也已经证实了面板固定效应模型比面板随机效
应模型更适合；二是古根·伯格（Guggen Berger，2010）建议直接用固定
效应模型而不是用两步法估计参数。

表4-35报告了以县域金融市场化滞后一期为解释变量的估计结果。
从中可以发现，在考虑内生性的情况下，县域整体样本回归中县域金融市
场化系数显著为正［列（1）］，即县域金融市场化有助于提高粮食生产效
率，与前文基准模型相比，系数大小有所下降。从各地理区域分样本来
看，东部、中部及西部地区样本的回归结果在系数方向及显著性上与基准
回归中固定效应模型的估计结果保持一致，而且中部和西部地区样本的回
归系数大小有了显著提高［列（2）~列（4）］。从各粮食功能区分样本来
看，粮食主产区、产销平衡区以及主销区样本的回归结果在系数方向及显
著性上与基准回归中固定效应模型的估计结果保持一致，而且粮食主产区
和主销区样本的回归系数大小有了显著提高［列（5）~列（7）］。以上研
究结论与基准回归模型的估计结果完全一致，说明基准回归模型的估计结果
是稳健的，但是，仅依靠县域金融市场化的滞后项为解释变量的稳健性检验
方式还不足以完全验证结果的稳健性，因此还需要更进一步的稳健性检验。

表4-35　以县域金融市场化滞后一期为解释变量的稳健性估计结果

估计方程	(1)	(2)	(3)	(4)	(5)	(6)	(7)
估计方法	整体	东部地区	中部地区	西部地区	主产区	产销平衡区	主销区
L. finas	0.0387 ** (2.30)	0.1098 *** (4.38)	0.1243 *** (4.71)	-0.0850 ** (-2.33)	0.0654 ** (2.49)	-0.0061 (-0.24)	-0.0891 *** (-2.71)
govz	0.1327 *** (2.74)	0.2041 *** (3.57)	-0.0569 (-0.83)	0.5482 *** (3.38)	0.0451 (0.66)	0.1695 ** (1.98)	0.1971 *** (2.82)

续表

估计方程	(1)	(2)	(3)	(4)	(5)	(6)	(7)
估计方法	整体	东部地区	中部地区	西部地区	主产区	产销平衡区	主销区
popu	− 1.7865 ** (− 2.21)	− 3.3955 *** (− 4.25)	− 2.6900 ** (− 2.52)	− 6.5210 (− 0.79)	− 4.2767 *** (− 5.21)	− 10.7049 * (− 1.84)	− 3.5210 *** (− 3.59)
income	0.0205 (1.11)	− 0.2123 *** (− 7.12)	0.0543 ** (2.03)	0.3486 *** (5.78)	− 0.0877 *** (− 2.97)	0.1601 *** (3.58)	− 0.2280 *** (− 13.67)
pgdp	− 0.0141 *** (− 3.87)	− 0.0136 *** (− 2.62)	− 0.0082 * (− 1.94)	− 0.0222 (− 1.29)	− 0.0116 *** (− 2.66)	0.0128 (1.30)	− 0.0249 *** (− 4.01)
indust	− 0.1349 (− 1.57)	0.1402 (1.36)	0.3819 *** (2.74)	− 0.8886 *** (− 4.02)	0.0566 (0.50)	− 0.5416 *** (− 3.71)	− 0.0175 (− 0.10)
Cons	1.2704 *** (17.22)	1.2986 *** (13.68)	0.8643 *** (7.15)	1.6836 *** (9.20)	1.3949 *** (13.99)	1.5192 *** (10.47)	1.5442 *** (9.64)
个体固定	YES	YES	YES	YES	YES	YES	YES
时间固定	YES	YES	YES	NO	YES	YES	NO
Hausman P 值	0.000	0.000	0.000	0.029	0.000	0.000	0.000
F 检验	16.63 ***	23.48 ***	10.93 ***	15.39 ***	9.53 ***	21.23 ***	161.95 ***
R^2	0.038	0.151	0.058	0.131	0.042	0.119	0.634
N	6561	2097	2835	1629	3429	2493	639

注：①*** 、** 和 * 分别表示 1%、5% 和 10% 的显著性水平；②括号内为估计系数的 Z 值或 T 值。

为了确保研究结论的可靠性，采用滞后一期的县域金融市场化作为工具变量，并利用两阶段最小二乘法（IV - 2SLS）进行估计，表 4 - 36 报告了工具变量法的估计结果。从工具变量的检验结果来看，在县域整体样本、东中西不同地理区域样本以及粮食功能区样本的回归中，弱工具变量检验的 F 值均大于一般标准（即 F 值为 10），说明工具变量的选择整体上是有效的，而且模型的拟合优度相比面板固定效应模型有大幅度上升。在考虑内生性的情况下，县域整体样本回归中县域金融市场化系数为正且通过了 5% 的显著性检验 [列（1）]，即县域金融市场化有助于提高粮食生产效率，而且与前文基准模型相比，系数大小有所上升。从各地理区域分样本来看，东部、中部以及西部地区样本的回归结果在系数方向及显著性上与基准回归中固定效应模型的估计结果保持一致，而且东中西部地区样本的回归系数大小均有了显著提高［列（2）～列（4）］。从各粮食功能区分样本来看，粮食主产区、产销平衡区以及主销区样本的回归结果在系数方向及显著性上与基准回归中固定效应模型的估计结果保持一致，而且粮食主产区、产销平衡区及主销区样本的回归系数大小也均有了显著提高［列（5）～列（7）］。整体而言，通过 IV – 2SLS 法对基准模型进行再次回归，县域样本整体、不同地理区域分样本以及不同粮食功能区分样本的估计结果均显示县域金融市场化系数的方向及显著性与上述基准回归估计结果完全一致，再次证明了研究结论的稳健性。

表 4 – 36　　　　　　　　　工具变量法的稳健性估计结果

估计方程	（1）	（2）	（3）	（4）	（5）	（6）	（7）
估计方法	整体	东部地区	中部地区	西部地区	主产区	产销平衡区	主销区
finas	0.0538 ** (1.99)	0.1324 *** (3.03)	0.1908 *** (3.25)	−0.1180 *** (−2.84)	0.0851 * (1.78)	−0.0093 (−0.25)	−0.1162 *** (−3.20)
govz	0.1363 *** (3.15)	0.1955 *** (3.48)	−0.0067 (−0.10)	0.5587 *** (3.20)	0.0629 (1.19)	0.1703 ** (2.15)	0.2163 *** (3.45)
popu	−1.8602 *** (−3.75)	−3.3744 *** (−5.45)	−2.9449 *** (−3.25)	−6.3719 * (−1.80)	−4.3451 *** (−8.96)	−10.6971 *** (−3.46)	−3.5792 *** (−4.02)
income	0.0134 (0.60)	−0.2154 *** (−7.83)	0.0268 (0.77)	0.3756 *** (5.11)	−0.0960 *** (−2.82)	0.1610 *** (2.60)	−0.2191 *** (−12.47)
pgdp	−0.0122 ** (−2.28)	−0.0091 * (−1.76)	−0.0023 (−0.30)	−0.0279 * (−1.68)	−0.0085 (−0.95)	0.0123 (1.20)	−0.02623 *** (−4.07)
indust	−0.1236 (−1.42)	0.1219 (1.11)	0.4618 *** (3.33)	−0.9112 *** (−5.08)	0.07348 (0.65)	−0.5424 *** (−3.77)	0.0345 (0.21)
Cons	1.1516 *** (8.69)	1.5659 *** (9.35)	0.6218 *** (4.43)	1.6894 *** (7.34)	1.5287 *** (9.07)	1.2385 *** (9.17)	1.3291 *** (8.75)
个体固定	YES	YES	YES	YES	YES	YES	YES
时间固定	YES	YES	YES	NO	YES	YES	NO

续表

估计方程	（1）	（2）	（3）	（4）	（5）	（6）	（7）
估计方法	整体	东部地区	中部地区	西部地区	主产区	产销平衡区	主销区
F 检验	502. 50 ***	1275. 36 ***	281. 81 ***	79. 08 ***	289. 60 ***	55. 38 ***	33. 87 ***
识别不足 P 值	0. 000	0. 000	0. 000	0. 000	0. 000	0. 000	0. 000
弱工具变量 （F > 10）	YES	YES	YES	YES	YES	YES	YES
R^2	0. 851	0. 949	0. 831	0. 775	0. 902	0. 788	0. 809
N	6561	2097	2835	1629	3429	2493	639

注：① *** 、** 和 * 分别表示 1%、5% 和 10% 的显著性水平；②括号内为估计系数的 Z 值或 T 值。

（二）增加控制变量

在基准回归模型中，仅控制了部分变量的影响，但考虑到遗漏变量可能会对估计结果造成影响偏误，在原有控制变量的基础上，再加入农业种植结构（nstruct）、商业活动扩张程度（busin）、农村用电量（elect）及农业物质投入（pfert）等可能影响粮食生产效率的其他变量，并利用面板固定效应模型进行重新估计，以验证估计结果的稳健性，表 4 - 37 汇报了增加控制变量后的估计结果。从表中可知，在原有控制变量的基础上增加新的控制变量后，县域整体样本回归中县域金融市场化对粮食生产效率的正向影响依然存在。从各地理区域分样本来看，东部和中部地区样本的回归结果在系数方向与显著性上和基准回归的估计结果保持一致。尽管在西部地区样本的回归结果中县域金融市场化变量的系数不再显著，但是影响方向仍然与基准回归结果一致，总体上并不影响研究结论可靠性。从各粮食功能区分样本来看，粮食主产区、产销平衡区以及主销区的县域金融市场化对粮食生产效率表现出相同方向的影响效应，但是粮食平衡区和主销区的显著性与基准回归结果不一致。这意味着至少从作用方向上来讲，使用增加控制变量后仍然能够得出较为一致的研究结论，即整体上基准模型的估计结果是稳健可靠的。

表 4 – 37 增加控制变量的稳健性估计结果

估计方程	(1)	(2)	(3)	(4)	(5)	(6)	(7)
估计方法	整体	东部地区	中部地区	西部地区	主产区	产销平衡区	主销区
finas	0.0377 ** (2.48)	0.0451 * (1.93)	0.1174 *** (4.68)	− 0.0383 (− 0.98)	0.0481 * (1.90)	− 0.0371 ** (− 2.25)	− 0.0030 (− 0.12)
govz	0.0825 * (1.85)	− 0.0113 (− 0.20)	− 0.0821 (− 1.21)	0.4271 *** (2.84)	− 0.1008 (− 1.41)	0.0244 (0.44)	− 0.1339 ** (− 2.47)
popu	− 3.2920 *** (− 4.45)	− 3.1459 *** (− 4.41)	− 3.2667 *** (− 3.01)	− 15.8029 ** (− 2.28)	− 4.3769 *** (− 5.39)	4.4152 (1.25)	− 4.1073 *** (− 5.90)
income	0.0623 *** (3.26)	− 0.1841 *** (− 5.68)	0.0491 * (1.71)	0.3779 *** (6.01)	− 0.0375 (− 1.15)	− 0.0120 (− 0.41)	− 0.0641 ** (− 1.97)
pgdp	0.0015 (0.42)	0.0021 (0.39)	0.0079 * (1.89)	− 0.0543 *** (− 3.47)	0.0078 * (1.69)	0.0179 *** (2.75)	0.0002 (0.05)
indust	− 0.3144 *** (− 3.91)	− 0.0703 (− 0.69)	0.1386 (1.00)	− 0.8006 *** (− 4.03)	− 0.1612 (− 1.37)	− 0.6023 *** (− 6.46)	0.4642 *** (3.43)
nstruct	0.9850 *** (24.09)	1.4231 *** (22.58)	0.4776 *** (7.19)	0.6789 *** (10.86)	0.8232 *** (12.16)	− 0.2284 *** (− 7.06)	1.1473 *** (14.12)
busin	− 0.1070 *** (− 9.83)	− 0.0567 *** (− 3.62)	− 0.0598 *** (− 3.84)	− 0.1732 *** (− 3.90)	− 0.0784 *** (− 5.56)	0.0325 (1.58)	− 0.0862 *** (− 5.75)
pfert	0.0370 ** (2.50)	0.0703 * (1.89)	0.0303 (1.52)	0.0563 * (1.90)	− 0.0081 (− 0.35)	0.0084 (0.53)	0.1207 *** (3.48)
elect	− 0.0042 * (− 1.92)	0.0009 (0.57)	0.0204 ** (2.42)	0.0182 (0.61)	− 0.0028 (− 1.19)	0.0055 (0.40)	0.0059 *** (3.13)
Cons	0.7296 *** (10.00)	0.4583 *** (4.71)	0.6276 *** (5.08)	1.3019 *** (7.75)	0.9123 *** (8.37)	1.5407 *** (16.84)	0.3001 ** (2.23)
个体固定	YES	YES	YES	YES	YES	YES	YES
时间固定	YES	YES	YES	YES	YES	YES	YES
Hausman P 值	0.000	0.000	0.000	0.000	0.000	0.000	0.000
F 检验	56.12 ***	49.35 ***	17.90 ***	20.31 ***	22.33 ***	30.00 ***	128.90 ***
R^2	0.140	0.311	0.108	0.193	0.111	0.187	0.798
N	7290	2330	3150	1810	3810	2770	710

注：① *** 、 ** 和 * 分别表示1%、5%和10%的显著性水平；②括号内为估计系数的 Z 值或 T 值。

（三）替换被解释变量

在基准回归模型中，用三阶段 DEA 结合 Malmquist 指数测度粮食生产效率，在此，为了验证基准回归结果的稳健性，利用直接利用 DEA - Malmquist 指数测算粮食生产效率，并基于面板固定效应模型进行重新估计，表 4 - 38 报告了替换被解释变量的估计结果。从中可以发现，在替换被解释变量衡量方法后，县域整体样本回归中县域金融市场化对粮食生产效率有显著正向影响，并与前文基准模型相比系数大小有所提高。从各地理区域分样本来看，东部、中部以及西部地区样本的回归结果在系数方向与显著性上和基准回归的估计结果完全保持一致。从各粮食功能区分样本来看，粮食主产区、产销平衡区以及主销区样本的县域金融市场化对粮食生产效率表现出相同方向的影响效应，但是粮食平衡区的显著性与基准回归结果不一致。据此，县域金融市场化对粮食生产效率的影响效应具有一定的稳健性，并非特定被解释变量测度方法的选择而产生的偶然结果。

表 4 - 38　　　　　　　　替换被解释变量的稳健性估计结果

估计方程	(1)	(2)	(3)	(4)	(5)	(6)	(7)
估计方法	整体	东部地区	中部地区	西部地区	主产区	产销平衡区	主销区
$finas$	0.0567 *** (5.12)	0.0764 *** (3.84)	0.0408 * (1.77)	-0.0393 * (-1.92)	0.0710 *** (3.26)	-0.0371 ** (-2.25)	-0.0339 * (-1.69)
$govz$	-0.0967 *** (-2.86)	-0.1066 ** (-2.27)	-0.0932 (-2.49)	0.0017 (0.02)	-0.1337 ** (-2.17)	0.0244 (0.44)	-0.0612 (-1.39)
$popu$	-0.0303 (-0.05)	-0.5041 (-0.83)	-1.2448 (-1.25)	5.9908 * (1.65)	-2.1447 *** (-3.07)	4.4152 (1.25)	1.5505 *** (2.75)
$income$	0.0517 *** (4.48)	-0.0824 *** (-3.00)	-0.0657 ** (-2.49)	-0.0130 (-0.39)	-0.1122 *** (-4.01)	-0.0120 (-0.41)	-0.0732 *** (-2.78)
$pgdp$	0.0150 *** (5.57)	0.0158 *** (3.43)	0.0026 (0.67)	0.0196 ** (2.39)	0.0036 (0.90)	0.0179 *** (2.75)	0.0008 (0.20)
$indust$	-0.2075 *** (-3.54)	-0.3486 *** (-4.05)	-0.0742 (-0.58)	-0.5353 *** (-5.12)	-0.0567 (-0.56)	-0.6023 *** (-6.46)	-0.4119 *** (-3.75)
$nstruct$	-0.3482 *** (-10.90)	-0.0602 (1.13)	-0.7881 *** (12.90)	-0.1924 *** (5.89)	-0.5779 *** (9.93)	-0.2284 *** (7.05)	-0.1040 (1.58)

续表

估计方程	（1）	（2）	（3）	（4）	（5）	（6）	（7）
估计方法	整体	东部地区	中部地区	西部地区	主产区	产销平衡区	主销区
busin	- 0. 0514 *** (- 6. 24)	- 0. 0263 ** (1. 98)	- 0. 0769 *** (5. 38)	0. 0485 ** (2. 08)	- 0. 0620 *** (5. 12)	0. 0325 (1. 58)	- 0. 0276 ** (2. 28)
pfert	0. 0277 ** (2. 40)	- 0. 0526 * (1. 66)	0. 0930 *** (5. 08)	- 0. 0086 (0. 55)	0. 0442 ** (2. 21)	0. 0084 (0. 53)	- 0. 0240 (0. 85)
elect	- 0. 0001 (- 0. 10)	- 0. 0006 (0. 46)	0. 0222 *** (2. 85)	- 0. 0174 (1. 11)	- 0. 0018 (0. 90)	0. 0055 (0. 40)	0. 0021 (1. 40)
Cons	1. 4420 *** (28. 37)	1. 4664 *** (17. 73)	1. 7748 *** (15. 62)	1. 4340 *** (16. 24)	1. 7337 *** (18. 52)	1. 5407 *** (16. 84)	1. 4795 *** (13. 55)
个体固定	YES	YES	YES	YES	YES	YES	YES
时间固定	NO	YES	YES	YES	YES	YES	YES
Hausman P 值	0. 000	0. 000	0. 000	0. 000	0. 000	0. 000	0. 000
F 检验	31. 16 ***	8. 67 ***	22. 90 ***	6. 88 ***	19. 37 ***	12. 15 ***	8. 37 ***
R^2	0. 045	0. 074	0. 134	0. 075	0. 097	0. 085	0. 204
N	7290	2330	3150	1810	3810	2770	710

注：① *** 、 ** 和 * 分别表示 1% 、5% 和 10% 的显著性水平；②括号内为估计系数的 Z 值或 T 值。

六、县域金融市场化对粮食全要素生产率的门槛效应分析

上述研究表明，县域金融市场化对粮食全要素生产率具有显著正向影响，并且不同区域呈现显著差异性，然而，该结论只考虑了县域金融市场化与粮食全要素生产率呈现简单的线性关系。不同层级的县域金融市场化是否会对粮食全要素生产率产生复杂的非线性关系呢？以及不同地区的非线性影响关系是否存在差异呢？有待进一步验证。已有研究发现，金融发展对实体经济增长的影响并不是简单的线性关系，而是一种复杂的非线性关系（Law and Singh，2014），即金融发展对实体经济增长的影响具有门槛效应，只有一定范围内的金融发展有利于实体产业经济增长，而金融不足或金融过度都会使实体经济增长受到"金融诅咒"的威胁（杨友才，

2014）。目前，我国县域层面金融市场化的"极化效应"已经显现，一些发达县域因经济基础、政府政策、区位资源等因素实现了经济优先发展，吸引了大量金融机构和信贷资源，金融与经济发展之间也已呈现良性互动现象，县域金融市场化程度不断提高（冯林等，2016a），但是部分落后县域依然处于高功耗、低产能的粗放发展中，地区产业结构与经济发展处于较低水平（冯林等，2016b）。正因如此，商业银行等金融机构为了自身利益考虑把大部分营业网点从经济发展水平低、盈利差的县域地区撤出，并将其设立在经济发展水平高的地区，导致部分落后县域饱受金融资源流失之苦，出现较为严重金融排斥现象（黄红光等，2018）。此外，在金融市场化程度低的县域农村地区，金融机构也通过存储业务吸取农村资金并转移到盈利性更高的非农部门或其他金融市场化程度更高的县域，使该地区金融资金严重匮乏（黄寿峰，2016）。鉴于此，本章将采用面板门槛模型从非线性视角讨论县域金融市场化对粮食全要素生产率的影响。

（一）门槛检验及门槛值估计

针对县域整体、东中西部地区以及不同粮食功能区样本，利用面板门槛效应模型进一步探究两者关系是否受县域金融市场化自身门槛效应影响。首先，在两重门槛的设定下，通过"自举法"（Bootstrap）反复抽样300次模拟 F 统计量的渐进分布，估计结果如表 4 - 39 所示。从中可以发现，县域整体样本、东部地区以及粮食主销区的单重门槛检验 F 统计量通过了 5% 的显著性检验，且双重门槛检验未通过显著性检验。这表明县域整体样本、中部地区以及粮食主产区的县域金融市场化对粮食全要素生产率的影响受县域金融市场化单重门槛效应的影响，并在 95% 的置信区间内门槛估计值分别为 1.0746、1.0699 和 0.4078。因此，下面将基于单重门槛模型对县域整体、东部地区以及粮食主销区样本进行参数估计，以研究县域金融市场化系数变化的方向和程度。其余地区样本未通过单一门槛的显著性检验，即不存在显著的门槛效应，表明在县域金融市场化的不同区间内，其对粮食全要素生产率的固定效应基本不变。

表4 - 39 门槛效应检验及门槛值估计结果

地区	门槛类型	F值	P值	临界值			门槛值	95%置信区间
				1%	5%	10%		
整体样本	单一门槛	35. 96**	0. 0300	37. 1310	28. 0535	23. 8595	1. 0746	[1. 0519, 1. 0808]
	两重门槛	15. 65	0. 2400	32. 3116	23. 4036	20. 9655		
东部地区	单一门槛	58. 89***	0. 0000	36. 5444	25. 7848	20. 3236	1. 0699	[1. 0578, 1. 0739]
	两重门槛	6. 33	0. 8300	35. 5415	24. 6899	22. 2440		
中部地区	单一门槛	8. 51	0. 5933	28. 8083	21. 4546	19. 2755	—	—
	两重门槛	6. 69	0. 5733	20. 9078	16. 9211	13. 4717		
西部地区	单一门槛	12. 36	0. 4133	33. 1590	26. 1526	23. 1800	—	—
	两重门槛	12. 38	0. 2533	36. 3043	20. 8151	16. 2445		
主产区	单一门槛	9. 99	0. 5500	35. 0427	25. 2027	19. 6357	—	—
	两重门槛	3. 32	0. 9600	21. 8445	18. 4354	15. 0695		
产销平衡区	单一门槛	10. 32	0. 5133	36. 0438	25. 0490	21. 0366	—	—
	两重门槛	5. 90	0. 6900	30. 7536	19. 2154	16. 3064		
主销区	单一门槛	51. 30***	0. 0000	29. 4213	20. 2241	17. 3480	0. 4078	[0. 4037, 0. 4082]
	两重门槛	6. 49	0. 7933	43. 6621	23. 4463	18. 8445		

注: ①P值和临界值均采用"自抽样法"(Bootstrap)反复抽样300次得到; ② ***、** 分别表示1%、5%的显著性水平。

(二) 门槛模型估计结果

根据上文门槛效应检验结果,对县域整体、东部地区以及粮食主销区样本进行了单一门槛模型估计,结果如表4 - 40所示。对比前文基准回归结果可以发现,单一门槛模型中县域金融市场化变量的系数符号与显著性完全一致,说明门槛估计结果是稳健性的。

从表4 - 40县域整体样本的回归结果来看,根据县域金融市场化水平的高低不同以及门槛个数,可以将整个样本划分为两个子样本区间,当县域金融市场化水平处于不同的门槛区间时,县域金融市场化对粮食全要素生产率的影响程度显著不同。当县域金融市场化在门槛值1. 0746以下时,县域金融市场化对粮食全要素生产率的影响系数为0. 1714,当县域金融市场化水平在门槛值1. 0746以上时,其影响效应下降为0. 1043,即随着县域金融市场化水平的上升，县域金融市场化对粮食全要素生产率的正向促进效应逐渐变弱。从东部地区样本的回归结果来看，县域金融市场化对粮食全要素生产率的影响也存在两个区间的变化，当县域金融市场化水平在门槛值 1.0699 以下时，县域金融市场化对粮食全要素生产率的具有显著正向影响，系数为 0.2892；当县域金融市场化水平大于 1.0699 时，县域金融市场化对粮食全要素生产率的影响仍显著为正，但效应下降为 0.1828，表明在东部地区县域金融市场化对粮食全要素生产率的正向影响也呈现出边际递减特征。从粮食主销区回归结果来看，县域金融市场化对粮食全要素生产率的影响也存在两个区间的变化，当县域金融市场化在门槛值 0.4078 以下时，县域金融市场化对粮食全要素生产率具有显著负向影响，系数为 -0.5697，当金融市场化水平跨过门槛后，其负向效应下降为 -0.0982，说明粮食主销区内县域金融市场化对粮食全要素生产率的抑制效应有所缓解。

表 4-40　　　　　　　　　　门槛模型回归结果

估计方程	(1)	(2)	(3)
	整体样本	东部地区	主销区
$finas$ $(finas \leq \hat{\gamma}_1)$	0.1714 *** (7.79)	0.2892 *** (9.37)	-0.5697 *** (-7.18)
$finas$ $(finas > \hat{\gamma}_1)$	0.1043 *** (6.67)	0.1828 *** (7.56)	-0.0982 *** (-3.17)
$govz$	0.1694 *** (3.68)	0.2233 *** (3.88)	0.2297 *** (3.52)
$popu$	-2.7040 *** (-3.49)	-2.8496 *** (-3.62)	-3.2871 *** (-3.59)
$income$	-0.0114 (-0.90)	-0.1596 *** (-8.92)	-0.1979 *** (-12.30)
$pgdp$	0.0043 (1.20)	0.0023 (0.43)	-0.0181 *** (-2.90)
$indust$	-0.1613 ** (-2.03)	0.1449 (1.32)	-0.2677 (-1.55)

续表

估计方程	（1）	（2）	（3）
	整体样本	东部地区	主销区
Cons	1. 2393 ***	1. 0610 ***	1. 6609 ***
	(19. 38)	(11. 36)	(11. 05)
R^2	0. 0136	0. 1077	0. 6157
N	7290	2330	710

注：① *** 、** 分别表示1%、5%的显著性水平；②括号内为估计系数的 Z 值或 T 值。

上述实证结果表明，县域整体、东部地区以及粮食主销区内县域金融市场化对粮食全要素生产率的关系受县域金融市场化单重门槛效应的影响，随着县域金融市场化水平的提升，县域整体与东部地区中县域金融市场化对粮食全要素生产率的正向促进效应有所下降。一般来讲，当县域金融资源聚集达到一定水平后，县域金融可为"三农"发展提供充足信贷支持，此时制约粮食生产要素配置效率、要素质量提升以及农业科技创新的关键因素不再是资金约束问题，因此县域金融市场化促进粮食生产效率增长的影响效应会出现下降。在粮食主销区内，随着县域金融市场化水平的上升，县域金融市场化对粮食生产效率的负向效应也呈现递减特征。一般而言，粮食主销区产业经济比较发达、县域金融资源也比较丰富，而粮食种植业属于弱势产业。但是，随着地区经济发展、城镇化进程加快，粮食主销区内的居民收入水平与人口集聚程度会达到新的高度，而这会增加对绿色高品质农产品的需求，进而倒逼传统农业产业转型升级以及粮食产业高质量发展。此时，随着农业高质量发展会出现资金缺口与投资机会，从而引领县域金融资源流向"三农"领域，从而有助于缓解对粮食全要素生产率的抑制效应。

第四节　本章小结

县域金融市场化发展带来了县域金融机构数量增加、金融规模扩大以及利率市场化，加剧了县域金融市场竞争，提高了县域农村金融有效需求及供给水平，同时金融市场化也提高了县域地区金融资源配置效率，最终通过储蓄效应、投资效应及技术创新效应直接影响粮食生产效率增长。本章首先从粮食单要素生产率和全要素生产率两个维度，基于 2010～2019 年县域面板数据构建面板固定效应模型与 IV–2SLS 方法实证检验了县域金融市场化对粮食种植业单要素生产率与全要素生产率的影响；其次分地理区域与粮食功能区深入揭示了县域金融市场化对粮食生产效率影响的异质性效应；最后利用面板门槛效应模型考察了县域金融市场化对粮食生产效率的门槛效应以及不同区域的异质性，得到以下结论。

（1）县域金融市场化对粮食种植业劳动生产率具有显著正向影响，工具变量法与稳健性检验也证明了基准回归结果是稳健可靠的。分地理区域考察发现，县域金融市场化对劳动生产率的影响在中部地区发挥正向促进效应，在东部地区具有抑制效应，在西部地区则不存在影响。分粮食功能区考察发现，县域金融市场化对不同粮食功能区劳动生产率的影响也表现出显著差异，其中在粮食主产区具有正向促进效应，在主销区和产销平衡区不具有影响。

（2）县域金融市场化对粮食种植业土地产出率也具有显著正向影响，通过工具变量法与增加控制变量等内生性讨论与稳健性检验后，上述影响关系依然存在。分地理区域考察异质性后发现，东部地区与中部地区县域金融市场化对土地产出率具有显著的正向影响关系，且中部地区的正向促进效应最大，在西部地区不具有影响。分粮食功能区考察异质性后发现，只有粮食主产区存在正向促进效应，主销区和产销平衡区不存在影响。

（3）县域金融市场化对粮食种植业机械利用效率具有显著负向影响，进一步考察发现，县域金融市场化发展初期对农业机械利用效率具有抑制效应，但随着县域金融市场化水平上升跨过拐点后，将对农业机械利用效率产生显著正向促进作用，即两者之间存在非线性"U"型影响关系。分地区考察异质性后发现，中部地区和西部地区县域金融市场化发展抑制了农业机械利用效率提升，但东部地区县域金融市场化对农业机械利用效率产生了显著的正向促进作用。分粮食功能区考察异质性后发现，粮食主销区内县域金融市场化发挥显著的正向促进效应，产销平衡区则具有显著负向影响，粮食主产区不具有影响。

（4）县域金融市场化显著影响粮食全要素生产率，并主要通过促进技术进步带动粮食全要素生产率增长，对技术效率并未发挥作用。不同地理区域表现出显著的差异，在东部和中部地区，县域金融市场化通过促进技术进步带动粮食全要素生产率增长，且中部地区的促进作用大于东部地区，在西部地区，县域金融市场化通过负向影响技术进步与技术效率抑制了粮食全要素生产率增长。分粮食功能区考察发现，粮食主产区内县域金融市场化显著正向影响粮食全要素生产率，对技术进步具有正向影响，对技术效率产生负向影响，其中正向效应（0.0724）大于负向效应（-0.0097），主销区县域金融市场化通过阻碍技术进步和技术效率抑制了粮食全要素生产率，产销平衡区不具有显著影响。此外，内生性处理与稳健性检验结果显示，县域金融市场化系数的方向及显著性与基准回归结果基本一致，证明了研究结论的稳健性。

（5）采用面板门槛模型从非线性视角讨论县域金融市场化对粮食全要素生产率的异质性影响，研究发现，县域整体、东部地区以及粮食主销区内县域金融市场化对粮食全要素生产率的关系受县域金融市场化单重门槛效应的影响。在县域整体与东部地区中，随着县域金融市场化水平的提升，县域金融市场化对粮食全要素生产率的正向促进效应有所下降。在粮食主销区内，随着县域金融市场化水平的上升对粮食全要素生产率的负向效应也呈现递减特征。其余样本地区的门槛效应检验未通过，说明不存在门槛效应。

第五章

县域金融市场化与粮食生产效率的作用机制

上文研究证实，县域金融市场化对粮食单要素生产率和全要素生产率均发挥重要作用。基于此，本章进一步分析县域金融市场化影响粮食生产效率的作用机制，并采用中介效应模型依次实证检验农业技术创新、要素质量、要素配置、工业化以及城镇化等机制在县域金融市场化与粮食生产效率之间发挥的作用，深入揭示县域金融市场化与粮食生产效率的作用机理与影响路径。此外，还将进一步检验各机制变量与粮食生产效率的关系是否受县域金融市场化水平门槛效应的影响。上述研究旨在厘清县域金融市场化影响粮食生产效率的作用机制，为构建县域金融市场化提升粮食生产效率的长效机制探寻有效的实践路径。

第一节 县域金融市场化影响粮食生产效率的作用机制分析

一、县域金融市场化通过要素质量作用粮食生产效率的机理分析

1. 县域金融市场化对要素质量的影响分析

农村资金短缺严重制约农业生产要素质量提升。耕地质量提升依赖政

府大规模一次性的高标准农田建设投入，也需要农户持续性地采用以少耕、农机深松、土壤改良、平整土地为代表的农业技术，在政府财政预算有限情况下，高标准农田建设投资难以持续大规模开展，农民自身资本积累不足以及信贷约束也严重制约农户采用先进的农业保护性耕作技术，尤其是对资本密集型农业技术的采用，如土壤改良、土地平整等。同样，财政预算资金不足制约着政府人力资源部门借助公共财政资金向农民提供更多公益性职业技能培训机会，进而不利于农村劳动力要素质量提升，农业资本要素生产企业因自身资本积累有限不能满足农业前沿技术研发与农业物质装备制造升级需求，也会阻碍农业资本要素质量提升。

随着县域农村地区金融机构准入条件放宽以及利率市场化改革完成，县域金融机构数量不断扩张，金融市场竞争程度渐趋激烈，县域银行业金融服务效率得以改进（王雪和何广文，2019），并最终促使县域金融服务持续深化。在竞争加剧与客户资源有限情况下，一方面，县域金融市场化发展会激励银行机构更加注重优质客户，通过改善金融服务效率、创新业务模式以及提高信贷额度来维持与优质客户的关系，防止客户分流（张珩等，2021），如为农业技术研发与生产资料制造企业的新旧动能转换、数字化升级提供中长期信贷支持，可以促进农业物质装备的升级改造，提高农业资本要素质量。另一方面，为了在竞争中抢占更大市场，巩固自己在县域农村金融市场的地位，县域金融市场化发展会促进金融服务范围向空白地区和农村地区延伸，激励银行机构向普通农户、新型农业经营主体等弱势群体提供更多信贷服务，提高农村金融服务渗透力。随着农村信贷约束缓解，农民可以借助银行信贷资金持续采用资本密集型土地保护性耕作技术、提高土地质量，还能通过参与社会职业培训与交流，提升劳动力要素质量。此外，县域金融市场化发展也会激励银行机构加大涉农金融信贷产品与业务模式创新，如发展农业供应链金融业务，通过借助核心企业的信用状况提高农户与农民合作社的信用水平（Liu and Yan，2020），缓解农民合作社组织社员参与培训交流的资金约束问题，使得农民也可以接收到日益更新的现代化知识，提高农民科技素养及应用能力，最终带来劳动力质量提升；针对不同的信贷需求设计相应信贷产品，通过开发中长期信贷产品，为高标准农田建设提供中长期信贷服务，提升耕地要素质量。

2. 要素质量对粮食生产效率的影响分析

将农业生产效率增长全部归结于农业技术进步失之偏颇，其中有一部分体现为农业投入要素质量的变化，毕竟大部分技术进步是附着于农业劳动力、农业资本及耕地质量提升上，即嵌入式技术进步，技术进步的同时也是要素质量的提升与扩张（Gong，2018）。随着要素质量的提高会推动生产效率增长（Liu et al.，2023），具体来看，第一，农村劳动力质量主要反映是农村人力资本水平，舒尔茨认为对农民进行人力资本投资是改造传统农业、提高农业生产效率的重要方式。人力资本水平具有很强的正外部性，农村人均人力资本水平上升有助于现代农业新技术的扩散、应用以及机械物质资本利用效率的提高，而粮食种植过程中现代新机械装备应用有助于扩大人均劳动力种植规模，进而凭借规模效率提高劳动生产率与粮食种植业整体生产效率（张超正和杨钢桥，2020）。第二，耕地质量是粮食单产提升的关键因素，有研究指出耕地质量等级越高粮食生产效率越高（王帅奇和张爱儒，2021）。耕地质量提升主要依赖于高标准农田建设、中低产田改良、土地整治等项目的实施，以及测土配方施肥技术、秸秆还田等保护性耕作技术应用，其中高标准农田的建设为良种良法配套、农机农艺融合、肥料统测统供统施、农林病虫害统防统治等集成技术普及应用创造了条件，而农业新技术的应用对粮食生产效率提高具有显著影响。第三，根据索洛（Solow，1957）的嵌入式技术进步思想，随着技术进步的快速变迁，后期投资的"新"资本由于内嵌或物化了新技术而导致生产效率比前期投资的"旧"资本更高（黄先海和刘毅群，2006）。

基于上述分析，县域金融市场化发展有助于提升农业生产要素质量，而要素质量提升能推动粮食生产效率增长，也就是说，县域金融市场化通过提升劳动力要素质量、耕地要素质量以及农业资本要素质量正向影响粮食生产效率。

二、县域金融市场化通过要素配置作用粮食生产效率的机理分析

技术进步和既定技术下的要素优化配置是生产效率提升的重要途径（Comin and Hobijn，2011），粮食生产效率的提升也要依赖于生产要素合理

配置，提高土地规模效率以及劳动产出率（张乐和曹静，2013；武宵旭等，2019）。现代经济发展通常伴随产业结构升级变迁与城镇化进程快速推进，根据配第一克拉克定理与刘易斯二元经济理论，由于收入弹性和投资报酬率差异，农村劳动力会逐步从农业部门转移到城镇、工业等非农部门。现阶段我国人口红利逐渐消失、"刘易斯拐点"到来，农村劳动力供给由过剩走向短缺，相对土地和资本等要素开始成为稀缺要素，而且务农机会成本也不断上升。根据诱致性技术变迁理论，理性农户会增加相对丰富且价格低的生产要素投入，以替代相对缺乏且较贵的生产要素，因此粮食种植业生产者会通过价格机制调节粮食生产要素投入结构，即在粮食生产中农业机械、化肥等农业资本投入不断上升，农业劳动力投入不断减少。县域金融市场化发展进一步加快了农业资本对劳动力的替代进程以及土地规模经营，并通过要素优化配置进一步影响粮食生产效率。

（一）县域金融市场化促使资本替代劳动力

县域金融市场化加速农村劳动力流失。第一，县域金融市场化通过信贷支持方式促进了工商部门繁荣与发展，由此带来大量的就业岗位与投资机会，并且工商部门的工资性收入高于农业生产经营性收入，这会吸引县域农村地区剩余劳动力进入本地工商部门从事非农活动，减少从事粮食生产的劳动力数量。第二，县域金融市场化通过为当地城镇扩建、教育、医疗、文化与娱乐等基础设施建设与公共服务提供资金支持可以促进县域城镇化建设，进一步提高当地农民进城务工与生活的积极性。第三，县域金融市场化通过缓解农民非农创业面临的信贷约束，会进一步减少粮食生产中的劳动力数量，使农业生产主体更多呈现出"老龄化"现象。第四，县域金融市场化还会改变农村劳动力的人力资本水平。一般而言，金融业等非农部门对从业人员的年龄、知识水平与专业技能有一定的要求，因此只允许农村青壮年或者知识、技能水平等综合素质较高者转移至非农部门就业，这就导致从事粮食生产的劳动力面临数量与结构的双重约束。有研究表明，老年人的身体机能较差，难以胜任繁重的农业劳动，会促使生产者增加对农业机械的采用，从而提高土地生产效率（胡雪枝和钟甫宁，2012）。

　　县域金融市场化促进农业资本深化。一方面，县域金融市场化通过促进普惠金融发展、提高金融服务渗透能力，可有效满足新增"长尾群体"（农民收入群体和涉农企业）对存储、贷款等最基本的金融服务需求，有利于突破农业自身资本积累不足和难以获取外界资本支持的约束，缓解农民采用新技术、新机械装备资金短缺问题，增加农业资本投入（刘洋和颜华，2021）。另一方面，县域金融市场化通过降低信贷门槛，还可激励专业大户、农民合作社、农业企业等新型农业经营主体增加对农业生产性服务领域投资，促进农业社会化服务发展，改善农户农业生产条件（涂圣伟，2014）。随着生产托管、农机跨区作业等生产服务模式的出现，粮食种植者只需购买生产服务，将粮食种植部分环节托管给服务主体，可提高传统农业经营中小农的劳动生产率和土地产出率（刘洋和颜华，2021）。

　　综上所述，县域金融市场化会加速农村有效劳动力流失，使粮食生产中劳动力结构进一步呈现"老年化"与"女性化"，同时县域金融市场化也会提高农民金融资源可得性，缓解农民采用机械设备等资本面临的信贷约束问题，增加粮食种植中的农业资本投入。根据诱致性技术变迁理论，要素相对价格决定了生产者最优生产结构（Hicks，1932）。为了维持农业生产性经营活动，农民会增加金融资本、先进农机装备等农业资本要素来替代价格与务农机会成本不断上升的劳动力要素及资源不断稀缺的耕地，随着先进生产要素投入会改变县域地区内传统粮食生产方式，使粮食生产要素配置结构进一步优化，并最终带来粮食生产效率增长。

（二）县域金融市场化通过促进土地流转实现土地资源再配置

1. 县域金融市场化促进土地流转与规模经营

　　土地流转是土地规模扩大、实现土地资源再配置的重要举措，因此克服制约土地流转的因素、提高土地流转效率有利于农业规模经营及专业化生产。土地规模持续扩大受到了农户参与土地流转市场可行能力的约束，其中，县域农村地区信贷市场失灵导致农户无法获得扩大经营规模所需的资金支持，是造成发展中国家土地流转市场无效率的关键原因（Deininger and Feder，2001）。理论上讲，信贷市场失灵导致土地流转的潜在发生率远低于完全市场下的流转水平，而获得信贷支持能够明显促进农户的土地流转，并且该促进作用在土地流入规模方面更为显著（侯建昀和霍学喜，2016）。县域农村地区信贷约束对农业经营主体农地流转决策的影响机制至少包括两个方面：一方面，县域农村地区普遍存在的金融排斥推高了小规模农户流动性资本的影子价格，不仅降低了农户的竞争力，也抵消了他们利用家庭劳动力从事生产从而节约监督成本的优势；另一方面，县域农村地区信贷市场失灵，农业经营主体长期融资需求难以得到满足，导致土地流转与长期性农业资本投入难以形成良性互动，这是因为土地流转后伴随土地规模扩大需要增加农业机械资本提高劳动力进行生产，同时为了达到生产性机械的使用效率最大化，又需要通过农地流转继续来扩大经营规模。总之，有限的信贷可得性和居高不下的信贷交易成本不仅不利于农户的农地市场参与，也对农户的要素配置优化造成了负面影响。县域金融市场化发展会拓宽金融服务覆盖范围，促进金融服务向空白地区和农村地区延伸，激励银行机构向普通农户、新型农业经营主体等弱势群体提供更多信贷服务，提高金融服务渗透能力。不仅如此，随着县域金融市场化程度的上升、金融信贷产品类型及服务不断深化，有助于改善县域农村地区面临的信用评价体系缺失、信息不对称严重以及较高信贷交易成本等信贷市场失灵问题，缓解农村信贷约束、增加农业经营主体获得农地流转及长期性农业资本投入所需信贷资金的可能性，从而促进农地要素市场发育、实现土地要素资源再配置。

除此之外，有研究表明区域经济发展是否能为农村劳动力提供充分的、稳定的非农就业机会也是制约土地流转的因素之一（游和远等，2013；陈飞和翟伟娟，2015；王亚楠等，2015）。正如上文分析，县域金融市场化会促进非农产业繁荣与发展，为农民提供大量的非农就业机会与工资性收入（伍骏骞等，2017），促使农村剩余劳动力非农就业转移，从而为土地流转、规模经营创造条件。此外，县域金融市场化的资源优化配置效应会促进工商企业发展与资本下乡，有研究表明工商资本下乡有助于遏制农地不断细碎化的趋势，促进农户土地转出，实现土地规模化经营（周飞舟和王绍琛，2015）。不仅如此，由于工商企业相比小农户、新型农业经营主体更易获取县域金融信贷支持，使工商企业下乡会具有资金优势、技术优势，这会加剧农地经营竞争，使不具有效率优势的农户在竞争中被淘汰，即土地将从不具有效率优势的小农户转移到生产效率较高的企业中，从而实现土地资源的帕累托改进。

2. 土地规模经营对粮食生产效率的影响分析

土地适度规模经营有利于土地规模经济效应得以发挥，并带来粮食生产效率增长。一方面，土地规模扩大会提高劳动生产率（冒佩华等，2015）。土地流转扩大经营规模后，流转主体往往需要大量本地劳动力从事农业生产，尚未实现非农就业的青壮劳动力（主要指农村剩余劳动力流入城市但生活条件并没有得到有效改善，或者因为文化素质较差仅能从事低技能劳动）将成为流动劳动力继续从事农业生产，同时生产性机械等农业资本投入与土地规模扩大是一种互动关系，即土地规模扩大需要相应的省力化、轻简化农业机械替代劳动力投入进行作业，因此土地规模化经营有助于增加农业生产要素的投入和农业经营方式的转变，促使农业经营主体采纳农业机械化作业，以提升劳动生产率（刘洋和颜华，2021）。另一方面，土地规模扩大对土地产出效率的影响，其结论尚未达成一致，但有研究发现土地经营规模与土地产出率之间的关系并非线性的，而是呈现倒"U"型关系（Lamb，2001；陈杰和苏群，2017），土地流转带来的适度规模经营会促进土地产出率的提升，但是当土地经营规模达到拐点之后，土地规模继续扩大对土地产出率的影响效应将由正向变为负向。结合我国人地关系较为紧张的实际情况，以及土地"三权"分置土地流转、适度规模经营等农地政策，均表明我国当前依然处于土地产出率随着土地规模扩大而增长的阶段。

综上所述，县域金融市场化发展可以促进土地流转、扩大农地经营规模，而土地规模扩大可以提升农地资源配置效率并促进农业生产要素更优化整合，从而提高粮食生产效率（史常亮等，2020）。

三、县域金融市场化通过工业化作用粮食生产效率的机理分析

（一）县域金融市场化对工业化的影响分析

新古典经济学认为工业化的动力主要来源技术进步、资本深化、劳动

力投入、国际贸易以及制度变迁等（谢家智等，2014），其中技术创新、资本深化等因素离不开资金支持，尤其是外源融资即金融要素的流动在技术创新与资本深化中的作用极为重要（黄健柏和刘维臻，2008）。县域地区的工业企业一般经营规模较小、资本积累不足，因此推动县域工业化发展更是依赖于县域银行机构的外源融资。县域金融市场化发展与金融市场的有效运行能够为工业化创造良好的条件（孙长青，2012；King and Levine，1993）。第一，县域金融市场化发展能激励金融机构加快业务创新，借助数字技术优化工业行业内部及跨行业的信息不对称问题，降低工业企业外部融资成本（Holmstrom and Tirole，1993；张军和金煜，2005）；第二，县域金融市场化能提高储蓄投资转化率，将社会闲散资金配置到工业部门，加速工业企业资本积聚（Bonfiglioli，2008；Gehringer，2013）；第三，县域金融市场化能提高金融资源优化配置效率，通过识别投资机会将有限金融资本配置到生产效率更高的技术研发部门，加速工业企业技术研发与创新（Rin and Hellmann，2002；Arizala et al.，2013），进而推动工业发展与转型升级。

（二）工业化对粮食生产效率的影响分析

速水佑次郎（2000）认为农业生产率的增长主要是农业部门对新机会的适应过程，而这些机会是由知识进步及随着工业化而出现的新技术及行业劳动分工所带来的。工业化对粮食生产效率的提升作用可归纳为以下三个方面：第一，工业化发展会带动农业技术进步，提高农业资本品质量。技术进步具有外部性特征，农业部门与工业部门在技术和知识水平上存在差距，在以工促农及产业关联作用下，技术密集型的工业部门在取得技术创新和进步后，会通过人员流动、产品流通、技术平台和知识共享等方式将先进的技术、工艺以及知识向农业部门传导（李明文，2020），如工业部门发展为农业生产提供了内嵌新技术的农业机械装备、化肥等农业资本品（尹朝静，2020），进而实现技术向农业部门扩散与转移。对于农业部门而言，通过采用先进的农业机械装备、化肥、种子、农药等高质量农业资本品，可以提升粮食生产的技术水平和生产效率。第二，工业化会促使农业资本替代劳动力，优化粮食生产要素投入结构。要素会从生产效率较低的部门流向生产效率较高的部门（干春晖等，2011），工业部门的生产效率高于农业部门，因此会促使劳动力等要素从农业种植业流向工业部门，降低粮食种植中劳动力投入数量，同时也提高了农民收入水平。不仅如此，随着工业部门劳动分工的发展、先进技术与知识应用以及产业结构升级，工业部门的收益递增效应会更加显著，这会降低农业机械、化肥以及农药等由工业部门生产的农业资本投入品的价格。在农业资本品价格降低、农村劳动力短缺与务农成本不断上升背景下，粮食生产者会增加农业机械等资本投入替代劳动力，从而优化粮食种植要素投入结构，并带来粮食生产效率增长。第三，工业化发展有助于将工业部门先进生产经验与知识，如专业化、组织化及规模化等带到农业部门，改善传统农业生产方式。随着工业化及农业产业链的延伸，工业部门先进生产理论与方式也对粮食种植业产生了重要影响，农业部门出现了新的农业分工形式及专业化模式，如农业社会化服务模式、生产托管模式以及农机跨区作业等。农业社会化服务模式不仅能提高粮食种植中农业技术水平，还能通过分工细化提高粮食种植的专业化水平，促进规模报酬递增，同时也能在农业生产的熟练作业中积累知识和技能，最终提高粮食种植业的规模效率与技术效率。

综上所述，县域金融市场化可促进县域工业化与产业结构升级，并使内嵌新技术的资本要素、先进生产理论知识从工业部门流向农业部门，改造传统农业生产方式，最终带来粮食生产效率提高。

四、县域金融市场化通过城镇化作用粮食生产效率的机理分析

县域城镇被誉为"乡之首，城之尾"，是现代农业产业和生产要素的聚集地，是城乡接合部的社会综合体，具有向上连接城市、向下服务乡村的属性，以县城为重要载体的新型城镇化建设已成为破除城乡分割的体制弊端、打通城乡要素平等交换的重要举措（Liu et al.，2024a）。

（一）县域金融市场化对城镇化的影响分析

城镇化的动力机制来自劳动力、资本、技术等生产要素在空间聚集并

互相作用产生的经济效益集聚，包括规模经济、成本下降、技术外溢等，并引致要素进一步向该区域聚集。该集聚效应的产生过程主要表现为螺旋上升的循环累积因果效应，即"要素集聚—经济增长—城镇规模扩大—要素进一步集聚"（邵川和刘传哲，2016）。总之，生产要素的集聚效应是县域城镇产生、演变的基本动力，而金融资本是生产要素集聚发生的重要因素。金融机构所提供的金融资本与服务是企业运转所必需的投入品，于是企业为了降低生产成本会在空间上围绕金融机构进行布局，初步产生区位效应形成产业集聚，产业集聚又会集聚更多的劳动力、资本以及技术等经济要素，从而推动城镇规模扩张（邵川和刘传哲，2016）。城镇规模扩张引致的要素集聚及经济发展又对金融发展产生"需求引领"作用（Glaeser and Kahn，2004），即产生更多的金融需求，扩大了金融信贷市场，促使金融发展不断深化，二者之间形成良性循环累积因果链条（陈雨露，2013）。

县域金融市场化主要通过金融供给和循环累积因果效应两个机制驱动县域城镇化发展，一方面，县域金融市场化的"供给带动"效应促进城镇化发展。县域金融市场化通过为县域经济发展与城镇建设提供金融支持，促进企业围绕县域金融机构布局形成产业集聚，并随着县域金融的深化改革，县域金融体系逐渐健全，其区位效应也会引致更多经济要素在空间有效集聚，从而推动城镇化进程（郑长德，2007）。具体来看：一是县域金融市场化扩大了资本市场的容量、有助于政府增加税收收入以及能够以更低的成本快速地从资本市场获取资金，进而增加城市建设财政支出，同时金融市场化会引发金融机构间竞争，迫使金融机构加快金融产品创新，可缓解农村转移人口在城镇化进程中面临的融资约束问题，从而对城镇化发展具有正向作用。二是随着县域金融市场化程度上升，其资源优化配置效应及风险分散效应有助于减缓民营企业参与城镇化进程中营利性公共产品建设所面临的融资约束和投资风险，进而解决城镇化进程中公共产品的短缺问题，对城镇化发展具有显著支持效应。另一方面，城镇化发展带来的资金需求促进县域金融持续深化发展。城镇化水平的提高可以通过引致更多生产要素集聚、基础设施扩建与公共服务水平提升等途径，不断创造新的金融需求，扩大县域金融市场规模，从而促进县域金融市场化（郑长德，2007）。随着县域金融市场化程度上升，不仅能为城镇化建设提供更多金融资金，还有助于提高城市化建设所需资本配置效率，实现相关资本最优化配置（李宝礼和胡雪萍，2015），同时金融还会通过知识溢出与产业升级路径作用于城镇化。总之，县域金融市场化与城镇化互相促进，互为动力，产生循环累积因果效应（潘辉和尹翔硕，2013）。

（二）县域城镇化对粮食生产效率的影响分析

县域城镇化对粮食生产效率的影响，体现在以下两点：一方面，县域城镇化能促进城乡要素流动，激活农村要素市场，实现劳动力、土地、资本等生产要素再配置。县域城镇化建设通过为居民提供完善的教育、医疗、文化与娱乐等公共服务和基础设施，吸引县域农村地区劳动力进城务工和生活，提高了农民收入水平，进而有助于缓解农业生产资金短缺及资本积累不足等问题，增加农民对农业机械、农业化肥等农业资本投入，加速农业资本深化（Wouterse，2010）。同时，随着农村劳动力非农就业转移会选择转出土地，使原来分散、闲置、低效利用的土地资源得以整合盘活，改变当前农地经营细碎化状况，促进土地规模化、产业化和组织化经营（武宵旭等，2019），不仅可以降低粮食生产成本，还有助于提高土地产出率和劳动生产率。另一方面，县域城镇化有助于提升地区人力资本水平，促进农业技术创新与应用。县域城镇化有助于聚集掌握先进知识人才，提升地区人力资本水平，并通过改善技术研发及生产制造基础设施条件，促进农业技术研发与创新。同时，县域城镇化有助于城乡人员信息交流，促使城市管理理念、先进生产知识与经验向农村地区和农业领域溢出（谢杰等，2018），提升农业生产者的综合素质水平，通过辐射带动效应促进农业生产者采用先进技术、农机装备，以提升粮食生产效率（杨志海和王雅鹏，2014）。

根据上文分析，县域金融市场化通过为城市经济发展、人口城镇化以及城镇基础设施建设与公共服务提供金融支持（范川，2003），推动县域城镇化发展，同时县域城镇化建设可以促进城乡要素流动与知识溢出，实现农村要素再配置，最终带动粮食生产效率增长。

第二节 研究设计

一、基本模型设定——中介效应模型

根据前文的理论分析，县域金融市场化可以通过农业技术创新、要素质量提升、要素配置优化、工业化、城镇化等机制作用于粮食生产效率，为了检验该作用机制，参考温忠麟等（2004，2014）提出的中介效应检验方法，构建县域金融市场化通过影响中介机制进而作用于粮食生产效率的中介效应模型，并采用逐渐逐步回归法进行检验。该模型由以下三个估计方程构成：

$$gtfp_{i,t} = \beta_0 + \beta_1 finas_{i,t} + \beta_2 X_{i,t} + u_i + e_t + \varepsilon_{i,t} \tag{5.1}$$

$$Z_{i,t} = \lambda_0 + \lambda_1 finas_{i,t} + \lambda_2 X_{i,t} + u_i + e_t + \varepsilon_{i,t} \tag{5.2}$$

$$gtfp_{i,t} = \eta_0 + \eta_1 finas_{i,t} + \eta_2 Z_{i,t} + \eta_3 X_{i,t} + u_i + e_t + \varepsilon_{i,t} \tag{5.3}$$

式（5.1）反映了县域金融市场化对粮食生产效率的影响，各参数及控制变量与第四章式（4.25）的设定完全一致。式（5.2）反映了县域金融市场化对各中介变量（Z）的影响，式（5.3）则反映了县域金融市场化与中介变量同时对粮食生产效率的影响。其中，参数 β_1 和 η_1 分别表示县域金融市场化对粮食生产效率影响的总效应与直接效应，$\lambda_1\eta_2$ 则表示县域金融市场化通过中介变量对粮食生产效率影响的中介效应，且用中介效应与总效应之比可以反映中介效应的相对大小。

具体检验程序如下：（1）检验县域金融市场化对粮食生产效率的影响，关注式（5.1）中系数 β_1 的显著性，第四章已经验证了县域金融市场化对粮食生产效率具有显著的正向影响，本章不再赘述。（2）重点关注式（5.2）和式（5.3）中系数 λ_1 和 η_2 的符号及其显著性，若系数 λ_1 和 η_2 均显著，且 $\lambda_1\eta_2$ 符号和 β_1 同号时，则表示存在中介效应；若 λ_1 和 η_2 中至少有一个不显著时，那么还需要进一步构建 Sobel 统计量检验系数乘积的显著性（即是否拒绝 $\lambda_1\eta_2 = 0$ 的原假设），显著时则意味着存在中介效应。当存在中介效应时，若 η_1 不显著则为完全的中介作用，否则为"部分"中介作用。Sobel 统计量的临界概率可根据麦金农（McKinnon，2002）提出的临界值表查表判断。需要注意的是，当 β_1 和 $\lambda_1\eta_2$ 的符号一致时，表明传导机制变量在县域金融市场化与粮食生产效率之间发挥遮掩效应。

二、变量选取

（一）被解释变量

粮食生产效率（*gtfp*）。以粮食全要素生产率进行表征，变量定义同第四章，在此不再赘述。

（二）核心解释变量

县域金融市场化（*finas*）。根据前文所述，以县域金融相关比指标衡量县域金融市场化水平，即各县域地区金融机构贷款占 GDP 的比值。

（三）作用机制变量

第一，农业技术创新（*mtech*）。农业技术创新是转变传统生产方式，实现粮食产业高质量发展的重要驱动力。农业技术创新是比较抽象的概念，在衡量指标选取方面尚未形成统一标准，目前大多数文献主要集中在以下方面：一是农业技术创新成果产出，农林牧渔业专利申请量和专利授权量等是最常见的衡量农业技术创新的指标，姚延婷等（2014）选取农林牧渔业发明授权、外观设计和实用新型专利产出的总和衡量农业技术创新。二是农业技术创新投入，主要用科研经费投入进行衡量，姚耀军和董钢锋（2013）利用研发（R&D）经费投入强度，即 R&D 经费支出与 GDP 之比进行衡量。三是生产率方法，狭义农业技术创新主要指实体技术研发与创新，如农业机械技术、种子科技等，而广义农业技术创新不仅包括实体技术创新，还包括与农业经营和管理相关的新方法。农业全要素生产率可以分解为技术进步指数和技术效率指数等，因此学者一般用农业全要素生产率衡量广义农业技术创新（张恒和郭翔宇，2021），用技术进步指数衡量狭义农业技术创新（叶初升和马玉婷，2020），这类方法一般被认为是主流方法。四是农业机械化程度，大多数学者都认为农业机械化程度是衡量农业技术创新的有效指标，高玉强（2010）认为随着农机装备的推广与使用，劳动力和土地等生产要素配置结构得以优化，进而带来农业生产技术水平的提高。农业技术可以分为主导技术和配套技术，当前中国粮食种植中农业机械化率高，全程机械化技术已经演变为主导技术（胡川等，2018），亩均农业机械投入衡量的农业机械化程度反映了农业技术水平的高低与农机设备使用情况，可以直接影响粮食生产效率。

由于中国县域地区缺乏有关专利数量、科研经费投入等统计数据，而且前文的农业技术创新为狭义农业技术创新，因此采用全要素生产率中的技术进步指数衡量县域农业技术创新水平。同时，为进一步增强研究结论稳健性，本章还将以亩均农业机械投入（$mtech$）衡量农业技术创新。

第二，粮食生产要素质量。上文中粮食要素质量，主要包括：（1）劳动力质量（hum），劳动力质量主要体现为人力资本积累水平，现有文献一般基于教育法衡量人力资本水平，部分学者采用劳动力受教育年限进行衡量，即通过各类别受教育程度的劳动力比例乘以相应的受教育年限得到农村人力资本（叶初升和马玉婷，2020），另一部分学者采用高等教育入学人数衡量地区人力资本水平，但考虑到县域层面鲜有高等教育在校生，而更好的基础教育能够为未来较高专业水平的人力资源回流奠定基础。冯林等（2016）用中学入学人数与年末总人口的比值反映县域内具有高等教育的学生规模数，并将其作为县域人力资本的代理变量。限于数据的可得性，采用初中学校在校生数占地区总人口的比重表征县域人力资本水平。（2）耕地质量（$landq$），耕地质量提升有助于提高粮食单产，稳定粮食生产供给。费红梅等（2020）以及陈雨生等（2021）将亩均粮食产量作为衡量耕地质量的指标。借鉴该研究，采用第四章的边际土地产出率衡量耕地质量。（3）农业资本质量（$capitalq$），资本要素投入质量决定着粮食生产能力。龚斌磊（Gong，2020）将农业要素投入质量的弹性作为衡量要素质量变化指标，即在理论上认为边际生产率等价于要素质量，即衡量要素质量的代理变量。采用第四章随机前沿生产函数（SFA）中边际机械产出率衡量资本质量。

第三，粮食生产要素配置结构。随着城乡二元经济结构及农业经济发展，粮食生产对各要素投入需求也发生了相应变化，体现在以下两方面：一是各要素投入绝对量的变化，属于时间层面的动态变化。粮食生产各要素投入量并不是一成不变的，它会随着农业经济发展阶段的不同而发生变化，而且各要素投入绝对量的变化也会引起不同要素间的变化，如亩均化肥农药投入量变化、劳均土地面积变化、亩均农业机械投入量变化等；二是在各要素投入绝对量不变的情况下各要素间组合配比的变化，属于相对静态的改变。这种变化虽然未改变粮食生产各投入要素绝对量，但它能够改变粮食生产各投入要素间的关系，如土地流转带来的农业适度规模经营、农业生产社会化服务发展等均是在不改变粮食生产要素投入绝对量的情况下调整农业劳动力与农业资本、土地等要素间的组合配比。文中涉及的要素配置结构调整，主要包括：（1）农业资本替代劳动力（*machp*，农业资本要素投入相对劳动力要素投入的变化），农业机械等资本是农业新技术应用的载体，是农业技术应用对农业基本生产要素替代的主要表现形式。农业部发布的《全国农业机械化发展第十三个五年规划》也指出，农业机械化发展的重点是农机装备与农业机械化科技创新与应用。因此，随着农业机械资本投入有助于节省劳动力、提高劳动生产效率，实现对农业劳动力基本生产要素的替代。农业机械总动力是反映一个地区农业机械化程度的重要指标，代表了农业机械化和现代化发展的水平。因此，运用机械投工比表征资本（技术）替代劳动力（钟甫宁等，2016；刘魏等，2018）。（2）土地规模经营（*scalep*，土地要素投入相对劳动力要素投入的变化），一定程度上粮食种植规模的提高，会通过规模效应带来粮食生产效率的提高。参考马贤磊等（2019）的研究，采用人均耕地面积进行表征。其中涉及相关变量做以下处理，耕地要素投入用县域地区粮食作物播种面积来衡量；粮食机械总动力 = 农业机械总动力 × 粮食播种面积/农作物播种面积；粮食种植从业人员数 = 农林牧渔业就业人员数 × （农业产值/农林牧渔总产值） × （粮食播种面积/农作物播种面积）。

第四，工业化（*nindust*）。工业化进程为农业生产提供了内嵌新技术的农业机械装备、化肥等农业资本品（尹朝静，2020），进而实现技术向农业部门扩散与转移，同时工业部门的知识溢出会把工业生产具有的分工专业化、组织化以及规模化等特征带到农业部门，改善农业生产方式，提高粮食生产效率。此外，工业化不仅为粮食生产及农业发展提供了物质条件，还会持续地增加对粮食等农产品质量和数量的需求，刺激粮食生产能力提升和农业生产结构优化。预期工业化对于粮食生产效率提升具有显著的正向影响。参考卜元超和白俊红（2021）、李健旋（2021）的研究，采用县域地区第二产业生产总值与地区生产总值的比值衡量县域地区工业化发展水平。

第五，城镇化水平（*urban*）[①]。由于城镇化率数据具有准确、完整、权威的特点，因此参考左鹏飞等（2020）、高延雷等（2019）的研究，采用城镇常住人口与地区总人口的比值来反映城镇化发展水平。

（四）控制变量

为前后文保持一致，本章同样选取财政自给率（*govz*）、人口密度（*popu*）、农民收入水平（*income*）、经济发展水平（*pgdp*）以及地区产业结构（*indust*）等变量作为控制变量，变量具体描述同第四章，在此不再赘述。

三、描述性统计

数据来源与说明详见第三章，在此不再赘述。相关样本数据的描述统计分析结果如表 5 - 1 所示。在利用模型估计参数前，先对所有变量按照 1% 进行缩尾处理，以剔除异常值对参数估计结果的影响。为了避免"伪回归"，确保模型估计参数的有效性，采用 LLC 检验、IPS 检验、Fisher - ADF 及 Fisher - PP 检验方法对各变量面板数据进行平稳性分析，结果显示所有变量均在两种及以上检验方法中判定为平稳序列。

---

① 由于县域城镇化数据存在缺失，本书仅收集到 412 个县域地区 2013 ~ 2019 年的城镇化数据，其中 267 个县域位于粮食主产区，130 个县域位于粮食产销平衡区，15 个县域位于粮食主销区，具有较强代表性。

表 5 – 1 变量的描述性统计

变量分类	变量名称及符号	变量含义	均值	标准差
被解释变量	粮食生产效率（gtfp）	由三阶段 DEA 和 Malmquist 指数测算的全要素生产率	1.1870	0.7566
解释变量	县域金融市场化（finas）	金融机构贷款与 GDP 的比值	0.6688	0.4095
作用机制变量	农业技术创新（mtech）	亩均农业机械投入	0.7129	0.5214
	劳动力质量（hum）	初中在校生数与地区总人口的比值	0.0489	0.0182
	耕地质量（landq）	边际土地产出率	5.2317	5.3781
	农业资本质量（capitalq）	边际机械产出率	0.0401	0.0297
	资本替代劳动力（machp）	机械投工比	9.6680	9.1884
	土地规模经营（scalep）	人均耕地面积	23.8423	29.6069
	工业化（nindust）	第二产业 GDP 与地区 GDP 的比值	0.4063	0.1756
	城镇化（urban）	城镇常住人口占地区总人口的比重	0.4424	0.0966
控制变量	财政自主程度（govz）	财政支出与财政收入的比值	0.2979	0.2263
	人口密度（popu）	地区人口数与行政面积的比值	0.0320	0.0305
	农民收入水平（income）	农村居民可支配收入/万元	1.0491	0.5778
	经济发展水平（pgdp）	人均 GDP	3.9594	3.4165
	产业结构（indust）	第二、第三产业 GDP 与地区 GDP 的比值	0.8001	0.1232

第三节 县域金融市场化影响粮食生产效率的作用机制检验

一、农业技术创新的作用机制检验

第四章以粮食全要素生产率中的技术进步指数表征县域农业技术创新水平，并验证了县域金融市场化可通过促进技术进步实现粮食生产效率增长。为进一步增强研究结论的稳健性，本章以亩均农业机械投入表征农业技术创新，并借助中介效应检验方法进行实证分析。前文已经验证了县域金融市场化对粮食生产效率的正向影响效应，本章主要检验县域金融市场化对农业技术创新的影响，以及农业技术创新与县域金融市场化共同对粮食生产效率的影响。表5-2报告了以亩均农业机械投入衡量农业技术创新的作用机制检验结果。

表5-2 农业技术创新的作用机制检验结果

估计方程	（1）		（2）	
因变量	*mtech*		*gtfp*	
	系数	T值	系数	T值
finas	0.0908 ***	6.59	0.0470 ***	3.34
mtech			0.0364 **	2.54
控制变量	YES		YES	
Cons	0.2083 ***	3.41	1.3041 ***	18.39
个体固定	YES		YES	
时间固定	YES		YES	
Hausman P 值	0.000		0.000	
F 检验	57.66 ***		36.12 ***	
R^2	0.094		0.050	
N	7290		7290	
Sobel Z 值	2.3704 ***		效应占比	6.561%
效应类型	中介效应		检验结果	YES

注：***、** 分别表示1%、5%的显著性水平。

从表5-2中可以发现，列（1）中县域金融市场化对亩均农业机械投入的影响系数为0.0908，且在1%显著性水平上显著，表明县域金融市场化可促进亩均农业机械投入深化，列（2）中县域金融市场化的估计系数显著为正向，而且中介变量亩均机械投入的估计系数也显著为正，依据中介效应依次检验方法可判定亩均农业机械投入发挥部分中介作用，即县域金融市场化可通过加速亩均农业机械投入实现粮食生产效率增长。同时，还通过 Sobel 检验法对该中介机制的显著性进行了检验，结果显示 Sobel 检验的 Z 值为 2.3704，在1%显著性水平上显著，进一步说明以亩均农业机械投入表征农业技术创新的作用机制是显著稳健性。

上述研究表明，在县域金融市场化影响粮食生产效率的过程中，农业技术创新扮演着重要的中介作用，即县域金融市场化→农业技术创新→粮食生产效率。具体来看，随着县域金融市场化程度的加深，农业技术创新与成果转化、推广得到了金融资源支持，提高了农业技术创新能力及资金投入的利用效率，从而正向影响粮食生产效率。统计数据显示，中国 2019 年农业科技进步贡献率达到 59.2%①，农业技术人员达到 84 万人，服务农户范围有 6500 万户②，主粮种植基本实现机械化生产。同时，县域数字农业农村发展总体水平达 36.0%③，大数据、物联网、区块链等现代化信息技术对粮食生产方式产生重大影响。

前文研究发现，东部、中部以及粮食主产区内县域金融市场化对粮食生产效率具有显著的正向影响效应，而且在这些区域中也证实了县域金融市场化可通过促进农业技术进步实现粮食生产效率增长的传导路径。本章以亩均农业机械投入表征农业技术创新，进一步考察不同区域中亩均农业机械投入在县域金融市场化影响粮食生产效率的传导机制。表 5 - 3 汇报了以亩均农业机械投入表征农业技术创新水平的作用机制检验异质性估计结果。

表 5 - 3 不同区域中农业技术创新作用机制检验的异质性估计结果

估计方程	(3)	(4)	(5)	(6)	(7)	(8)
	粮食主产区		东部地区		中部地区	
因变量	mtech	gtfp	mtech	gtfp	mtech	gtfp
finas	0.0260 ** (2.29)	0.0507 ** (1.98)	0.4298 *** (5.65)	0.0916 *** (3.51)	0.0044 * (1.72)	0.1231 *** (4.86)
mtech		0.0150 *** (3.06)		0.0079 (1.07)		0.1405 * (1.92)
控制变量	YES	YES	YES	YES	YES	YES

① 2019 年我国农业科技进步贡献率达到 59.2% [EB/OL]. 中央人民政府网, 2020 - 01 - 26.
② 科技春耕正当时 战 "疫" 保供两不误 [EB/OL]. 人民网, 2020 - 02 - 28.
③ 农业农村部: 全国县域数字农业农村发展总体水平达 36.0% [EB/OL]. 新华社客户端, 2020 - 12 - 02.

续表

估计方程	（3）	（4）	（5）	（6）	（7）	（8）
	粮食主产区		东部地区		中部地区	
因变量	*mtech*	*gtfp*	*mtech*	*gtfp*	*mtech*	*gtfp*
Cons	− 2. 1870 *** （− 6. 13）	1. 3473 *** （13. 06）	− 1. 1355 *** （− 3. 92）	1. 2216 *** （12. 35）	0. 1157 *** （32. 49）	0. 9227 *** （7. 74）
个体固定	YES	YES	YES	YES	YES	YES
时间固定	YES	YES	YES	YES	YES	YES
F 检验	23. 43 ***	47. 26 ***	45. 38 ***	90. 43 ***	22. 20 ***	16. 02 ***
R^2	0. 0933	0. 0636	0. 246	0. 136	0. 073	0. 083
N	3810	3810	2330	2330	3150	3150
Sobel Z 值	1. 8333 ***		1. 0475 **		1. 2785 **	
效应类型	中介效应		中介效应		中介效应	
效应占比	0. 763%		3. 575%		0. 499%	
检验结果	YES		YES		YES	

注：① *** 、 ** 和 * 分别表示1%、5%和10%的显著性水平；②括号内为估计参数的 Z 值或 T 值。

从粮食主产区的估计结果来看，列（3）中县域金融市场化对亩均农业机械投入具有显著正向影响，列（4）中县域金融市场化和亩均机械投入的估计系数也显著为正，同时且 Sobel 检验的 Z 值为 1.8333，在 1% 显著性水平上显著，表明粮食主产区中县域金融市场化能通过促进农业技术创新带来粮食生产效率增长。从东部地区的估计结果来看，列（5）中县域金融市场化的估计系数显著为正向，列（6）中亩均农业机械投入变量不显著，需要进一步借助 Sobel 检验法检验 $\lambda_1 \eta_2 \neq 0$，Sobel 检验的 Z 值为 1.0475，通过 5% 的显著性检验，说明东部地区中亩均机械投入表征的农业技术创新在县域金融市场化影响粮食生产效率的过程中发挥中介效应。从中部地区的估计结果可知，列（7）中县域金融市场化的估计系数显著为正，列（8）中县域金融市场化和亩均机械投入的估计系数均显著为正，同时 Sobel 检验的 Z 值为 1.2785，在 5% 显著性水平上显著，表明西部地区中县域金融市场化能通过促进农业技术创新带来粮食生产效率增长。至此，可以发现在县域金融市场化影响粮食生产效率的几个区域中，农业技术创新均发挥了显著的中介效应，该结果与整体县域样本的估计结果保持了一致。

二、要素质量的作用机制检验

（一）县域金融市场化影响要素质量的实证检验

采用最小二乘虚拟变量（LSDV）法和固定效应模型等估计方法展开计量检验，表5-4依次报告了相应的估计结果。

表5-4　　县域金融市场化影响粮食生产要素质量的估计结果

估计方程	(1)	(2)	(3)	(4)	(5)	(6)	(7)
因变量	劳动力质量		耕地质量		农业资本质量		
估计方法	LSDV	FE	LSDV	FE	LSDV	FE	FE
$finas$	0.0014 ** (2.45)	0.0016 *** (2.68)	0.3603 *** (2.91)	0.2395 * (1.85)	-0.0032 *** (-5.73)	-0.0015 * (-1.95)	-0.0059 *** (-2.80)
$finas^2$							0.0019 ** (2.25)
$govz$		-0.0074 *** (-4.27)		-0.1673 (-0.44)		0.0131 *** (5.86)	0.0130 *** (5.85)
$popu$		-0.2198 *** (-7.72)		4.3449 (0.70)		0.1119 *** (3.04)	0.1107 *** (3.01)
$income$		0.0074 *** (11.08)		-0.7220 *** (-4.94)		0.0073 *** (8.40)	0.0073 *** (8.51)
$pgdp$		0.0000 (0.19)		-0.0755 ** (-2.58)		-0.0004 ** (-2.45)	-0.0005 *** (-2.84)
$indust$		0.0083 *** (2.65)		-1.4367 ** (-2.11)		-0.0294 *** (-7.30)	-0.0300 *** (-7.44)
$Cons$	0.0531 *** (20.55)	0.0534 *** (20.40)	5.2593 *** (9.43)	6.7236 *** (11.74)	0.0534 *** (15.95)	0.0555 *** (16.41)	0.0577 *** (16.39)

估计方程	(1)	(2)	(3)	(4)	(5)	(6)	(7)
因变量	劳动力质量		耕地质量		农业资本质量		
估计方法	LSDV	FE	LSDV	FE	LSDV	FE	FE
个体固定	YES	YES	YES	YES	YES	YES	YES
时间固定	YES	YES	YES	YES	NO	YES	YES
Hausman P 值		0.000		0.000		0.000	0.000
F 检验	42.10 ***	99.54 ***	85.85 ***	5.95 ***	71.14 ***	25.45 ***	58.42 ***
R^2	0.8062	0.186	0.8957	0.013	0.8752	0.055	0.056
N	7290	7290	7290	7290	7290	7290	7290

注：①***、**和*分别表示1%、5%和10%的显著性水平；②括号内为估计系数的 Z 值或 T 值。

列（1）、列（3）和列（5）是在未引入其他控制变量的情况下，采用 LSDV 法依次估计县域金融市场化对劳动力质量、耕地质量以及农业资本质量的影响效应，结果显示县域金融市场化对劳动力质量及耕地质量具有显著正向影响，而对农业资本质量具有负向影响，且通过 1% 的显著性检验，可初步判定县域金融市场化对人力资本及耕地质量的提升具有显著正向影响，而对资本质量提升具有抑制效应。列（2）、列（4）和列（6）是在引入控制变量后，采用双向固定效应模型的估计结果，而且豪斯曼检验（Hausman）均拒绝了随机效应模型，结果显示县域金融市场化的系数方向与显著性同 LSDV 法的估计结果基本一致，说明县域金融市场化程度的提升可促进劳动力质量与耕地质量的提升，但不利于农业资本质量的提高，而且对耕地质量的影响效应远大于劳动力质量与农业资本质量。

为进一步探究县域金融市场化对要素质量的影响是否存在非线性关系，加入县域金融市场化的二次项进行重新估计，表 5-4 的列（7）汇报了县域金融市场化及其二次项对农业资本质量的影响。从中可知，县域金融市场化的二次项为正数且在 5% 显著性水平上显著，说明县域金融市场化对农业资本质量的提升具有"U"型影响，即县域金融市场化与农业资本质量之间存在一个拐点，当县域金融市场化水平超过该拐点后，进一步地上升对农业资本质量的影响由抑制转为促进效应。当县域金融市场化水平处于低水平时，县域地区面临较强的金融排斥现象，农业机械研发与成果转化得不到金融资金支持，阻碍了农业资本质量提升，随着县域经济发展及金融市场化水平的上升会改善县域农村地区金融体系基础设施、降低贷前调查和贷后监管成本，有助于为先进农机装备、种子科技研发与制造提供信贷支持，促进农业资本品质量提升。此外，县域金融市场化的二次项对劳动力质量与耕地质量的影响效应不显著，在此不再赘述。

（二）要素质量影响粮食生产效率的实证检验

采用 LSDV 法和固定效应模型考察要素质量对粮食生产效率的影响，表 5 - 5 报告了要素质量影响粮食生产效率的估计结果。

表 5 - 5　　　　　　粮食生产要素质量影响粮食生产效率的估计结果

估计方程	（1）	（2）	（3）	（4）	（5）	（6）
估计方法	LSDV	FE	LSDV	FE	LSDV	FE
hum	0.4038 (1.23)	0.4510 (1.35)				
landq			0.0291 *** (19.65)	0.0289 *** (19.45)		
capitalq					5.2428 *** (21.20)	5.3590 *** (21.41)
govz		0.0936 ** (2.00)		0.0954 ** (2.10)		0.0198 (0.44)
popu		-2.0981 *** (-2.71)		-2.3343 *** (-3.12)		-2.7809 *** (-3.73)
income		-0.0237 (-1.30)		-0.0000 (-0.00)		-0.0583 *** (-3.33)
pgdp		-0.0109 *** (-3.13)		-0.0083 ** (-2.46)		-0.0092 *** (-2.72)
indust		-0.1999 ** (-2.37)		-0.1537 * (-1.87)		-0.0398 (-0.49)
Cons	0.8005 *** (11.33)	1.3053 *** (18.02)	0.6625 *** (9.90)	1.1307 *** (16.40)	0.5424 *** (8.04)	1.0375 *** (15.00)

续表

估计方程	(1)	(2)	(3)	(4)	(5)	(6)
估计方法	LSDV	FE	LSDV	FE	LSDV	FE
个体固定	YES	YES	YES	YES	YES	YES
时间固定	YES	YES	YES	YES	YES	YES
Hausman P 值		0.000		0.000		0.000
F 检验	39.59	21.94***	42.44***	48.29***	42.90***	53.91***
R^2	0.796	0.048	0.808	0.100	0.809	0.110
N	7290	7290	7290	7290	7290	7290

注：①***、**和*分别表示1%、5%和10%的显著性水平；②括号内为估计系数的Z值或T值。

列（1）、列（3）和列（5）是在未引入其他控制变量的情况下，采用LSDV法依次估计劳动力质量、耕地质量以及农业资本质量对粮食生产效率的影响效应，结果显示耕地质量与农业资本质量对粮食生产效率具有显著正向影响，而劳动力质量的系数不显著。列（2）、列（4）和列（6）是在引入控制变量后，采用双向固定效应模型的估计结果，而且豪斯曼检验（Hausman）均拒绝了随机效应模型，结果显示县域金融市场化的影响系数与显著性同LSDV法的估计结果相同，仅影响效应大小不一致，说明耕地质量与农业资本质量提升有助于促进粮食生产效率，但劳动力质量提升未发挥作用。可能的原因是，粮食种植业经营性收入远低于工商部门，具有较高人力资本水平的劳动者不愿意从事粮食种植业，致使粮食种植从业者的劳动力质量整体较低。据第三次全国农业普查主要数据公报（第五号），全国农业生产经营人员接受过高中或中专教育的只有7.1%，接受过大专及以上教育的只有1.2%，农村劳动力受教育水平整体偏低，因此农村劳动力质量难以有效促进粮食种植业生产效率提升。

（三）县域金融市场化、要素质量与粮食生产效率关系检验

根据温忠麟等（2014）提出的中介效应检验方法，基于LSDV法和固定效应模型估计了县域金融市场化与要素质量对粮食生产效率的影响，表5-6报告了相应估计结果。

表 5 - 6　　　　　　　　　　要素质量作用机制检验的估计结果

估计方程	（1）	（2）	（3）	（4）	（5）	（6）
作用机制	劳动力质量		耕地质量		农业资本质量	
估计方法	LSDV	FE	LSDV	FE	LSDV	FE
finas	0.0597 *** (3.90)	0.0497 *** (3.10)	0.0497 *** (3.34)	0.0434 *** (2.79)	0.0630 *** (4.25)	0.0584 *** (3.77)
hum	0.3651 (1.11)	0.4166 (1.25)				
landq			0.0290 *** (19.54)	0.0288 *** (19.39)		
capitalq					5.2521 *** (21.26)	5.3817 *** (21.52)
控制变量	NO	YES	NO	YES	NO	YES
Cons	0.7666 *** (10.78)	1.2743 *** (17.44)	0.6335 *** (9.39)	1.1026 *** (15.83)	0.5039 (7.41)	0.9976 *** (14.27)
个体固定	YES	YES	YES	YES	YES	YES
时间固定	YES	YES	YES	YES	YES	YES
Hausman P 值		0.000		0.000		0.000
F 检验	39.64 ***	21.20 ***	42.46 ***	45.81 ***	42.98 ***	51.53 ***
R^2	0.7967	0.049	0.8078	0.101	0.8097	0.112
N	7290	7290	7290	7290	7290	7290
Sobel Z 值	1.1294 **		1.8445 ***		1.9430 ***	
效应类型	中介效应		中介效应		遮掩效应	
效应占比	1.325%		13.713%		13.823%	
检验结果	YES		YES		YES	

注：①根据麦克金（McKinnon，2002）提供的临界值表（可从 http：//www.doc88.com/p - 0973999637797.html 下载），Sobel 检验法的 Z 统计量大于 0.97 代表在 5% 水平上显著，大于 1.656 代表在 1% 水平上显著。

从表 5 - 6 中可知，劳动力质量与耕地质量在县域金融市场化与粮食生产效率之间发挥正向中介效应，而农业资本质量发挥遮掩效应。具体分析如下。

第一，县域金融市场化通过提升劳动力质量正向促进粮食生产效率。

从回归结果来看，表 5-4 中列（2）的县域金融市场化系数显著，表 5-6
中列（2）的劳动力质量变量不显著，依据中介效应的依次检验方法需要
进行 Sobel 检验，从表中可知，Sobel 检验的 Z 值为 1.1294，在 5% 的显著
性水平上显著，而且 $\lambda_1\eta_2 > 0$，表明在县域金融市场化影响粮食生产效率
的机制中劳动力质量的中介效应显著。此外，在列（2）中加入劳动力质
量变量后县域金融市场化的系数估计值依然显著，表明劳动力质量仅发挥
部分中介效应。县域地区教育培训机制的完善能够有效提升农民科技应用
能力及综合素质，对促进粮食生产效率、保障粮食安全具有重要意义。教
育培训机制健全与地区经济金融发展状况具有密切的联系，县域金融市场
化能够为地区教育、职业培训等提供金融资源支持，从而有助于培训规模
扩大与机会增加，使得农民也可以接收到日益更新的现代化知识，促进农
业技术的普及应用效率提升，最终作用于粮食生产效率提高。当前，我国
县域农村地区教育程度与人力资本水平仍较低，据第三次全国农业普查数
据显示，2016 年末我国农业从业人员中高中和大专及以上学历教育分别占
比 7% 和 1%，远低于其他行业，同时也远低于其他国家农民教育程度，如
美国、德国、日本、法国、英国和荷兰等国家农民教育程度高中及以上分
别占比 87.3%、87%、80.6%、75.9%、70.1% 和 66.3%。总之，提升农
民素质与人力资本水平仍任重道远，而县域金融市场化可作为提高地区劳
动力质量的着力点。

第二，县域金融市场化通过提高耕地质量进而正向影响粮食生产效
率。根据上文可知，县域金融市场化对耕地质量提升具有显著正向影响，
表 5-6 中列（3）和列（4）的县域金融市场化与耕地质量变量均显著为
正，即 $\lambda_1\eta_2 > 0$，根据中介效应依次检验方法可初步判定耕地质量在县域
金融市场化与粮食生产效率的机制中发挥"部分"中介效应。Sobel 检验 Z
值为 1.8445，在 1% 显著性水平上显著，进一步证明了中介效应的显著性。
耕地是粮食生产过程最基本要素投入，据联合国和统计局数据显示，2017
年我国耕地面积为 1.35 亿公顷，占世界耕地面积的 7%[1]，生产了世界

---

[1] 自然资源部.2017 中国土地矿产海洋资源统计公报［N］.中国自然资源报，2018-
05-18.

25%的粮食①，彰显了我国较强的耕地生产能力。耕地质量是稳定粮食综合生产能力的关键，但随着农药化肥、农用地膜等化学物品的滥用与残留，生态退化、耕地超负荷种植、耕地沙化等问题的出现，致使耕地质量下降、耕地生产力减弱。耕地质量下降已经引起国家重视，东北黑土地保护、土地整治等政策相继出台，"十四五"时期发展纲要也提到要深入实施"藏粮于地、藏粮于技"战略，开展退化耕地治理，实施高标准农田建设工程，巩固农田基础设施建设。耕地质量的修复与提升离不开资金投入，不仅要强化政府对农业的财政支出，还要引导县域金融机构做好配套资金投入，为农业工程、农业技术、生物技术等多种土地改良措施的研发与应用注入资金，减少耕地沙化面积，增强耕地质量，为提高土地综合生产力，保障粮食安全提供有力支撑。

第三，农业资本质量在县域金融市场化影响粮食生产效率的机制中发挥遮掩效应，即县域金融市场化通过阻碍农业资本质量提升负向影响粮食生产效率。根据上文分析，县域金融市场化水平在达到拐点之前对粮食生产效率具有抑制效应，而表5-6中列（5）和列（6）显示无论是否加入控制变量县域金融市场化与资本质量的系数均显著为正，即 $\lambda_1 \eta_2 < 0$，说明县域金融市场化影响粮食生产效率的机制中资本质量发挥遮掩效应。Sobel 检验 Z 值为 1.9430，在 1% 显著性水平上显著，也证明了遮掩效应的显著性。当前大部分地区县域金融市场化水平仍较低，农业机械、化肥、种子科技等生产资料的研发与成果转化所需的金融资源仍得不到有效满足，降低了农业技术研发资金的利用效率、不利于农业资本质量提升，从而阻碍了粮食生产效率的发展。

三、要素配置的作用机制检验

（一）县域金融市场化影响要素配置的实证检验

豪斯曼检验表明固定效应优于随机效应，因此采用控制时间效应和个

---

① 《中国的粮食安全》白皮书［EB/OL］. 新华社，2019-10-14.

体效应的固定效应模型等估计方法展开计量检验，同时为了避免可能存在双向因果关系的内生性问题，在基准回归的基础上，采用县域金融市场化的滞后一期作为工具变量，并基于两阶段最小二乘法（IV – 2SLS）进行估计，表 5 – 7 依次报告了相应的估计结果。从 IV – 2SLS 的估计结果可知，弱工具变量检验结果 F 值均大于 10，拒绝了原假设，说明工具变量的选择整体上是有效的。从表中可知，无论是否增加控制变量，县域金融市场化对资本替代劳动力具有正向影响，并在 5% 显著性水平上显著，说明县域金融市场化程度提升能促进资本替代劳动力。长期以来，我国农业生产具有收入不确定性、投资长期性、低收益性、风险高、抵押物不足等产业特征，使农业生产面临较高的信贷约束，农业资本投入价格相对劳动力投入更高。随着县域金融市场化改革，县域金融资源逐渐丰富、金融支农惠农水平也有所改善，从而使得农户信贷资金约束得以缓解，进而降低农户采用农业机械等农业资本的成本。同时，随着我国人口红利的逐渐消失，农业劳动力开始成为稀缺要素，其价格与务农机会成本不断上升。根据诱致性技术变迁理论，理性农户会增加相对丰富且便宜的生产要素投入，以替代相对缺乏且较贵的生产要素，因此农户会增加农业机械等资本投入以替代劳动力投入，从而降低农民劳动强度，减少务农时间并通过外出打工增加工资性收入。

表 5 – 7 　　　　　　　县域金融市场化影响要素配置的估计结果

估计方程	（1）	（2）	（3）	（4）	（5）
因变量	资本替代劳动力		土地规模经营		
估计方法	FE	IV – 2SLS	FE	IV – 2SLS	FE
$finas$	0.4208 * （1.76）	0.7374 ** （1.97）	– 2.7291 *** （– 3.27）	– 3.1428 ** （– 1.99）	– 6.7183 *** （– 2.89）
$finas^2$					1.7322 * （1.84）
$govz$	– 3.4954 *** （– 4.99）	– 4.4035 *** （– 5.93）	– 3.6229 （– 1.49）	– 4.3698 * （– 1.84）	– 3.6605 （– 1.50）

续表

估计方程	(1)	(2)	(3)	(4)	(5)
因变量	资本替代劳动力		土地规模经营		
估计方法	FE	IV – 2SLS	FE	IV – 2SLS	FE
popu	−69.9970 *** (−6.07)	−70.8088 *** (−6.90)	−164.1452 *** (−4.08)	−151.3170 ** (−2.38)	−165.2064 *** (−4.11)
income	−1.0080 *** (−3.72)	−1.2388 *** (−3.27)	1.8567 ** (1.97)	1.0917 (0.61)	1.9542 ** (2.07)
pgdp	0.2994 *** (5.51)	0.2717 *** (4.28)	0.8028 *** (4.24)	0.6164 (1.53)	0.7342 *** (3.80)
indust	3.9099 *** (3.10)	4.0549 *** (2.58)	−13.9840 *** (−3.18)	−14.1680 *** (−3.25)	−14.5618 *** (−3.30)
Cons	8.3281 *** (7.84)	17.8280 *** (8.40)	36.3058 *** (9.81)	50.5661 *** (5.55)	38.2931 *** (9.94)
个体固定	YES	YES	YES	YES	YES
时间固定	YES	YES	YES	YES	YES
Hausman P 值	0.000		0.000		0.000
F 检验	30.83 ***	510.06 ***	21.02 ***	460.39 ***	19.93 ***
识别不足 P 值		0.000		0.000	
弱工具变量 (F > 10)		YES		YES	
R^2	0.066	0.892	0.046	0.874	0.046
N	7290	6561	7290	6561	7290

注：① ***、** 和 * 分别表示1%、5%和10%的显著性水平；②括号内为估计系数的 Z 值或 T 值。

从土地经营规模的回归结果来看，县域金融市场化对土地规模经营具有显著负向影响，表明县域金融市场化不利于土地规模经营扩大。为进一步探究县域金融市场化对土地规模经营的影响是否存在非线性关系，加入县域金融市场化的二次项进行重新估计，表5-7的列（5）汇报了县域金融市场化及其二次项对土地规模经营的影响。从中可知，县域金融市场化的二次项为正数且在10%显著性水平上显著，说明县域金融市场化对土地规模经营具有"U"型影响。土地流转是实现土地规模经营的重要方式，而流转产生的流转费用是经营主体扩大土地经营规模面临的关键问题，一般而言，流转主体的资本积累较差、难以支付大额流转费用，理论上县域金融市场化程度提高有助于金融资源投向农业领域，缓解流转主体信贷约束问题，但实际中流转主体难以获取金融机构信贷支持，尤其是金融资源匮乏的县域地区。原因在于，在"三权"分置背景下流转主体在流转土地后仅享有经营权，当农村土地经营权抵押贷款出现违约风险时，由于土地承包权在小农户手中，限于农村情况复杂性，银行等金融机构难以处置抵押土地以弥补损失，此外，土地流转期限与贷款期限匹配问题也影响流转主体获取银行贷款。总之，当县域金融市场化程度比较低时，县域金融资源并不能有效促进土地规模经营扩大。随着县域金融持续深化县域金融中介机构的种类和数量也不断丰富，同时经过长期发展县域金融市场化程度高的地区一般会拥有较好的信用环境，金融中介机构的信用职能也得以充分发挥，信贷担保机制不断健全，融资渠道更加多元化和便利化，使得资本的流动性和透明度日益增强。同时，在有限的客户资源下，较高的县域金融市场化水平会促使金融服务范围向空白地区和农村地区延伸，拓展农村信贷市场以增加新的客户群体，提高金融服务渗透能力。在信用环境改善与资源竞争情况下，流转主体容易获取信贷资源支持，从而扩大土地经营规模。

（二）要素配置影响粮食生产效率的实证检验

表5－8报告了要素配置影响粮食生产效率的估计结果。从IV－2SLS的估计结果可知，弱工具变量检验结果F值均大于10，拒绝了原假设，说明工具变量的选择整体上是有效的。从列（1）和列（2）的回归结果来看，无论是否加入控制变量，资本替代劳动力对于粮食生产效率具有显著的正向影响。正如上文分析，资本替代劳动力能有效提高土地产出率与劳动生产率进而带来粮食生产效率的提升。尽管列（3）IV－2SLS的估计结果中资本替代劳动力的系数不显著，但影响方向仍然与基准回归一致，总体上并不影响的研究结论。

表 5 – 8 要素配置影响粮食生产效率的估计结果

估计方程	(1)	(2)	(3)	(4)	(5)	(6)
估计方法	LSDV	FE	IV – 2SLS	LSDV	FE	IV – 2SLS
machp	0.0017 ** (2.19)	0.0019 ** (2.36)	0.0027 (1.26)			
scalep				– 0.0028 *** (– 12.28)	– 0.0029 *** (– 12.30)	– 0.0046 *** (– 3.81)
govz		0.0971 ** (2.07)	0.1430 *** (3.21)		0.0801 * (1.73)	0.1123 *** (2.68)
popu		– 2.0610 *** (– 2.67)	– 1.5878 *** (– 3.22)		– 2.6825 *** (– 3.52)	– 2.4913 *** (– 4.35)
income		– 0.0184 (– 1.02)	0.0230 (1.04)		– 0.0157 (– 0.88)	0.0232 (1.05)
pgdp		– 0.0115 *** (– 3.29)	– 0.0163 *** (– 3.21)		– 0.0082 ** (– 2.36)	– 0.0119 *** (– 2.60)
indust		– 0.2037 ** (– 2.41)	– 0.1431 (– 1.64)		– 0.2354 *** (– 2.82)	– 0.1949 ** (– 2.30)
Cons	0.8053 *** (11.71)	1.3132 *** (18.64)	1.1758 *** (9.33)	0.8987 *** (13.24)	1.4292 *** (20.48)	1.4382 *** (10.41)
个体固定	YES	YES	YES	YES	YES	YES
时间固定	YES	YES	YES	YES	YES	YES
Hausman P 值		0.000			0.000	
F 检验	39.61 ***	22.21 ***	528.44 ***	40.69 ***	32.40 ***	281.43 ***
识别不足 P 值			0.000			0.000
弱工具变量 (F > 10)			YES			YES
R^2	0.7963	0.048	0.851	0.8008	0.069	0.853
N	7290	7290	6561	7290	7290	6561

注：① *** 、 ** 和 * 分别表示 1% 、5% 和 10% 的显著性水平；②括号内为估计系数的 Z 值或 T 值。

从列（4）和列（5）的回归结果来看，土地规模经营对粮食生产效率具有显著负向影响，IV – 2SLS 的估计结果与基准回归一致。可能的原因是，一方面，舒尔茨（1964）在分析传统农业生产要素配置效率时指出"传统小农经济是贫穷而有效率的"，传统小农户的生产要素配置等一切行为活动都是在比较权衡成本、收益和风险后所做出的理性决策，以使其效益达到最佳水平，在仅考虑技术效率的情况下，小规模生产有助于提高效率，更有比较优势。中国传统农业精耕细作模式更具有效率，当土地流转后规模经营面积增加，在劳动力有效情况下精耕细作模式受到挑战，同时机械等资本投入不足时，农户粮食种植会进一步做出粗放式经营的响应，例如改多次施肥为单次施肥、改施有机肥为无机肥、改物理除草为化学除草以及降低复种率甚至撂荒等，从而不利于粮食生产效率提高。当土地流转带来人均耕地面积增加，并优化农业生产要素配置结构，如资本替代劳动力，粮食生产效率才得以提高。另一方面，样本中人均耕地面积超出适度经营规模，致使粮食生产效率下降。有研究发现土地经营规模与土地产出率之间的关系并非线性的，而是呈现倒"U"型关系（陈杰和苏群，2017），土地流转带来的适度规模经营会促进土地产出率的提升，但是当土地经营规模达到拐点之后，土地规模继续扩大对土地产出率的影响效应将由正向变为负向。

（三）县域金融市场化、要素配置与粮食生产效率关系检验

表 5 – 9 报告了要素配置与县域金融市场化共同影响粮食生产效率的估计结果。从 IV – 2SLS 的估计结果可知，弱工具变量检验结果 F 值均大于 10，拒绝了原假设，说明工具变量的选择整体上是有效的。从资本替代劳动力的机制检验结果来看 [列（1）~ 列（3）]，县域金融市场化与资本替代劳动力对粮食生产效率具有显著的正向影响，结合上文可知，县域金融市场化对资本替代劳动力也具有显著正向影响，即依据中介效应依次检验过程可判定，资本替代劳动力在县域金融市场化影响粮食生产效率的机制中发挥显著的中介效应。Sobel 检验 Z 值为 1.3945，在 5% 显著性水平上显著，进一步证明了中介效应的显著性，说明县域金融市场化通过促进资本替代劳动力正向影响粮食生产效率。正如理论分析，县域金融市场化使粮食种植业生产者增加农业机械、种子化肥等农业资本要素投入来替代价格与务农机会成本不断上升的劳动力要素及资源不断稀缺的耕

地，从而改变县域地区内传统农业生产方式，使农业生产要素配置结构得以优化，促进了土地产出率与劳动生产率增长，进而带来粮食生产效率的提高。

表5-9 要素配置作用机制的检验结果

估计方程	(1)	(2)	(3)	(4)	(5)	(6)
作用机制	资本替代劳动力			土地规模经营		
估计方法	LSDV	FE	IV-2SLS	LSDV	FE	IV-2SLS
finas	0.0602 ** (3.94)	0.0495 *** (3.10)	0.0452 ** (2.35)	0.0500 *** (3.30)	0.0425 *** (2.69)	0.0325 * (1.82)
machp	0.0018 *** (2.20)	0.0019 ** (2.29)	0.0027 (1.24)			
scalep				-0.0028 *** (-12.08)	-0.0029 *** (-12.18)	-0.0046 *** (-3.80)
控制变量	NO	YES	YES	NO	YES	YES
Cons	0.7689 *** (11.09)	1.2808 *** (17.99)	1.1133 *** (8.52)	0.8673 *** (12.67)	1.4001 *** (19.83)	1.3916 *** (9.78)
个体固定	YES	YES	YES	YES	YES	YES
时间固定	YES	YES	YES	YES	YES	YES
Hausman P 值		0.000			0.000	
F 检验	39.67 ***	21.44 ***	529.42 ***	40.71 ***	30.85 ***	290.25 ***
识别不足 P 值			0.000			0.000
弱工具变量 (F>10)			YES			YES
R^2	0.7968	0.050	0.851	0.8011	0.070	0.853
N	7290	7290	6561	7290	7290	6561
Sobel Z 值	1.3945 **			3.1554 ***		
效应类型	中介效应			中介效应		
效应占比	1.583%			15.464%		
检验结果	YES			YES		

注：① *** 、** 和 * 分别表示1%、5%和10%的显著性水平；②括号内为估计系数的 Z 值或 T 值。

从土地规模经营的作用机制检验结果来看 [列（4）~列（6）]，县域金融市场化对粮食生产效率具有显著的正向影响，而土地规模经营对粮食生产效率具有显著的负向影响，结合上文可知，县域金融市场化对土地规模经营也具有显著正向影响，即 $\lambda_1 \eta_2 > 0$。依据中介效应依次检验过程可判定，土地规模经营在县域金融市场化影响粮食生产效率的机制中发挥显著的中介效应。Sobel 检验 Z 值为 3.1554，在 1% 显著性水平上显著，进一步证明了中介效应的显著性，说明县域金融市场化通过抑制土地规模经营扩大间接正向影响粮食生产效率。当县域金融市场化程度上升达到一定层级，而且县域信用环境及土地流转契约机制健全后，土地流转主体的信贷门槛将得以降低，有助于土地流转与适度规模经营，并带来粮食生产效率提高。

四、工业化的作用机制检验

（一）县域金融市场化影响工业化的实证检验

表 5-10 报告了县域金融市场化影响工业化的估计结果。豪斯曼检验表明固定效应优于随机效应，因此采用控制时间效应和个体效应的最小二乘虚拟变量（LSDV）法和固定效应模型等估计方法展开计量检验，列（1）和列（2）为基准回归，在未引入其他控制变量的情况下，县域金融市场化对工业化具有负向影响，列（2）的估计结果显示，在引入控制变量后，县域金融市场化对工业化的负向影响依然显著，表明县域金融市场化会弱化工业化。为了避免可能存在双向因果关系的内生性问题，在基准回归的基础上，采用县域金融市场化的滞后一期作为工具变量，并基于两阶段最小二乘法进行重新估计 [列（3）]，结果与基准回归结果一致，证明了上述结论的稳健性。列（4）进一步考察了县域金融市场化对工业化的非线性影响关系，结果显示县域金融市场化的平方项为负，且在 1% 显著性水平上显著，表明金融市场化的工业增长效应与县域金融市场化水平之间呈现倒 "U" 型影响关系，随着县域金融市场化水平的提升，县域金融市场化对工业化进程的促进作用逐渐增强，但是当县域金融市场化水平跨越某一临界值后，反而不利于工业化，即县域金融市场化与工业化进

程之间存在门槛效应。现行发展模式下我国县域金融市场化对工业化的促进作用逐渐接近"临界值"表现为弱化趋势。

表 5 - 10 县域金融市场化影响工业化的估计结果

估计方程	(1)	(2)	(3)	(4)
估计方法	LSDV	FE	IV - 2SLS	FE
$finas$	-0.0849*** (-22.77)	-0.0615*** (-17.84)	-0.0696*** (-10.91)	-0.0288*** (-3.01)
$finas^2$				-0.0141*** (-3.66)
$govz$		0.0741*** (7.36)	0.0866*** (7.19)	0.0743*** (7.40)
$popu$		-1.2219*** (-7.37)	-1.2521*** (-6.55)	-1.2131*** (-7.32)
$income$		0.0282*** (7.24)	0.0391*** (6.26)	0.0274*** (7.03)
$pgdp$		0.0088*** (11.22)	0.0092*** (5.97)	0.0093*** (11.72)
$indust$		0.6590*** (36.29)	0.6206*** (21.75)	0.6636*** (36.49)
$Cons$	0.6283*** (37.46)	-0.0775*** (-5.08)	0.0252 (0.62)	-0.0937*** (-5.90)
个体固定	YES	YES	YES	YES
时间固定	YES	YES	YES	YES
Hausman P 值		0.000		0.000
F 检验	102.74***	52.40***	370.21***	52.49***
识别不足 P 值			0.000	
弱工具变量 (F > 10)			YES	
R^2	0.921	0.461	0.939	0.462
N	7290	7290	6561	7290

注：① *** 表示1%的显著性水平；②括号内为估计系数的 Z 值或 T 值。

县域金融市场化对工业化的促进效应表现出"弱化趋势"。可能的原因是,一方面,县域制造业、工业发展基础较弱,对金融资源的需求不足,使金融资源更多流向市区或其他地级市等工业发达地区,进而挤出当地工业化贷款。另一方面,现行模式下我国的县域金融市场化对工业化进程的促进作用已经接近"门槛值",开始显现负相关关系,县域金融贷款并未有效流向制造业部门,而是流入其他非工业部门,继而无法有效推动县域制造业结构的有效升级,这可能与当前房地产市场的泡沫化发展相关。总之,中国的县域工业化进程与县域金融市场化的协调发展也具有阶段性和条件性,特别是近年来,县域工业经济增长的速度和效益都呈现下降趋势,产业结构偏向第三产业,经济虚化发展较快,县域金融市场化脱离工业化的现象显现,激化了实体经济与虚拟经济的矛盾。

(二) 工业化影响粮食生产效率的实证检验

表 5 – 11 报告了工业化影响粮食生产效率的估计结果,豪斯曼检验表明固定效应优于随机效应,因此采用控制时间效应和个体效应的最小二乘虚拟变量(LSDV)法和固定效应模型等估计方法展开计量检验,列(1)和列(2)为基准回归,在未引入其他控制变量的情况下,工业化对粮食生产效率影响的系数为正,但未通过显著性检验,列(2)的估计结果显示,在引入控制变量后,工业化对粮食生产效率具有显著的正向影响,表明工业化会促进粮食生产效率增长。为了避免可能存在双向因果关系的内生性问题,在基准回归的基础上,采用工业化的滞后一期作为工具变量,并基于双向固定效应模型 [列(3)] 和两阶段最小二乘法进行重新估计 [列(4)],结果显示工业化对粮食生产效率仍具有显著的正向影响。为进一步增加结论的稳健性,还通过替换被解释变量的方式进行重新回归 [列(5)],基准回归的被解释变量是基于三阶段 DEA 方法得到的,这里采用 DEA – Malmquist 指数测算粮食生产效率,结果显示工业化变量系数仍为正,且在通过 10% 的显著性检验,再次证明结论的稳健性。工业化有助于为农业提供技术支持,并降低农业生产资料的投入成本与门槛,有利于农业资本深化,同时工业化有助于将制造业先进的管理经验溢出农业领域,最终"以工促农"提高粮食生产效率。

表 5 – 11　　　　　　　　　工业化影响粮食生产效率的估计结果

估计方程	(1)	(2)	(3)	(4)	(5)
估计方法	LSDV	FE	FE	IV – 2SLS	FE
nindust	0.0635 (1.30)	0.1824 *** (3.25)		0.1612 * (1.80)	0.0748 * (1.79)
L. nindust			0.1016 * (1.70)		
govz		0.0762 (1.62)	0.1228 ** (2.52)	0.1158 ** (2.50)	– 0.0648 * (– 1.850)
popu		– 1.9525 ** (– 2.53)	– 1.7055 ** (– 2.11)	– 1.5567 ** (– 2.02)	– 0.3577 (0.62)
income		– 0.0243 (– 1.35)	0.0190 (1.03)	0.0150 (0.85)	– 0.0757 *** (– 5.60)
pgdp		– 0.0133 *** (– 3.73)	– 0.0165 *** (– 4.57)	– 0.0178 *** (– 4.98)	0.0055 ** (2.07)
indust		– 0.3180 *** (– 3.45)	– 0.1734 * (– 1.94)	– 0.2343 ** (– 2.37)	– 0.4608 *** (– 6.68)
Cons	0.7856 *** (10.62)	1.3515 *** (19.20)	1.2847 *** (17.53)	1.2383 *** (8.99)	1.4335 *** (27.23)
个体固定	YES	YES	YES	YES	YES
时间固定	YES	YES	YES	YES	YES
Hausman P 值		0.000	0.000		0.000
F 检验 (Wald chi2)	39.59 ***	36.42 ***	41.02 ***	44.62 ***	38.27 ***
识别不足 P 值				0.000	
弱工具变量 (F > 10)				YES	
R^2	0.796	0.049	0.038	0.978	0.042
N	7290	7290	6561	6561	7290

注：① ***、** 和 * 分别表示 1%、5% 和 10% 的显著性水平；②括号内为估计系数的 Z 值或 T 值。

（三）县域金融市场化、工业化与粮食生产效率关系检验

表 5-12 报告了县域金融市场化、工业化与粮食生产效率三者之间影响关系，列（1）和列（2）为基准回归，结果显示县域金融市场化与工业化对粮食生产效率均有显著正向影响，而且上文已经证明县域金融市场化对工业化进程具有负向影响，即 $\lambda_1 \eta_2 < 0$，表明工业化在县域金融市场化影响粮食生产效率的机制中发挥显著的遮掩效应，也就是说，县域金融市场化通过阻碍工业化进程抑制了粮食生产效率。为了增加结论的稳健性，采用工具变量法和替换被解释变量等方式重新进行回归 [列（3）~ 列（5）]，结果显示县域金融市场化与工业化对粮食生产效率仍具有显著正向影响，说明上述结论是稳健可靠的。同时，Sobel 检验 Z 值为 3.9321，在 1% 显著性水平上显著，进一步证明工业化进程遮掩效应的显著性。

表 5-12　　　　　　　　工业化作用机制检验的估计结果

估计方程	（1）	（2）	（3）	（4）	（5）
估计方法	LSDV	FE	FE	IV-2SLS	FE
finas	0.0708 *** (4.45)	0.0645 *** (3.94)		0.0600 *** (2.97)	0.0234 * (1.91)
nindust	0.1246 ** (2.46)	0.2311 *** (4.03)		0.2044 ** (1.97)	0.0925 * (2.16)
L. finas			0.0469 *** (2.73)		
L. nindust			0.1374 ** (2.24)		
控制变量	NO	YES	YES	YES	YES
Cons	0.7076 *** (9.32)	1.3144 *** (18.53)	1.2551 *** (16.95)	1.1577 *** (9.04)	1.4200 *** (26.75)
个体固定	YES	YES	YES	YES	YES
时间固定	YES	YES	YES	YES	YES
Hausman P 值		0.000	0.000		0.000
F 检验（Wald chi2）	39.68 ***	22.17 ***	40.79 ***	449.88 ***	38.29 ***

续表

估计方程	（1）	（2）	（3）	（4）	（5）
估计方法	LSDV	FE	FE	IV－2SLS	FE
识别不足 P 值				0.000	
弱工具变量 （F＞10）				YES	
R²	0.797	0.051	0.039	0.851	0.043
N	7290	7290	6561	6561	7290
Sobel Z 值	3.9321***	效应占比	22.035%	效应类型	遮掩效应

注：①***、**和*分别表示1%、5%和10%的显著性水平；②括号内为估计系数的 Z 值或 T 值。

根据上述分析可得出结论，县域金融市场化通过弱化工业化阻碍了粮食生产效率。县域金融市场化对工业化进程的弱化效应可能是由于金融机构贷款流向偏离制造业等实体经济发展，即县域金融贷款呈现出泡沫化效应。原因在于，一是金融贷款更多流向房地产等第三产业中，偏离实体经济发展；二是县域地方政府"保增长"政策也会驱动、引导县域金融贷款流向铁路、公路等基础设施建设中，进而挤出了工业部门贷款。此外，县域金融市场化也可能并未"脱实向虚"，而是县域工业部门发展低迷，对金融贷款的需求不足，县域金融贷款更多流向市区或其他地市等工业达到地区，进而挤出了当地工业贷款。

五、城镇化的作用机制检验

（一）县域金融市场化影响城镇化的实证检验

采用最小二乘虚拟变量（LSDV）法和固定效应模型实证分析了县域金融市场化对城镇化影响，表5－13依次报告了相应的估计结果。列（1）是在未引入其他控制变量的情况下，采用 LSDV 方法进行估计，结果显示县域金融市场化对城镇化具有正向影响，且在1%水平上显著，列（2）是双向固定效应模型的估计结果，县域金融市场化的估计系数仍显著为正，表明县域金融市场化有助于促进地区城镇化建设。考虑基准回归可能存在内生性问题，采用县域金融市场化的滞后一期与基于 IV – 2SLS 方法进行重新回归［列（3）和列（4）］，结果显示县域金融市场化的估计系数仍显著为正，再次说明县域金融市场化对地区城镇化是有利的。县域金融市场化可为农村人口转移到城镇提供资金信贷支持，如城镇化过程中县域金融机构可为农村人口购置房地产、城镇非农创业等提供信贷支持，从而对人口城镇化起到促进作用。同时，县域金融市场化的资源优化配置效应及风险分散效应有助于减缓民营企业参与城镇化进程中营利性公共产品建设所面临的融资约束和投资风险，进而解决城镇化进程中公共产品的短缺问题，对城镇化发展具有显著支持效应。此外，从控制变量回归结果来看，列（2）中政府财政自由度、人口密度、农民收入及地区产业结构都对城镇化均具有显著的正向影响，人均 GDP 的估计系数也为正向，这与以往研究基本一致。

表 5 – 13　　　　　　县域金融市场化影响城镇化的估计结果

估计方程	（1）	（2）	（3）	（4）
估计方法	LSDV	FE	FE	IV – 2SLS
$finas$	0.1140 *** (29.96)	0.0040 ** (2.09)		
$L.\,finas$			0.0079 *** (2.83)	0.0138 *** (3.10)
$govz$		0.0105 ** (2.42)	– 0.0155 *** (– 2.75)	– 0.0133 ** (– 2.52)
$popu$		0.3200 *** (4.45)	0.5075 *** (5.64)	0.5002 *** (6.08)
$income$		0.0296 *** (9.23)	0.1144 *** (46.44)	0.1100 *** (34.18)
$pgdp$		0.0004 (0.76)	0.0051 *** (7.90)	0.0061 *** (8.40)

续表

估计方程	(1)	(2)	(3)	(4)
估计方法	LSDV	FE	FE	IV – 2SLS
indust		0. 0186 ** (2. 09)	0. 1017 *** (8. 86)	0. 1009 *** (9. 60)
Cons		0. 3323 *** (40. 43)	0. 1906 *** (19. 66)	0. 1647 *** (9. 88)
个体固定	YES	YES	YES	YES
时间固定	NO	YES	NO	NO
Hausman P 值		0. 000	0. 000	
F 检验	57. 48 ***	164. 58 ***	98. 99 ***	235. 33 ***
识别不足 P 值				0. 000
弱工具变量（F > 10）				YES
R^2	0. 906	0. 893	0. 791	0. 999
N	2884	2884	2472	2472

注：① *** 、** 分别表示 1%、5% 的显著性水平；②括号内为估计系数的 Z 值或 T 值。

（二）城镇化影响粮食生产效率的实证检验

表 5 – 14 报告了城镇化对粮食生产效率影响的估计结果，豪斯曼检验表明固定效应优于随机效应，因此主要采用固定效应模型进行计量分析，列（1）是在未引入其他控制变量的情况下，采用 LSDV 法控制地区效应进行估计，结果显示城镇化对粮食生产效率的估计系数为正，且通过 1% 显著性检验，列（2）是在引入控制变量后，采用固定效应模型进行估计，结果显示城镇化变量的估计系数仍显著为正，说明城镇化会促进粮食生产效率增长。为了避免可能存在双向因果关系的内生性问题，在基准回归的基础上，采用城镇化的滞后一期作为工具变量，并基于双向固定效应模型［列（3）］和两阶段最小二乘法进行重新估计［列（4）］，结果显示城镇化仍显著正向影响粮食生产效率。在以县城为重要载体的新型城镇化建设背景下，县域城镇不断发展为农业剩余劳动力提供了更多的就业机会，这不仅增加了农民收入，加速农业资本深化（Wouterse，2010），还使农民减

少了对土地的依赖，进城务工农民会将承包的土地进行流转，使原来分散闲置、低效利用的土地资源整合盘活，增加人均土地资源占有量，改变当前农地经营细碎化的状况，形成适度规模化、产业化和组织化经营，发挥其规模效应提高粮食生产效率。此外，县域城镇化发展有助于聚集掌握先进知识的人才，提升地区人力资本水平，同时城镇化加速发展过程中与农业生产相关的产业和部门也会得到迅速发展，这些产业和部门通过市场机制引导农业设备、生产技术、管理理念、专业人才等先进生产要素进入农业领域（谢攀，2020），优化了资源配置，推动了农业技术进步，提高粮食生产效率。

表 5 – 14　　　　　　　城镇化影响粮食生产效率的估计结果

估计方程	（1）	（2）	（3）	（4）
估计方法	LSDV	FE	FE	IV – 2SLS
urb	0. 4384 *** (6. 18)	0. 4835 ** (2. 25)		0. 6479 *** (2. 69)
L. urb			0. 5399 ** (2. 02)	
govz		− 0. 0502 (− 1. 09)	− 0. 0614 (− 1. 18)	− 0. 0643 (− 1. 56)
popu		− 1. 1462 (− 1. 49)	− 1. 1344 (− 1. 30)	− 1. 1980 * (− 1. 69)
income		− 0. 2054 *** (− 6. 28)	− 0. 1812 *** (− 4. 69)	− 0. 1808 *** (− 5. 82)
pgdp		0. 0088 * (1. 71)	0. 0074 (1. 25)	0. 0071 (1. 24)
indust		− 0. 2951 *** (− 3. 12)	− 0. 2382 ** (− 2. 20)	− 0. 2432 ** (− 2. 25)
Cons	0. 7363 (10. 48)	1. 3522 *** (11. 97)	1. 2762 *** (9. 02)	1. 2698 *** (5. 20)
个体固定	YES	YES	YES	YES

续表

估计方程	(1)	(2)	(3)	(4)
估计方法	LSDV	FE	FE	IV‑2SLS
时间固定	NO	YES	YES	YES
Hausman P 值		0.000	0.000	
F 检验	81.46 ***	77.75 ***	65.72 ***	72.79 ***
识别不足 P 值				0.000
弱工具变量 (F>10)				YES
R^2	0.920	0.040	0.035	0.934
N	2884	2884	2472	2472

注：① *** 、** 和 * 分别表示1%、5%和10%的显著性水平；②括号内为估计系数的 Z 值或 T 值。

（三）县域金融市场化、城镇化与粮食生产效率关系检验

表 5–15 报告了县域金融市场化、城镇化与粮食生产效率三者之间影响关系。前文已经讨论了县域金融市场化对粮食生产效率的总效应，但是县域城镇化指标数据存在缺失问题，本章对样本数据量进行缩减。为了便于比较，我们利用面板固定效应模型与 IV–2SLS 方法重新估计县域金融市场化对粮食生产效率的影响效应，如表 5–15 中列（1）和列（2）所示。列（1）和列（2）的结果显示，在缩减样本量后县域金融市场化的估计系数依然显著为正，进一步验证县域金融市场化对粮食生产效率的正向影响。列（3）~列（6）为同时考虑县域金融市场化与城镇化对粮食生产效率影响的估计结果，列（3）是在未考虑控制变量情况下基于 LSDV 法的回归，结果显示城镇化变量的系数为正，且通过 1% 显著性检验，列（4）是加入控制变量后的回归，结果显示城镇化变量的系数也显著为正。此外，上文已经证明县域金融市场化对城镇化具有显著正向影响，即 $\lambda_1 \eta_2 > 0$，依据中介效应依次检验方法可判定，城镇化在县域金融市场化影响粮食生产效率的机制中发挥显著的中介效应，也就是说，县域金融市场化通过促进城镇化带来粮食生产效率增长。为了增加结论的稳健性，采用工具变量法重新进行回归［列（5）和列（6）］，结果显示城镇化对粮食生产

效率仍具有显著正向影响，说明上述结论是稳健可靠的。同时，Sobel 检验
Z 值为 1.5099，在 5% 显著性水平上显著，进一步证明城镇化中介效应的
显著性。

表 5 – 15　　　　　　　　　城镇化作用机制检验的估计结果

估计方程	(1)	(2)	(3)	(4)	(5)	(6)
估计方法	FE	IV – 2SLS	LSDV	FE	FE	IV – 2SLS
finas	0.0357 * (1.74)	0.1400 *** (2.83)	– 0.0102 (– 0.56)	0.0338 (1.64)		0.1366 *** (3.37)
urb			0.4624 *** (5.58)	0.4686 ** (2.18)		0.6837 *** (2.78)
L. finas					0.0335 ** (2.07)	
L. urb					0.5460 ** (2.05)	
finas (*urb* ≤ 0.3930)						
finas (*urb* > 0.3930)						
控制变量	YES	YES	NO	YES	YES	YES
Cons	1.4997 *** (17.11)	1.4299 *** (7.06)	0.7279 *** (10.13)	1.3440 *** (11.89)	1.2631 *** (8.93)	1.0566 *** (4.44)
个体固定	YES	YES	YES	YES	YES	YES
时间固定	YES	YES	YES	YES	YES	YES
Hausman P 值	0.000			0.000	0.000	
F 检验	57.48 ***	71.50 ***	81.25 ***	76.84 ***	65.24 ***	68.41 ***
识别不足 P 值		0.000				0.000
弱工具变量 (F > 10)		YES				YES

估计方程	（1）	（2）	（3）	（4）	（5）	（6）
估计方法	FE	IV－2SLS	LSDV	FE	FE	IV－2SLS
R^2	0.039	0.934	0.931	0.041	0.037	0.934
N	2884	2472	2884	2884	2472	2472
Sobel 检验 Z 值	1.5099 **	效应占比	5.322%		效应类型	中介效应

注：① *** 、 ** 和 * 分别表示 1% 、5% 和 10% 的显著性水平；②括号内为估计系数的 Z 值或 T 值。

以县域为重要载体的新型城镇化建设已成为破除城乡分割的体制弊端、打通城乡要素平等交换的重要举措，县域城镇化发展会通过技术进步效应、规模经营效应、知识技术溢出效应以及资本投入效应等方式带来粮食生产效率增长。而县域金融市场化又可有效促进城镇建设、加速人口城镇化过程、带动城镇经济发展，从而推动城镇化，如县域金融市场化可为县域城镇化进程中的经济增长、产业结构优化提供金融支持，还可为县域城镇化基础设施建设以及公共产品和服务提供金融支持，不仅如此，还能为农村转移人口提供理财渠道与增加财产性收入等提供金融支持（邵川和刘传哲，2016）。因此，城镇化是县域金融市场化影响粮食生产效率的有效中介渠道。

第四节　本　章　小　结

在理论阐析县域金融市场化影响粮食生产效率作用机制基础上，基于县域面板数据实证检验了农业技术创新、要素质量、要素配置、工业化、城镇化等机制变量在县域金融市场化与粮食生产效率之间发挥的传导效应。研究结果表现出如下几个观点。

农业技术创新在县域金融市场化与粮食生产效率的关系中发挥"部分"中介作用，中介效应占总效应的比例为 6.561% 。

劳动力质量和耕地质量在县域金融市场化与粮食生产效率的关系中发

挥显著的中介效应，中介效应占总效应的比值分别为 1.325% 和 13.713%，但农业资本质量发挥了遮掩效应。进一步研究发现，县域金融市场化与农业资本质量之间存在一个拐点，当县域金融市场化水平超过该拐点后，对农业资本质量的影响由抑制转为促进，并带来粮食生产效率增长。

资本替代劳动力与土地规模经营在县域金融市场化与粮食生产效率的关系中均发挥显著的中介效应，中介效应占总效应的比值分别为 1.583% 和 15.464%。

工业化在县域金融市场化与粮食生产效率的关系中发挥遮掩效应。工业化对粮食生产效率具有显著正向影响，但是当前县域金融市场化对工业化具有抑制效应，进一步研究发现，县域金融市场化与工业化之间呈现倒"U"型影响关系。城镇化在县域金融市场化与粮食生产效率的关系中发挥中介效应，中介效应占总效应的比值为 5.322%。

第六章
CHAPTER 6

县域金融市场化与粮食增产效应：
基于要素配置视角

粮食稳定生产与有效供给是筑牢国家粮食安全的防线。2004 年以来，党和政府高度重视粮食生产，在一系列"红线论""饭碗论""底线论"等行之有效的实践理论与政策指导下，我国粮食生产实现"十八连丰"。然而，从长期来看其不确定性仍然存在，中国城镇化、工业化和现代化的快速发展与粮食生产所依赖土地、水资源及农业劳动力之间的竞争与冲突日益严重（Amour et al.，2017；高延雷和王志刚，2020），而且人口增长对粮食消费也存在长期刚性需求，粮食供求紧平衡态势仍不会改变。2021年我国粮食进口量达历史新高，对外依存度不断上升，在新冠疫情、贸易摩擦、国际冲突等影响下，国际粮食供应链不断受到冲击，粮食贸易面临的外部环境日趋复杂，这对利用国外农业资源调剂国内余缺，解决国内粮食结构性短缺问题也带来风险和挑战。因此，保障粮食生产供给，确保饭碗牢牢端在自己手中，仍是当前和未来很长时期的一项重要议题（刘洋和颜华，2022）。粮食产量增加来源于要素投入与生产效率提高，前文已经分析了县域金融市场化与粮食生产效率的关系，在此基础上，本章将直接探究县域金融市场化发展是否会导致粮食生产要素配置结构调整并影响粮食生产供给。

第一节　县域金融市场化与粮食增产效应的理论逻辑

一、县域金融市场化对粮食生产供给的影响分析

已有研究发现，金融发展对实体产业经济的影响是一种非线性关系，一定水平范围内有利于实体产业经济发展，而金融过度发展会使实体产业经济受到"金融诅咒"的威胁（Law and Singh，2014）。我国县域金融市场化的"极化效应"已经显现，部分发达县域因经济基础、政府金融政策、人力资本等因素吸引了大量金融机构和信贷资源，金融与经济发展之间也已呈现良性互动现象，金融市场化水平达到新的高度，但是部分落后县域金融资源深化程度有限，造成县域间金融非均衡发展（冯林等，2016b，2016c）。粮食生产作为农业经济发展基础，那么在理论逻辑上，不同层级的县域金融市场化对当地粮食生产供给究竟具有什么影响？

根据金融深化理论，一定范围内的县域金融市场化发展会对粮食生产供给产生积极影响。主要表现在以下两方面：一方面，随着县域金融市场化水平的上升，地区金融资源逐渐丰富，并间接带来了人才、技术和产业的集聚（刘军等，2007），其集聚的资源优化配置效应、创新激励效应与知识溢出效应，会推动农业技术进步与成果转化，促进农业技术产业结构升级，而农业前沿技术进步与农业物质装备升级对粮食增产均具有显著的促进作用（杨义武等，2017）。另一方面，县域金融市场化水平的上升可以提高不同类型金融机构的合作效率，加快城乡间资本流动速度，降低交易费用，有利于突破农业自身资本积累不足和难以获取外界资本支持的约束，为农业补充发展资金。从农户层面而言，县域金融市场化可以拓宽农户获取金融资源渠道，降低信贷交易成本，有助于农户增加农业机械、种子化肥等农业资本投入，进而改变县域地区内传统农业生产方式、促进农业生产效率提高，同时随着农村信贷约束的缓解有利于土地规模经营、高标准农田建设以及农业社会化服务发展，由此推动农业现代化建设、促进

粮食生产供给水平提高。

但是，理论逻辑上高层级的县域金融市场化（超规模发展）对当地粮食生产供给的促进作用会逐渐减弱。具体表现为以下三方面：一是高层级的县域金融市场化会导致金融资源错配可能发生，进而减少金融资源投向农业部门。随着县域金融市场化程度的上升，金融机构间的竞争日益激烈，为了获得更多客户会迫使金融中介创新能力不断提高，进而带来各类日益复杂的金融服务与产品，但是出于规避监管或增加短期盈利的压力，这些金融产品有可能成为金融机构投机或追求短期盈利的工具（潘敏和袁歌骋，2019），如在县域金融过度发展环境下，金融机构为追求短期盈利通过过度的金融创新将金融资源大量用于资本市场进行投机或监管套利（潘敏和袁歌骋，2019），从而导致金融资源错配、减少对粮食种植业等农业部门金融资源投入，加剧农业部门所面临的融资约束，不利于农业技术进步、农业机械装备生产与制造以及粮食生产资本投入，因此县域金融市场化对粮食生产供给的促进作用将变弱。二是高层级的县域金融市场化会促进"非农产业"繁荣，进而加速粮食种植业有效劳动力与耕地等生产要素流向工商部门。当县域金融市场化达到高层级后，金融机构与信贷资金的集中促进了非农产业繁荣与发展，地区产业结构得到调整与升级，农业产值占比进一步下降、二三产业成为地区主导产业。而该过程中由于非农部门生产效率大于农业部门，致使工资性收入远高于农业经营性收入（伍骏骞等，2017），因此会促使农业劳动力完全脱离农业生产进入非农部门工作，带来农村有效劳动力流失。与此同时，伴随着县域城镇规模扩张及产业园、工业园落地，将使部分农地性质转变为非农用地、粮食种植面积不断缩小（Markus，2012）。随着农业生产要素往非农产业转移，农村"空心化""非农化"等形式的农业边缘化趋势日益严重（罗必良，2014），给粮食种植业带来了一定负向冲击。三是高层级的县域金融市场化会加剧地区农业种植结构的"非粮化"。一方面，高层级的县域金融市场化会促进县域城镇化建设及产业结构升级，并带动人口集聚与收入水平提高。随着人民生活品质提高会增加对水果、蔬菜等经济作物需求，而且经济作物的种植收益又远高于粮食作物，因此理性农户会调整农业内部种植结构，增加经济作物的种植面积以获取更多农业经营性收入，从而不利于粮食稳产保供。另一方面，县域金融资源聚集会促进工商企业发展及工商资本下乡租赁农地，而资本的"趋利性"可能引致农业内部种植结构"非粮化"（徐章星，2020），并且存在企业因农业投资回报率较低，改变农地性质发展非农产业或对流转农地"圈而不用"，造成了耕地资源的浪费（曹俊杰，2018），不利于粮食生产供给。

根据上述分析，县域金融市场化对粮食生产供给会产生正向和负向两方面影响，而哪一种效应会占据主导，这与县域金融市场化本身所处的发展阶段密切相关。在县域金融市场化发展的适度阶段，正向效应占据主导，此时提高县域金融市场化水平将促进粮食生产供给。在县域金融超规模发展阶段，县域金融发展会减少农业领域金融资源投放、加速抽取农业生产要素、加剧农业种植结构"非粮化"，进而不利于粮食生产供给，此时负向效应超过正向效应。

二、要素配置结构的作用机制分析

自改革开放以来，工商部门快速成长与扩张促进了农村剩余劳动力非农就业转移，并与粮食生产所依赖土地、水资源形成竞争，但是工商部门发展也为农业部门提供了农业机械、种子、化肥等生产资料。因此，在粮食生产过程中农业资本相对于土地和劳动力等要素的丰富度及价格在下降，农业资本深化程度不断加深。县域金融市场化发展则加快了农业资本与技术对土地、劳动力的替代进程以及土地适度规模经营，进而通过改变粮食生产要素投入结构影响粮食生产效率及供给水平，如图 6 - 1 所示。

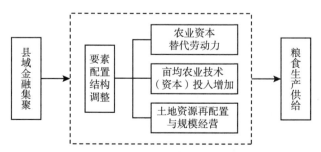

图 6 - 1   县域金融市场化影响粮食生产供给的作用机制分析

（一）资本替代劳动力与亩均农业技术（资本）投入增加的机制分析

（1）县域金融市场化会加剧非农部门与粮食生产所依赖的劳动力、土地等要素的竞争。一是县域金融市场化通过加快县域工业化进程吸纳农村剩余劳动力到工商企业从事非农活动。县域金融市场化水平的上升会带来金融规模扩大与金融机构数量增加，可为县域工业化发展提供更多金融信贷资源，加速工业部门及服务业部门的繁荣，达到县域产业结构升级调整的目的，而工商部门的发展除了需要资本要素外，劳动力投入也是必备的要素。于是，县域非农部门的快速发展会给农民带来大量的就业机会与岗位，而且二三产业的工资性收入远大于农业生产经营性收入，因此会吸引大量农村剩余劳动力进入工商部门从事非农活动，致使从事粮食生产的劳动力数量短缺。二是县域金融市场化通过加速县域城镇化建设促进农民进城务工与安家。县域金融市场化通过为县域城镇化建设提供资金支持，促进了地区教育、医疗、文化与娱乐等公共服务和基础设施的完善，这会进一步提高农民进城务工与生活的积极性。三是县域金融市场化通过缓解农村信贷约束促进农民非农创业。县域金融市场化通过缓解农村信贷约束促使农村家庭非农创业（李长生和黄季焜，2020），进一步减少粮食生产中的劳动力投入，使农业生产主体更多呈现出"老龄化"现象。四是县域金融市场化会改变农村劳动力的人力资本水平。一般而言，金融业等非农部门对从业人员的年龄、知识水平与专业技能有一定的要求，因此只允许农村青壮年或者知识、技能水平等综合素质较高者转移至非农部门就业，这就导致从事粮食生产的劳动力面临数量与结构的双重约束，对粮食生产供给造成不利影响。此外，县域金融市场化还能在一定程度上加快土地"非农化"。一方面，县域金融市场化促进了县域城镇化建设与工业化进程，随着城镇规模扩张及产业园、工业园落地往往会导致大量农地转变为住宅用地、工业用地及公共基础设施用地（刘守英等，2020），使粮食种植的耕地面积减少；另一方面，县域金融市场化为工商资本下乡提供资金支持，一定程度上会加剧农地"非农化"与"非粮化"倾向。不少学者认为工商资本下乡的主要形式便是通过农地流转实现土地规模化经营（周飞舟等，2015），而资本的趋利避害性容易导致流转土地更多种植经济作物，更甚者会改变农地用途性质，借土地流转之名搞非农建设，增加粮食种植业的耕地压力。

（2）县域金融市场化会促进农业技术进步与农业资本深化。一方面，县域金融市场化有利于农业技术进步。随着市场经济及农业现代化的不断发展，农业机械装备企业的产业结构面临着向更高级别调整的需求，且农业技术创新主体呈现多元化特征，对资金的需求也日益明显，单依靠财政投资已经满足不了农业技术创新及农业技术产业结构升级的资金需求（尹雷和沈毅，2014）。县域金融市场化的资源优化配置效应在缩短投资周期、提高储蓄投资转化效率的同时，还可为农业技术的研发、成果转化、产业结构升级等提供资金支持，以促进农业技术创新（黄红光等，2018）。此外，县域金融市场化的创新激励效应可以促进农业技术企业竞争与行业人才流动，实现创新知识的流动与转移，同时网络效应可以实现知识共享与扩散，降低技术创新主体的学习研发成本，从而有助于劳动节约型技术进步。另一方面，县域金融市场化有助于增加农业资本投入。县域金融市场化除了是占据县域金融市场主导地位的农村信用社发展，还会有国有银行、股份制银行、城商行等金融机构的集聚，多种金融机构的集聚会加剧金融市场化竞争，在有限的客户资源下，会通过提高金融信贷规模及服务质量来防止客户分流（张珩等，2021），而且其空间溢出效应会促使金融服务范围向空白地区和农村地区延伸，拓展农村信贷市场以增加新的客户群体，提高金融服务渗透能力。这可有效缓解农村信贷约束，满足新增"长尾群体"（农民收入群体和涉农企业）对存储、贷款等最基本的金融服务需求，有助于缓解农民采用新技术、新机械装备导致的资金短缺问题，增加农业资本投入。不仅如此，县域金融市场化通过缓解农村信贷约束、降低交易成本，还可激励专业大户、农民合作社、农业企业等新型农业经营主体增加对农业生产性服务领域投资，促进农业社会化服务发展，改善农户农业生产条件（涂圣伟，2014）。

综上所述，县域金融市场化发展将导致县域地区农村劳动力数量短缺与质量下降，致使粮食生产活动中劳动力进一步老年化与女性化，还会加剧与粮食生产所依赖的土地资源的竞争，但同时也促进了农业技术进步，并通过提高农民金融资源可得性增加农业资本投入。为了维持农业生产性经营活动，根据诱致性技术变迁理论，农民会增加金融资本、农业机械等农业资本要素投入来替代价格与务农机会成本不断上升的劳动力要素及资源不断稀缺的耕地。总之，县域金融市场化会引致粮食生产要素投入结构调整，如农业资本替代劳动力（农业资本要素投入相对劳动力要素投入的变化）、亩均农业技术（资本）投入增加［农业技术（资本）要素投入相对土地要素投入的变化］，进而影响粮食生产供给。有研究表明，随着农业技术进步、农业资本深化及其对劳动力替代，提高了土地产出率及劳动生产率（邱俊杰等，2019），对保障粮食生产供给水平发挥重要作用。

（二）土地资源再配置与规模经营的机制分析

一定范围内的土地规模扩大与规模经营通过改善劳动生产率和土地产出效率正向作用于粮食生产供给（刘魏等，2018）。土地流转扩大经营规模后，流转主体往往需要大量本地劳动力从事农业生产，同时生产性机械等农业资本投入与土地规模扩大是一种互动关系，即土地规模扩大需要相应的省力化、轻简化农业机械替代劳动力投入进行作业，因此土地规模化经营有助于增加农业生产要素的投入和农业经营方式的转变，促使农业经营主体采纳农业机械化作业，进而提高劳动生产率。此外，土地规模经营还能通过发挥规模效应提高土地产出率，并最终带来粮食产量增加。土地流转是土地规模扩大、实现土地资源再配置的重要举措，因此克服制约土地流转的因素、提高土地流转效率有利于粮食种植业规模经营及专业化生产，并带来粮食生产供给水平提高。

土地规模持续扩大受到了农户参与土地流转市场可行能力的约束，其中，县域农村地区信贷市场失灵导致农户无法获得扩大经营规模所需的资金支持，是造成发展中国家土地流转市场无效率的关键原因。理论上讲，信贷市场失灵导致土地流转的潜在发生率远低于完全市场下的流转水平，而获得信贷支持能够明显促进农户的土地流转，且该促进作用在土地流入规模方面更为显著（侯建昀和霍学喜，2016）。原因在于，大规模的土地流转会产生大量流转费用，一般农户自身资本积累难以支撑，同时县域农村地区信贷市场失灵又使农户面临较强的信贷约束，进而不利于土地流转。即使农户通过自身资本积累支付流转费用，但是伴随土地规模扩大需要购买农业机械资本替代劳动力进行生产，同时为了达到生产性机械的使用效率最大化，又需要通过农地流转继续来扩大经营规模，而该过程又会产生大量长期信贷需求。总之，有限的信贷可得性和居高不下的信贷交易成本不仅不利于农户的农地市场参与，也对农户优化要素配置产生了不利影响。随着县域金融市场化水平的上升金融信贷产品类型及服务不断深化，有助于改善县域农村地区面临的信用评价体系缺失、信息不对称严重以及较高信贷交易成本等信贷市场失灵问题，缓解农村信贷约束、增加农业经营主体获得农地流转及长期性农业资本投入所需信贷资金的可能性，从而促进农地要素市场发育、实现土地要素资源再配置。

除此之外，有研究表明区域经济发展能否为农村劳动力提供充分的、稳定的非农就业机会也是制约土地流转的关键因素之一（陈飞和翟伟娟，2015），而根据上文分析可知，县域金融市场化能加速农村剩余劳动力非农就业转移，因此县域金融市场化有助于土地流转与规模经营。综上所述，县域金融市场化通过缓解农村信贷约束、加速农村剩余劳动力转移促进了土地流转与规模经营，并最终影响粮食生产供给。

第二节 研究设计

一、计量模型设定

（一）基本模型设定

为了探究县域金融市场化与粮食生产供给之间的影响关系，以各县级行政区的粮食生产供给为被解释变量，县域金融市场化为核心解释变量，建立如下基准模型：

$$grain_{i,t} = \beta_0 + \beta_1 finas_{i,t} + \beta_2 X_{i,t} + u_i + e_t + \varepsilon_{i,t} \qquad (6.1)$$

其中，$finas_{i,t}$ 为第 i 个县（县级市）第 t 年的县域金融市场化水平；$grain_{i,t}$

为粮食生产供给水平。此外，$X_{i,t}$ 表示其他影响粮食生产供给的一系列控制变量，u_i 表示地区固定效应；e_t 表示时间固定效应；$\varepsilon_{i,t}$ 为随机干扰项；β_0、β_1、β_2 和 β_3 为待估系数。在模型参数估计中对相应变量做自然对数化处理，以减轻变量间的异方差和多重共线性。为了检验县域金融市场化对粮食生产供给的非线性关系，在式（6.1）的基础上加入县域金融市场化的平方项，如下所示：

$$grain_{i,t} = \beta_0 + \beta_1 finas_{i,t} + \beta_2 finas_{i,t}^2 + \beta_3 X_{i,t} + u_i + e_t + \varepsilon_{i,t} \tag{6.2}$$

（二）中介效应检验模型

根据上文分析，县域金融市场化通过引致粮食生产要素投入结构调整影响粮食生产供给，为了检验该作用机制，借鉴爱德华兹和兰伯特（Edwards and Lambert, 2007）的方法构建中介效应检验模型，该方法比温忠麟等（2004）的"三步法"中介效应检验更适用于检验变量的非线性关系。在式（6.2）的基础上，再构建以下方程：

$$Z_{i,t} = \lambda_0 + \lambda_1 finas_{i,t} + \lambda_2 finas_{i,t}^2 + \lambda_3 X_{i,t} + u_i + e_t + \varepsilon_{i,t} \tag{6.3}$$

$$grain_{i,t} = \eta_0 + \eta_1 finas_{i,t} + \eta_2 finas_{i,t}^2 + \eta_3 Z_{i,t} + \eta_4 finas \times Z_{i,t} + \eta_5 X_{i,t} + u_i + e_t + \varepsilon_{i,t} \tag{6.4}$$

式（6.3）中 $Z_{i,t}$ 表示第 i 个地区第 t 年的中介变量，包括机械投工比、亩均耕地农业机械化程度、人均耕地面积；式（6.4）则反映了县域金融市场化与中介变量同时对粮食生产供给的影响。具体检验程序：（1）检验县域金融市场化及其平方项对粮食生产供给的影响，关注式（6.2）中系数 β_1 与 β_2 的显著性。（2）重点关注式（6.3）和式（6.4）中系数 λ_1 和 η_3 的符号及其显著性，若系数 λ_1 和 η_3 均显著则表示存在中介效应；若 λ_3 和 η_3 中至少有一个不显著时，那么还需要进一步检验系数乘积的显著性（是否拒绝 $\lambda_1\eta_3 = 0$ 的原假设），即构建 Sobel 统计量 $Z = \hat{\lambda}_1\hat{\eta}_3 / \sqrt{\hat{\lambda}_1^2 S_{\eta_3}^2 + \hat{\eta}_3^2 S_{\lambda_1}^2}$，其中，$\hat{\lambda}_1$ 和 $\hat{\eta}_3$ 分别为 λ_1 和 η_3 的估计值，S_{η_3} 和 S_{λ_1} 分别为 $\hat{\lambda}_1$ 和 $\hat{\eta}_3$ 的标准误，当检验结果显著时则意味着存在中介效应。Sobel 统计量的临界概率可根据（MacKinnon, 2002）提出的临界值表查表判断。

二、变量选取

（一）核心变量

1. 县域金融市场化（*finas*）

根据金融市场化在规模上表现为金融资产规模相对于国内生产总值的大小，可把金融市场化指标的测算方法概括为货币化程度和金融相关比率两大类，其中，货币化比重主要采用 M2/GDP 衡量，金融相关比率则采用金融机构贷款余额与 GDP 的比值。在此基础上，部分学者将金融机构全部贷款余额调整为只考虑私有信贷，这是因为部分缺少效率的国有企业信贷存在被政府调节或政府干预的信贷配给行为，而私有信贷能真正反映地区金融市场化程度（陈德球等，2013）。采用非国有部门信贷虽然能更好地反映地区金融市场化程度，但我国相关部门尚未公布各地区国有部门信贷数据，且县域地区的国有企业的产出值及市场化指数也未公布，此外将国有企业产出占地区生产总值的比重作为国有部门获得信贷的代理变量也并不能准确反映国有部门信贷水平（张军和金煜，2005）。因此，借鉴刘耀彬等（2017）、沈悦等（2020）等研究，基于金融相关率指标衡量法，并考虑不同县域金融发展水平差异，利用区位熵指数计算县域金融市场化水平，公式如下：

$$finas_{i,t} = \frac{loan_{i,t}/GDP_{i,t}}{\sum\limits_{1}^{n} loan_{i,t}/\sum\limits_{1}^{n} GDP_{i,t}} \qquad (6.5)$$

其中，$finas_{i,t}$、$loan_{i,t}$ 与 $GDP_{i,t}$ 分别代表第 i 个县域地区在第 t 时期的县域金融市场化水平、地区银行贷款规模和地区生产总值；$\sum\limits_{1}^{n} loan_{i,t}$ 和 $\sum\limits_{1}^{n} GDP_{i,t}$ 分别代表 t 时 n 个县域地区银行贷款总值和生产总值。

2. 粮食生产供给（*grain*）

这里以国内学者常用的粮食作物产量来衡量。

（二）中介变量

本章涉及三类要素投入结构调整，一是农业资本替代劳动力（农业资本要素投入相对劳动力要素投入的变化），运用机械投工比进行表征（钟甫宁等，2016；刘魏等，2018）。二是亩均农业技术（资本）投入增加［农业技术（资本）要素投入相对土地要素投入的变化］，运用亩均耕地农业机械化程度进行表征，一方面，随着农业现代化进程推进，农业生产作业主要依靠机械设备来完成，农业固定资产大部分是农业机械（华坚和盛晓涵，2021），因此农业机械总动力可衡量农业资本投入（李兆亮等，2020；曹菲和聂颖，2021）；另一方面，农业机械总动力可衡量农业技术进步、农业现代化程度（刘欢，2020；戚渊等，2021）。三是土地规模经营（土地要素投入相对劳动力要素投入的变化），运用人均耕地面积进行表征。其中涉及相关变量做以下处理，耕地要素投入用县域地区粮食作物播种面积来衡量；粮食机械总动力 = 农业机械总动力 × 粮食播种面积/农作物播种面积；粮食种植从业人员数 = 农林牧渔业就业人员数 ×（农业产值/农林牧渔总产值）×（粮食播种面积/农作物播种面积）。

（三）控制变量

考虑其他因素对粮食生产供给的影响，在相关研究基础上，将以下变量作为控制变量。（1）农用化肥（*fert*）作为农业重要的生产要素投入对粮食的增产和保产有直接的促进作用，这里用各县域地区农用化肥施用折纯量来表示，测算方法为：农用化肥 = 农用化肥施用折纯量 × 粮食播种面积/农作物总播种面积。（2）产业结构（*indust*）反映了地区内主导性产业的特点，决定着经济发展质量、相对重要性及所获得的资源支持力度，如果工农关系、城乡关系处理不当则不利于"三农"产业发展（项继权和周长友，2017），由此可能对粮食生产供给产生负向影响。与之相反，非农部门的发展也会加速农业机械、种子、化肥以及灌溉设施等农业资本深入，从而有助于粮食产量的进一步提高。这里用地区第二、第三产业增加值之和占地区生产总值的比重来衡量。（3）农民收入（*income*）关系着农民种粮的积极性及投资能力，有助于保障粮食生产供给，但在农民工资性收入逐渐成为农民收入构成的主体部分时，存在农民收入提高反而负面影响粮食生产供给的可能性。这里以农民人均纯收入和农村居民人均可支配收入衡量农民收入水平。（4）经济发展水平（*pgdp*）与粮食价格之间呈正向相关关系，而粮食价格关系着农户种粮积极性，这里采用地区人均 GDP 作为县域地区经济发展水平的代理变量。

三、数据来源与描述性统计

（一）数据来源

选取江苏、河南、河北、吉林四省 306 个县（县级市）2007～2017 年的相关变量作为样本数据。数据选取 2007 年为基期，主要是由于 2006 年银监会发布文件放宽农村金融市场准入、2007 年初银监会又发文允许股份制商业银行在县域设立分支机构，实施农村金融增量改革，逐步开放农村金融市场。自此村镇银行、贷款公司和互助社等多种类型的新型农村金融机构开始进驻县域农村金融市场，县域金融机构数量，金融产品类型、信贷规模及金融市场机制不断丰富与健全，县域金融市场化程度不断提高。

本章分析所用数据主要来源于《河南统计年鉴》《江苏统计年鉴》《吉林统计年鉴》《河北统计年鉴》《中国县（市）社会经济统计年鉴》《中国县域统计年鉴》、Wind 数据库及各省市统计局整理而成。为了真实反映实际经济增长，以 2007 年为基期，利用各省份农村居民消费价格指数（CPI）和 GDP 平减指数对上述名义经济变量进行价格平减[1]。需要说明的是，市辖区与县（县级市）在经济金融特征及财权事权划分上存在较大差异，且我国农业发展高度集中于县（县级市），故在统计数据时不考虑市辖区，同时我们还剔除了少量因撤县划区的县域样本。

（二）描述性统计

根据以上统计年鉴资料和数据库的数据，下面对变量样本数据进行了描述统计分析，结果如表 6-1 所示。

---

[1] 由于各市、县（县级市）的农村居民消费价格指数和 GDP 平减指数缺失，本书直接采用各省相应年份的农村居民消费价格指数和 GDP 平减指数代替。

表 6 - 1   变量的描述性统计

变量分类	变量名称和符号	变量含义和单位	均值	标准差	最大值	最小值
被解释变量	粮食生产供给（*grain*）	粮食产量（万吨）	46.3310	42.1135	364.0712	0.3847
核心解释变量	县域金融市场化（*finas*）	测算出的县域金融市场化指数	0.9131	0.4705	4.6887	0.1835
中介变量	机械投工比（*mape*）	粮食机械总动力/粮食种植从业人员数（千瓦/人）	11.0282	8.9235	87.8298	0.7866
	亩均耕地机械化程度（*marea*）	粮食机械总动力/粮食播种面积（万千瓦/千公顷）	0.8393	0.4941	3.8762	0.1258
	人均耕地面积（*parea*）	粮食播种面积/粮食种植从业人员数（千公顷/万人）	19.0484	11.768	97.8531	1.4324
控制变量	农用化肥（*fert*）	粮食作物的农用化肥施用折纯量（万吨）	3.5137	3.7057	31.6253	0.0507
	经济发展水平（*pgdp*）	人均 GDP（万元）	2.9219	2.1721	20.7257	0.4646
	农民收入（*income*）	农民人均可支配收入（万元）	0.7502	0.3482	2.4107	0.1801
	产业结构（*indust*）	第二、第三产业增加值之和占地区生产总值的比重	0.7773	0.1164	0.9951	0.4802

第三节 县域金融市场化与粮食增产效应的实证分析

一、基准模型结果分析

为了避免异方差，对相关变量做取对数处理，同时为了确保模型估计参数的有效性，采用 LLC 检验、IPS 检验、Fisher – ADF 以及 Fisher – PP 检验方法对面板数据进行平稳性分析，结果显示所有变量均在两种及以上检验方法中判定为平稳序列。接下来，使用多种估计方法展开计量检验，表6-2依次报告了相应的估计结果。首先，列（1）是在未引入其他控制变量的情况下，采用 OLS 混合回归对式（6.1）进行估计，结果显示县域金融市场化对粮食生产供给具有显著的负向影响。列（2）是在列（1）基础上引入控制变量并加入县域金融市场化平方项，结果显示县域金融市场化平方项的估计系数显著为负，而且拟合优度与列（1）相比有明显提升，可初步判定县域金融市场化对粮食生产供给的影响可能存在非线性结构关系。其次，在考虑了地区差异与时间差异的影响之后，采用随机效应模型（RE）和双向固定效应模型（Two-way FE）进行估计［即列（3）和列（4）］，从两者的估计结果来看，县域金融市场化平方项均在5%显著性水平上显著为负，说明县域金融市场化对粮食生产供给的非线性影响依然存在，而且豪斯曼检验（Hausman）表明双向固定效应的估计结果要优于随机效应。

表6-2　　　　　　　　　　基准回归结果

估计方程	（1）	（2）	（3）	（4）	（5）
估计方法	OLS	OLS	RE	Two-way FE	sys - GMM
L. grain					0.6739 *** (7.87)
finas	- 0.3657 *** (- 4.88)	0.2440 ** (2.31)	0.0496 (0.93)	0.0720 (1.21)	0.8265 *** (3.19)
*finas*²		- 0.0646 * (- 1.87)	- 0.0374 ** (- 1.99)	- 0.0432 ** (- 2.05)	- 0.1693 *** (- 3.19)
pgdp		- 0.0300 (- 1.16)	0.0838 *** (2.66)	0.1150 *** (2.86)	- 0.0681 ** (- 2.24)
fert		0.7995 *** (29.19)	0.2746 *** (5.91)	0.1299 *** (3.85)	0.4847 *** (3.85)
income		0.0194 (0.57)	0.1708 *** (2.81)	0.2451 *** (2.58)	- 0.0349 (- 1.37)

续表

估计方程	(1)	(2)	(3)	(4)	(5)
估计方法	*OLS*	*OLS*	*RE*	*Two-way FE*	*sys – GMM*
indust		−0. 2151 *** (−2. 78)	−0. 1489 *** (−2. 81)	−0. 1145 ** (−2. 28)	0. 3203 (−1. 34)
Cons	13. 0342 *** (162. 53)	4. 8045 *** (13. 66)	7. 6262 *** (10. 97)	8. 0723 *** (8. 70)	
个体固定效应	NO	NO	NO	YES	NO
时间固定效应	NO	NO	YES	YES	NO
F 检验	23. 77	204. 25		18. 41	
Wald chi2			296. 60		
AR (2) P 值					0. 073
Sargan P 值					0. 447
R^2	0. 0378	0. 7732	0. 468	0. 3138	
样本量	3366	3366	3366	3366	3060

注：① ***、** 和 * 分别表示 1%、5% 和 10% 的显著性水平；②括号内为估计系数的 Z 值或 T 值。

然而，此时依然可能存在遗漏变量或互为因果的内生性问题，一方面，在选取的核心解释变量和控制变量基础上，还可能存在其他影响粮食生产供给但不可度量的因素，如县域地区内粮食作物受灾面积，这使模型存在遗漏变量偏差；另一方面，县域金融市场化与估计模型中的一些变量如经济发展水平等可能存在互为因果的内生性问题，进而使普通最小二乘法和静态面板数据模型的估计是有偏的。因此，这里采用能较好地处理以上问题的动态面板数据模型中的广义矩估计（GMM）方法进行估计，GMM 估计方法分为差分 GMM 和系统 GMM（sys – GMM）两种，与差分 GMM 估计方法相比，系统 GMM 估计方法能较好地解决弱工具变量问题，提高估计效率，因此选取系统 GMM 对模型进行估计［即列（5）］。结果显示，Sargan 检验在 10% 显著性水平上接受"所有工具变量均有效"的原假设，说明选取的工具变量是有效的，另外，二阶序列相关 AR（2）检验没有拒绝"模型残差项不存在二阶自相关"的原假设，说明模型存在的内生性问题得以解决，因而列（5）系统 GMM 的估计是有效的。在估计结果中，县域金融市场化平方项系数为 −0.1693，且在 1% 显著性水平上显著；曲线的拐点为 2.4409，位于县域金融市场化值域 [0.1835，4.6887]内；当变量取最小值 0.1835 时曲线斜率为 0.4595 大于零，当变量取最大值 6.6887 时曲线斜率为 −8.5509 小于零，满足变量间存在倒"U"型关系的条件[①]，这说明县域金融市场化与粮食生产供给的关系是倒"U"型。

综上所述，在考虑了控制变量的影响和内生性问题之后，多种基准模型回归结果表明县域金融市场化对粮食生产供给存在非线性倒"U"型影响关系，即县域金融市场化与粮食生产供给之间存在一个拐点，当县域金融市场化水平超过该拐点后，进一步地深化水平上升对粮食生产供给的激励效应由正转负。县域金融市场化对粮食生产供给的影响效应具有复杂性，随着县域金融市场化水平的上升会改善县域农村地区金融体系基础设施、降低贷前调查和贷后监管成本、促进农业技术研发与农业资本深化，有利于粮食稳产增产；当县域金融市场化水平达到高层级后，金融机构与信贷资金的集中促进了县域地区非农产业繁荣与发展，加剧农业劳动力、土地资源要素流失，促使农业种植结构往"非粮化"调整，并减少农业领域金融资源供给，粮食生产供给能力势必会受到负面影响。2017 年样本地区内金融市场化水平的均值为 0.9779，大部分县域地区的金融市场化水平位于拐点左侧，仅有少数县域地区高于拐点值，对大多数县域来说，现阶段提升县域金融市场化水平不仅有助于地区经济发展，还有利于促进粮食生产供给，但仍需警惕县域金融市场化与粮食生产供给间存在的规模临界门槛。

除此之外，从控制变量的估计结果来看，系数基本符合理论预期，并且与其他学者的研究结论基本一致（赵丹丹和周宏，2020）。整体来看，地区经济发展水平、农用化肥投入以及农民收入都对粮食生产供给产生了显著正向影响，而产业结构对粮食生产供给则具有显著负向影响，这说明

[①] 根据相关研究（Haans et al.，2016），验证变量间的倒"U"型关系需要满足：①变量二次项系数显著为负；②曲线的拐点位于样本变量的取值范围内；③当样本变量取最小值时曲线斜率为正，取最大值时则为负。

产业结构变动对粮食生产供给的作用有限，甚至在某种程度上会产生负向作用。一般而言，第二、第三产业"主导性"发展会占用农业生产资源，不利于"三农"产业发展，同时，第二、第三产业拥有较高的就业容纳率，且工资水平较高，会加速农业劳动力非农就业不利于粮食生产供给。

二、稳健性检验

为了使研究结果更具稳健性，拟进行一系列稳健性检验：（1）缩尾方法处理异常值。为剔除样本异常值对估计结果的影响，采用非删失双边1%缩尾的方法对异常值进行处理［即表6–3列（1）］。（2）更换被解释变量。在基准回归模型中利用粮食产量来衡量被解释变量，这里替换为粮食作物播种面积（$area$）进行估计［即表6–3列（2）］。（3）非参数估计。考虑到参数估计法对模型设定的依赖性很强，但实际中并不能准确地判定参数模型是否被"正确设定"。非参数估计方法一般不对模型的具体分布作任何假定，相较于参数模型具有更大的灵活性，从而可以有效避免参数设定错误所带来的严重后果（Racine，2008），因此，利用非参数估计方法对式（2）进行重新估计［即表6–3列（3）］。（4）增加控制变量。为减少遗漏变量对估计结果产生的影响，加入农村人力资本（hum）和农村用电情况（$elect$）等可能影响粮食生产供给的其他变量进行重新估计［即表6–3列（4）］。以上稳健性检验的估计结果与基准回归结果基本一致，证明前文分析结果具有较好的稳健性。

表6–3　　　　　　　　　　稳健性检验结果

估计方程	（1）	（2）	（3）	（4）
检验方法	缩尾处理	更换被解释变量	非参数估计	增加控制变量
$L. grain$				0.6212 *** （5.11）
$finas$	0.0737 * （1.79）	− 0.0165 （− 0.37）	0.2440 *** （4.10）	0.9697 *** （3.40）

续表

估计方程	（1）	（2）	（3）	（4）
检验方法	缩尾处理	更换被解释变量	非参数估计	增加控制变量
$finas^2$	−0.0434*** （−2.96）	−0.0276** （−2.36）	−0.0646*** （−2.87）	−0.1881*** （−3.86）
$pgdp$	0.0960*** （4.21）	0.1688*** （4.32）	−0.0301*** （−2.83）	−0.0465** （−2.24）
$fert$	0.1436*** （12.25）	0.2018*** （11.34）	0.7995*** （63.04）	0.5742*** （2.95）
$income$	0.2320*** （6.73）	−0.2934*** （−5.08）	0.0194 （1.35）	−0.0328 （−1.35）
$indust$	−0.0991** （−2.31）	−0.0851 （−1.55）	−0.2151*** （−6.99）	−0.2488* （−1.80）
$elect$				−0.0949*** （−2.74）
hum				−2.318* （−1.73）
$Cons$	8.2360*** （26.13）	9.9428*** （19.40）		
个体固定效应	YES	YES	NO	NO
时间固定效应	YES	YES	NO	NO
F 检验	53.73	37.22		
AR（2）P 值				0.209
Sargan P 值				0.205
R^2	0.3695	0.2863	0.7841	
观测值	3366	3366	3366	3060

注：①***、**和*分别表示1%、5%和10%的显著性水平；②括号内为估计系数的 Z 值或 T 值。

第四节　要素配置的作用机制检验

根据理论分析可知，县域金融市场化程度的上升会通过农业资本替代劳动力、增加亩均技术（资本）投入及土地适度规模经营等途径影响粮食生产供给。因此，接下来将实证检验粮食生产要素投入结构变化在县域金融市场化与粮食生产供给水平之间的中介作用。考虑遗漏变量或互为因果的内生性问题，采用系统广义矩估计法（sys - GMM）对式（6.3）和式（6.4）进行估计，再利用 Sobel 方法检验县域金融市场化通过中介变量影响粮食生产供给的中介效应是否显著存在，参数估计及检验结果如表 6 - 4 所示。

表 6 - 4　　　　　　　　中介效应回归与 Sobel 检验结果

估计方程	（1）	（2）	（3）	（4）	（5）	（6）
影响机制	农业资本替代劳动力		亩均农业技术（资本）投入		土地规模经营	
因变量	*mape*	*grain*	*marea*	*grain*	*parea*	*grain*
finas	7. 3758 *** (3. 57)	0. 3348 * (1. 88)	0. 2065 ** (2. 00)	0. 2299 ** (2. 07)	0. 8456 *** (2. 63)	0. 0787 (0. 45)
$finas^2$	- 1. 9010 *** (- 3. 05)	0. 0045 (0. 27)	- 0. 0575 (- 1. 57)	0. 0118 (0. 67)	- 0. 1960 * (- 1. 80)	- 0. 0680 ** (- 2. 55)
mape		0. 3767 *** (4. 56)				
marea				0. 2510 *** (3. 63)		
parea						- 0. 6088 *** (- 3. 94)
finas × *Z*		- 0. 1826 *** (- 2. 89)		- 0. 2441 *** (- 3. 31)		0. 2140 *** (4. 00)
L. y	- 0. 8873 ** (- 2. 57)	0. 4821 *** (5. 17)	0. 5053 *** (5. 06)	0. 7290 *** (13. 82)	0. 6975 *** (7. 13)	1. 0352 *** (12. 90)

续表

估计方程	（1）	（2）	（3）	（4）	（5）	（6）
影响机制	农业资本替代劳动力		亩均农业技术（资本）投入		土地规模经营	
因变量	*mape*	*grain*	*marea*	*grain*	*parea*	*grain*
控制变量	YES	YES	YES	YES	YES	YES
AR（2）P 值	0.466	0.879	0.793	0.606	0.242	0.157
Sargan P 值	0.621	0.131	0.399	0.022	0.302	0.085
观测值	3060	3060	3060	3060	3060	3060
Sobel 检验的 Z 统计量	一次项 2.8092 ***，二次项 2.5328 ***		一次项 1.7542 ***，二次项 1.4375 **		一次项 2.1858 ***，二次项 1.6406 **	
假设是否验证	是		是		是	

注：①$L.y$ 为因变量的滞后项；②$finas \times Z$ 为县域金融市场化与中介变量的交互项；③根据麦金农（McKinnon，2002）提供的临界值表（可从 http：//www.doc88.com/p - 0973999637797.html 下载），Sobel 检验法的 Z 统计量大于 0.97 代表在 5% 显著水平上显著，大于 1.656 代表在 1% 显著水平上显著。

上文实证分析已经验证了县域金融市场化一次项与二次项的系数 ［即式（6.2）中系数 β_1 与 β_2］是显著的，依据中介效应依次检验方法，该部分将主要关注式（6.3）和式（6.4）中系数 λ_1 和 η_3 的符号及其显著性。同时，还将根据 Sobel 检验的 Z 统计量 P 值进一步验证粮食生产要素投入结构中介效应的稳健性。具体分析如下：

第一，县域金融市场化通过影响农业资本替代劳动力作用于粮食生产供给。列（1）中县域金融市场化的一次项及平方项均通过 1% 的显著性检验，列（2）中机械投工比系数为 0.3767，且在 1% 水平上显著，可以初步判定农业资本替代劳动力的中介效应显著。此外，县域金融市场化的一次项与二次项的 Sobel 检验 Z 统计量分别为 2.8092 和 2.5328，均大于 1% 的显著性水平对应的临界值 1.656，进一步证明了农业资本替代劳动力在县域金融市场化与粮食生产供给间的中介传导机制。国家统计局数据显示，2004 年中国外出农民工数量为 1. 139 亿人，到 2020 年农民工的规模已超过 2. 8 亿人，同期我国粮食生产实现连续 17 年丰收，从 2004 年的 4. 694 亿吨，增长到 2020 年的 6. 695 亿吨。[①] 务农人口不断减少并没有影响粮食稳产增产，部分原因在于农业机械化、农业社会化服务发展替代了农业劳动力。县域金融市场化水平的上升通过缓解农村信贷约束、加速了农业资本深化，进而实现农业资本对流失劳动力的替代，有利于保障粮食生产供给。

第二，县域金融市场化通过促进亩均农业技术（资本）投入作用于粮食生产供给。列（3）中县域金融市场化的一次项为 0. 2065 且通过 1% 的显著性检验，即县域金融市场化水平提高 10%，粮食作物的亩均农业资本投入比将增加 0. 0206。列（4）中亩均资本投入系数为 0. 2510，且在 1% 水平上显著，可以初步判定亩均农业技术（资本）投入的中介效应显著。此外，县域金融市场化的一次项与二次项的 Sobel 检验 Z 统计量分别为 1. 7542 和 1. 4375，均大于 5% 的显著性水平对应的临界值 0. 97，进一步证明了县域金融市场化可通过促进亩均农业技术（资本）投入作用于粮食生产供给。农地是一种不可复制的农业自然资源，是稳定粮食生产最重要的物质基础，根据 2021 年 8 月自然资源部公布的第三次国土调查情况，过去十年之间，我国的耕地面积减少了 1. 13 亿亩，占耕地面积的 5. 6% 以上[②]。在耕地减少情况下我国仍实现粮食稳产增产，部分原因取决于亩均农业技术、农业资本投入的增加。农业技术进步对于突破资源约束、提高粮食单产、保障粮食安全具有重要的意义（高延雷等，2019）。县域金融市场化有助于农业技术研发创新与农业资本深化，从而实现亩均农业技术（资本）投入的增加。

第三，县域金融市场化通过促进土地规模经营作用于粮食生产供给。列（5）中县域金融市场化的一次项在 1% 水平上显著，且二次项系数也通过了显著性检验，列（6）中人均耕地面积也通过了 1% 显著性检验，可以初步判定土地规模经营的中介效应是显著的。此外，县域金融市场化的一次项与二

---

① 资料来源：国家统计局网站。
② 资料来源：中华人民共和国自然资源部网站。

次项的 Sobel 检验 Z 统计量分别为 2.1858 和 1.6406，均大于 5% 的显著性水平对应的临界值 0.97，进一步证明了县域金融市场化可通过促进土地流转、实现土地规模经营作用于粮食生产供给。在农村劳动力流失与成本不断上升的背景下，县域金融市场化通过缓解农村信贷约束、增加资金供给为土地流转提供了契机，减少了耕地"撂荒抛耕"的可能性，促进了粮食种植规模化经营。

第五节　本章小结

本章以县域层面金融市场化水平非均衡发展为切入点，基于农业要素配置视角，分析了县域金融市场化对粮食生产供给影响及其作用机制，并利用粮食主产区县域面板数据实证检验了县域金融市场化通过引致粮食生产要素投入结构变化对粮食生产供给产生的影响效应。研究发现，县域金融市场化水平提高会加剧非农部门与粮食生产所依赖的劳动力、土地等资源要素的竞争，带来农业劳动力非农就业转移与农业耕地压力提升，但同时也会促进农业技术进步与农业资本投入深化，进而引致粮食生产要素投入结构调整，如资本替代劳动力、亩均农业技术（资本）投入增加及土地规模经营等，并最终作用于粮食生产供给。其效应表现为，在样本考察期内县域金融市场化对粮食生产供给具有显著的非线性倒"U"型影响，即一定范围内的县域金融市场化发展会通过缓解农村信贷约束、增加农业领域金融资源投放，促进粮食生产供给水平的提升，但是当县域金融市场化水平上升达到高层级之后，县域金融市场化对粮食生产供给的正向促进效应会减弱乃至产生负向效应，不同方式的稳健性检验结果也证实了这一结论的可靠性。这主要是由于县域金融市场化水平上升达到高层级后，金融机构与信贷资金的集中促进了县域地区非农产业繁荣与发展，加速粮食种植业劳动力、土地资源要素流失，并促使农业种植结构往"非粮化"调整，同时还会减少农业领域金融资源供给，从而对粮食生产供给产生不利影响。

第七章

县域金融市场化与农业经济提质增量效应：基于县域城镇化视角

农业是国民经济的基础，粮食是基础的基础，前文从粮食生产效率及供给等粮食安全方面分析了县域金融市场化改革效应，本章将从更宏观的农业经济角度进一步阐析县域金融市场化改革效应。推动经济高质量发展是保持经济持续健康发展的必然要求，也是建设现代化经济体系的必由之路。在迈向高质量发展阶段，我国农业经济必然也要"提质增量"，通过实现量的合理增长，为保障粮食安全、稳定经济增长奠定基础，通过实现质的有效提升，促进农业经济更有效率、竞争力、可持续的发展，助力实现农业现代化与共同富裕。2004 年至今，中央一号文件连续 21 年聚焦"三农"问题，2017 年 10 月，党的十九大报告提出实施乡村振兴战略，更是为我国农业经济提质增量发展带来前所未有的机遇。但一直以来，我国农业经济发展都面临着农业资本积累不足和城乡资源要素配置失衡等问题（黄红光等，2018）。

县域金融作为城乡金融服务的前沿阵地，无论从地理位置还是服务区域来说都与"三农"有着特别紧密的联系，是解决农业资金短缺问题的重要切入点。为了完善县域金融组织体系，国家陆续出台了多项政策，如农村信用社体制改革、县域农村金融增量改革、金融自由化与利率市场化改革以及加大对机构法人在县域、业务在县域的金融机构支持力度等，同时县级地方政府也出台了相应配套措施，如信用体系建设政策以及针对金融机构网点设立而出台的《金融机构考核奖励办法》等。在一系列政策推动、制度创新、经济发展等多重因素的综合作用下，我国县域金融发展取得了重要进展，利率市场化改革完成、金融自由化程度不断提高，县域金融的基本特征逐渐由"抑制"迈向"深化"。根据金融深化理论，减少政府对金融市场的过度干预，有助于改善金融资源配置效率，推动实体产业发展与城市工业经济增长（谢金楼，2017），然而，与城市工业经济不同，农业部门具有盈利低、风险高的特性，且金融机构又是趋利避害的，那么，县域金融市场化发展对城市工业经济的促进效应是否同样适用农业经济？尤其是我国农业经济发展高度集中于县域，县域金融市场化发展能否有效服务"三农"，促进当地农业经济提质增量？值得深入探讨与论证。

　　与此同时，县域城镇是现代农业产业和生产要素的聚集地，具有向上连接城市、向下服务乡村的属性，与农业经济发展有着密切联系。近两年中央一号文件强调"加快推进以县城为重要载体的城镇化建设"，这既是我国新型城镇化超前谋划和战略预判，也是打通城乡要素平等交换，破除城乡二元结构，推动农业经济提质增量的重要途径和可靠手段。县域城镇化为金融发展提供了产业经济基础、人口聚集和应用场景支撑，金融发展为城市化进程中基础设施和公共物品建设提供融资和发展活力，两者是一种相互促进、相互配合的关系。那么，在推进以县城为重要载体的城镇化建设背景下，县域城镇化在金融市场化与农业经济提质增量的关系中扮演什么角色呢？将县域城镇化建设纳入金融市场化影响农业经济提质增量的分析框架，厘清三者之间关系，有助于从金融市场化与县域城镇化融合发展角度为促进我国农业经济提质增量提供科学决策依据。

第一节　县域金融市场化与农业经济提质增量效应的理论逻辑

一、县域金融市场化影响农业经济提质增量的机理分析

金融市场化是反映金融发展的一个重要方面，现阶段我国县域层面金

融市场化发展的"极化效应"已经显现,部分发达县域金融市场化水平达到新的高度,但是,部分落后县域依旧徘徊在高功耗、低产能的粗放型发展路径中,经济转型和产业结构升级步履维艰,金融资源深化程度有限,造成区域间金融非均衡发展(冯林等,2016b;刘洋和颜华,2021)。已有研究表明,金融资本既有可能对经济增长产生正向促进效应,也有可能抑制经济增长,因此县域金融市场化对农业经济提质增量的作用也是结构性变化的,取决于不同的金融市场化水平。当县域金融市场化水平处于低层级时,能提供给实体经济发展的信贷资金有限,尤其是,农业是高风险低收益行业,其抵押品匮乏、信息不对称性更高,农业经营主体会面临较高的信贷门槛,致使农业生产难以获得金融机构信贷资金支持。而且,这一阶段的金融机构为了自身利益考虑,也会通过存储业务吸取农村资金并转移到盈利性更高的非农部门或其他经济发展水平更高的县域(黄寿峰,2016),造成该地区农业生产领域的金融资金严重匮乏。不仅如此,普遍存在的金融排斥现象也会扭曲金融市场造成资本利用效率低下,因此县域金融市场化水平过低不利于农业经济提质增量。

县域金融市场化水平上升达到一定范围时将有助于农业经济提质增量。一是金融市场化发展能优化县域金融市场结构,提高农村金融服务的覆盖率和渗透率。县域金融市场化除了是占据县域金融市场主导地位的农村信用社聚集,还会有国有银行、股份制银行、城商行等金融机构的聚集,而多种类型金融机构的集聚有助于优化金融市场结构,加剧县域金融市场化竞争。根据市场势力假说,市场竞争程度增加会削弱传统农村信用社的垄断地位,让金融机构更注重小农户和新型农业经营主体等"长尾群体"客户。不仅如此,县域金融市场化的"辐射效应"和"空间溢出效应"也会促使金融资源要素从城镇、非农产业流向农业部门,从而提高农村金融渗透力、促进金融支农(Terence et al.,2013;王雪和何广文,2019)。二是金融市场化发展能提升县域金融资本配置效率。县域金融市场化的"网络效应"能减少信息交流、搜寻以及信息共享的成本,并改善地区金融机构与信贷主体间信息传播的效率和方式,从而使得资金融通过程中不确定性和信息不对称等因素产生的金融交易成本降低。随着贷前调查和贷后监管成本的降低,有助于提高金融机构储蓄投资转化率和资金配置效率,降低信贷错配的可能性，达到配置给真正有信贷需求的农业经营主体更多资金的目的。三是在互联网、电子商务等数字经济发展背景下，县域金融资源聚集能催生更多新经济、新业态，激发农民新型信贷需求，拓展出更多先进农业生产和服务模式，促使县域农村地区生产和消费结构升级，进而为农业生产和农民增收创造更多动力。四是县域金融市场化的"网络效应"和"溢出效应"能促进农业技术传播和交流，以及非农部门先进生产知识、管理经验向农村扩散，最终提高农业生产效率、带来农业经济增长。

然而，当县域金融市场化发展达到高层级时，对农业经济提质增量的正向促进效应又将弱化。一方面，金融资本投入要素存在边际效用递减规律（Levine，2005），而且随着县域金融过度聚集会加剧金融机构间竞争，迫于增加短期盈利的压力，部分金融机构可能将大量金融资源投入股市等资本市场以寻求投机与监管套利（潘敏等，2019），进而"挤出"农业等实体产业的资金投入，对农业经济提质增量产生阻碍效应。不仅如此，金融机构间过度不良竞争会导致金融资源错配可能的发生，使银行不良贷款率上升，增加金融系统性风险（Diamond and Dybvig，1983）。另一方面，当县域金融市场化达到高层级后，金融机构与信贷资金的集中促进了当地非农产业繁荣与发展，地区产业结构得到调整与升级，二三产业将成为地区主导产业，而非农部门"主导性"发展会占用农业生产资源，加剧农村"空心化""非农化"等形式的农业边缘化，从而不利于农业可持续发展。

综上所述，县域金融市场化处于不同的发展阶段对农业经济提质增量的作用是不一样的，一定范围内的县域金融市场化水平提高将有助于农业经济提质增量，但县域金融市场化水平过低或过高都将对农业经济提质增量产生不利影响。

二、县域城镇化的门槛效应分析

根据城市领导理论，城镇是承载产业发展的空间载体，为产业发展提供了必需的基础设施、应用场景和人才支撑（左鹏飞等，2020）。在县域城镇化发展初期，由于缺乏基本条件（如金融人才、银行网点设立），金融机构涉农信贷产品研发创新、涉农信用信息数据库建设等基本金融业务难以有效开展，因此县域金融市场化对农业经济提质增量的促进效应并不显著。不仅如此，初期县域城镇化建设与工业发展也面临较强的资金需求，该时期县域金融市场化发展主要作用是将农村剩余资金集中起来用于支持县域城镇和工业建设（黄寿峰，2016），从而造成农村金融供给不足，县域金融市场化对农业经济提质增量表现出抑制效应。随着县域城镇化水平提高，其溢出效应逐渐显现，此时县域金融市场化将对农业经济提质增量产生促进效应。一方面，城镇化的扩散效应促使城镇先进生产要素、技术、组织管理方式向周边农村地区扩张与转移，而随着城镇先进生产要素与技术在农业领域广泛应用会增加新的涉农金融服务，从而促使金融机构涉农服务向纵深发展；另一方面，城镇化发展是一个复杂而系统的过程，其基础设施建设、工商企业投资、人才聚集、城市规模扩张以及创新知识溢出等要素不仅有利于金融机构聚集及金融资本的积累，使县域地区所能配置的金融资源持续增多，还会对金融机构业务种类发展、信贷产品创新提出新的要求，并进而通过"需求引领"作用完善县域金融体系，提升金融支农配置效率。简言之，因县域城镇化水平的不同，县域金融市场化发展所带来的涉农资金供给能力与配置效率也会呈现较大差异，即县域金融市场化与农业经济提质增量的关系受县域城镇化门槛效应的影响。

三、县域城镇化的中介效应分析

县域金融市场化对县域城镇化的影响分析，主要分两方面。一方面，县域金融市场化发展能为城镇基础设施建设提供金融信贷资金，而且资本优化配置效应与风险分散效应也能减缓企业参与城镇化进程中营利性公共产品建设所面临的融资约束和投资风险，进而助推县域城镇化建设；另一方面，生产要素的集聚效应是县域城镇产生、演变的基本动力，而金融资本是生产要素集聚发生的重要因素（邵川和刘传哲，2016）。县域金融市场化所带来的金融资本与服务是企业运转所必需的投入品，企业为了降低生产成本会在空间上围绕金融机构进行布局，初步产生区位效应形成产业集聚。而产业集聚及结构升级不仅会聚集更多的劳动力、技术等经济要素，还会不断创造新的金融需求，并通过"需求引领"作用促进县域金融机构聚集，从而产生循环累积因果效应（邵川和刘传哲，2016），助推县域城镇规模持续扩张。

县域城镇化对农业经济提质增量的影响分析。一是县域城镇化建设通过为居民提供完善的教育、医疗、文化与娱乐等公共服务和基础设施，吸引县域农村地区劳动力进城务工和生活，提高了农民收入水平，进而有助于缓解农业生产资金短缺及资本积累不足等问题，增加农业资本投入。二是县域城镇化通过吸引农村劳动力非农就业转移，可以使原来分散、闲置、低效利用的土地资源得以整合盘活，改变当前农地经营细碎化状况，促进土地规模化、产业化和组织化经营，不仅能降低农业生产成本，还有助于提高土地产出率和劳动生产率，促进农业经济提质增量。三是县域城镇化有助于聚集掌握先进知识人才，提升地区人力资本水平，并通过改善技术研发及生产制造基础设施条件，促进农业技术研发与创新。四是县域城镇化有助于城乡人员信息交流，促使城市管理理念、先进生产知识与经验向农村地区和农业领域溢出，提升农业生产者的综合素质水平，并通过辐射带动效应促进农业生产者采用先进技术、农机装备，以提升农业生产效率。

综上所述，县域金融市场化通过为城市经济发展、人口城镇化以及城镇基础设施建设与公共服务提供金融支持，推动县域城镇化发展，同时县域城镇化建设可以促进城乡要素流动与知识溢出，实现农村要素再配置，最终带动农业经济发展（姚旭兵等，2016）。因此，县域城镇化在金融市场化影响农业经济提质增量的关系中发挥中介作用。

第二节 研究设计

一、模型设定

（一）基准模型设定

为了探究县域金融市场化对农业经济提质增量的非线性影响，以各县级行政区的农业经济提质增量水平为被解释变量，县域金融市场化及其多次项为核心解释变量，建立如下基准模型：

$$agri_{i,t} = \beta_0 + \beta_1 finas_{i,t} + \beta_2 finas_{i,t}^2 + \beta_3 finas_{i,t}^3 + \beta_4 urb_{i,t} + \beta_5 X_{i,t} + u_i + e_t + \varepsilon_{i,t}$$

$$(7.1)$$

其中，$agri_{i,t}$ 代表第 i 个县（县级市）第 t 年的农业经济提质增量水平；$finas_{i,t}$ 为县域金融市场化水平，$finas_{i,t}^2$ 和 $finas_{i,t}^3$ 分别是二次项和三次项；$urb_{i,t}$ 为县域城镇化发展水平。此外，$X_{i,t}$ 表示其他影响农业经济提质增量的一系列控制变量；u_i 表示地区固定效应；e_t 表示时间固定效应；$\varepsilon_{i,t}$ 为随机干扰项；β_0、β_1、β_2、β_3、β_4 以及 β_5 为待估系数。如果 β_1 显著小于 0，且 β_2 显著大于 0，则表明县域金融市场化与农业经济提质增量之间呈现正"U"型关系；如果 β_2 显著大于 0，且 β_1 和 β_3 显著小于 0，则表明县域金融市场化与农业经济提质增量之间呈现倒"N"型关系。

（二）面板门槛模型

根据上文分析，县域金融市场化对农业经济提质增量的作用可能会受县域城镇化门槛效应的影响，在不同城镇化发展水平下，县域金融市场化对农业经济提质增量影响的程度甚至是方向可能会发生变化。为了避免因人为主观划分区间给估计结果带来的偏差，依据 Hansen 提出的门槛理论构建面板门槛回归模型，含有一个门槛值的面板门槛模型可表示为：

$$agri_{i,t} = \beta_0 + \beta_1 finas_{i,t} \cdot F(urb_{i,t} < \gamma_1) + \beta_2 finas_{i,t} \cdot F(urb_{i,t} \geqslant \gamma_1)$$
$$+ \beta_3 X_{i,t} + u_i + e_t + \varepsilon_{i,t} \qquad (7.2)$$

考虑县域城镇化可能存在多个门槛值的情况，在单一门槛模型基础上进行扩展，构建多重门槛面板模型：

$$agri_{i,t} = \beta_0 + \beta_1 finas_{i,t} \cdot F(urb_{i,t} < \gamma_1) + \beta_2 finas_{i,t} \cdot F(\gamma_1 \leqslant urb_{i,t} < \gamma_2)$$
$$+ \cdots + \beta_n finas_{i,t} \cdot F(\gamma_{n-1} \leqslant urb_{i,t} < \gamma_n) + \beta_{n+1} finas_{i,t}$$
$$\cdot F(urb_{i,t} \geqslant \gamma_n) + \beta_{n+2} X_{i,t} + u_i + e_t + \varepsilon_{i,t} \qquad (7.3)$$

式（7.2）和式（7.3）中，县域城镇化水平（$urb_{i,t}$）为门槛变量，γ 表示未知门槛值，$F(\cdot)$ 为指示函数，当 $urb_{i,t}$ 满足指示函数括号中的条件，则 $F(\cdot)=1$，否则 $F(\cdot)=0$。其他变量解释同式（7.1）。县域金融市场化对农业经济提质增量的影响是否存在县域城镇化的门槛效应，原假

设为 H_0：$\beta_1 = \beta_2$，即不存在门槛效应，备择假设为 H_1：$\beta_1 \neq \beta_2$。如果原假设成立，则不存在门槛效应，式（7.2）变成线性方程。如果拒绝原假设，则意味着存在门槛效应，进而可对第二个门槛值进行检验，以此类推。

（三）中介效应模型

据上文分析，县域金融市场化可通过中介变量县域城镇化影响农业经济提质增量发展，为了检验该作用机制，借鉴 Edwards 等的方法构建中介效应检验模型，该方法比温忠麟等的"三步法"中介效应检验更适用于检验变量的非线性关系，方程如下：

$$agri_{i,t} = \alpha_0 + \alpha_1 finas_{i,t} + \alpha_2 finas_{i,t}^2 + \alpha_3 finas_{i,t}^3 + \alpha_4 X_{i,t} + u_i + e_t + \varepsilon_{i,t}$$
$$(7.4)$$

$$urb_{i,t} = \lambda_0 + \lambda_1 finas_{i,t} + \lambda_2 finas_{i,t}^2 + \lambda_3 finas_{i,t}^3 + \lambda_4 X_{i,t} + u_i + e_t + \varepsilon_{i,t}$$
$$(7.5)$$

$$agri_{i,t} = \eta_0 + \eta_1 finas_{i,t} + \eta_2 finas_{i,t}^2 + \eta_3 finas_{i,t}^3 + \eta_4 urb_{i,t}$$
$$+ \eta_5 finas \times urb_{i,t} + \eta_6 X_{i,t} + u_i + e_t + \varepsilon_{i,t} \qquad (7.6)$$

具体检验程序：（1）检验县域金融市场化及其多次项对农业经济提质增量的影响，关注式（7.4）中系数 α_1、α_2 及 α_3 的显著性。（2）重点关注式（7.5）和式（7.6）中系数 λ_1 和 η_4 的符号及其显著性，若系数 λ_1 和 η_4 均显著则表示存在中介效应；若 λ_1 和 η_4 中至少有一个不显著时，那么还需要进一步构建 Sobel 统计量检验系数乘积的显著性（即是否拒绝 $\lambda_1 \eta_4 = 0$ 的原假设），显著时则意味着存在中介效应。

二、变量选取

（一）被解释变量

农业经济提质增量不仅需要"量"的增长，而且需要在保持量的合理增长前提下实现"质"的提升，"量"是基础，体现发展的规模与程度，"质"是可持续，体现发展效率与竞争力，两者互相联系、互相影响，共同推动"三农"发展。因此，从农业经济总量增长与质量提升两个角度选取指标进行衡量，其中农业经济总量增长以县域地区农业生产总值（*ag-dp*）表示；农业经济质量提升的衡量，一般而言，全要素生产率被认为是经济质量提升的动力源泉（刘亦文等，2021），因此采用农业全要素生产率（*tfp*）刻画农业经济质量，并采用 DEA - Malmquist 指数方法进行测算。该方法无须设定生产函数形式，能有效避免因误设函数导致的偏误，使结论更为准确。该方法构建的 t 到（$t+1$）时期技术条件下 Malmquist 指数公式为：

$$M_i(x^{t+1}, y^{t+1}, x^t, y^t) = \left[\frac{D_i^t(x^{t+1}, y^{t+1})}{D_i^t(x^t, y^t)} \times \frac{D_i^{t+1}(x^{t+1}, y^{t+1})}{D_i^{t+1}(x^t, y^t)} \right]^{1/2}$$

(7.7)

其中，当 $M_i > 1$ 时，代表农业生产率增长；$M_i = 1$ 时，代表农业生产率稳定不变；$M_i < 1$ 代表农业生产率下降。投入产出变量：以第一产业增加值（以 2012 年不变价）作为产出指标；以第一产业从业人数为劳动力投入；以农作物播种面积为土地投入；以农业机械总动力为机械动力投入；以农用化肥施用量（折纯量）为化肥投入。以上投入产出变量的选取，均遵照已有文献（刘涛等，2019）。

（二）核心解释变量

借鉴吴等（Wu et al.，2012）、刘耀彬等（2017）、沈悦等（2020）等研究，基于金融相关率指标衡量法，并考虑不同县域金融发展水平差异，利用区位熵指数计算县域金融市场化水平（*finas*），公式如下：

$$finas_{i,t} = \frac{loan_{i,t}/GDP_{i,t}}{\sum_1^n loan_{i,t} / \sum_1^n GDP_{i,t}}$$

(7.8)

其中，$finas_{i,t}$、$loan_{i,t}$ 与 $GDP_{i,t}$ 分别代表第 i 个县域地区在第 t 时期的县域金融市场化水平、地区银行贷款规模和地区生产总值。$\sum_1^n loan_{i,t}$ 和 $\sum_1^n GDP_{i,t}$ 分别代表 t 时 n 个县域地区银行贷款总值和生产总值。

（三）中介变量与门槛变量

中介变量与门槛变量是县域城镇化水平（*urb*）。由于城镇化率数据具有准确、完整、权威的特点，因此采用城镇常住人口占地区总人口的比重来反映城镇化水平。

（四）控制变量

考虑其他因素对农业经济提质增量的影响，在相关研究基础上，将以下变量作为控制变量。（1）产业结构（*indust*），决定着经济发展质量与所获得资源的支持力度，非农部门的发展有利于农业资本深入，但如果工农关系、城乡关系处理不当则不利于"三农"产业发展。以第二产业增加值占地区生产总值的比重来衡量县域地区产业结构变动。（2）人力资本（*hum*），是影响经济发展的基础性因素，参考冯林等的做法，采用初中学校在校生数占地区总人口的比重表征县级人力资本水平（冯林和李维邦，2016）。（3）规模经营（*scale*），选取农作物播种面积与第一产业从业人数的比值来衡量。（4）居民消费（*sale*），用社会消费品零售总额来衡量。（5）政府经济活动参与度（*gov*），中国地方政府在农业经济发展过程中发挥着重要的作用，借鉴黄红光等的做法，用地方政府财政支出占地方生产总值的比例来反映地方政府对经济活动的参与度。（6）人口密度（*popu*），用县域地区总人口数与行政区划面积的比值来衡量。

三、数据来源

（一）数据来源与说明

由于部分县域地区未公布县域城镇化率指标以及农业机械总动力、农用化肥折纯量等相关农村经济发展指标，或公开年限较短，指标数据缺失严重（剔除连续缺失 2 年以上数据的样本），为尽可能保证全书实证数据的一致性，最终选取了 543 个县（县级市、旗）作为研究样本[①]。同时，考虑到 Malmquist 指数计算是两年间效率变动情况，因此投入产出变量选

[①] 543 个县（县级市）主要来自江苏、河南、河北、四川、山西、宁夏、重庆及海南等省份。

取 543 个县域样本 2012～2018 年数据，以测算出 2013～2018 年农业全要素生产率。需要说明的是，市辖区具有明显的城市经济特征，与县（县级市）在经济金融特征及财权事权划分上存在较大差异，故在统计数据时不考虑市辖区，同样也不考虑特区和林区。随着经济发展，近年来，我国县级行政区划在不断地调整和变化中，因此我们在县域样本选择中还剔除了少量因撤县划区的县域样本，同时还剔除了北京市、上海市、天津市、西藏自治区以及港澳台地区。

样本代表性说明。一是考虑到我国农业经济发展主要分布在粮食主产区与产销平衡区，因此选取的样本地区主要来自上述功能区[①]；二是样本地区的城镇化水平与金融发展水平存在明显差异性[②]，其特点与全国存在共性；三是考虑不同地理区域的资源禀赋、经济发展水平以及农业生产存在明显差异性，因此选取的样本地区来自不同地理区域[③]。样本期选取说明。一是实证数据选取 2013 年为基期。由于 2003 年以前我国县域金融市场以农村信用社为主体，金融信贷产品及金融机构类型单一，县域金融市场特征更多表现为"抑制"。首先，自 2006 年银监会发布文件放宽农村金融市场准入开始，县域农村金融市场逐步放开，2007 年初银监会又发文允许股份制商业银行在县域设立分支机构，实施农村金融增量改革。自此村镇银行、贷款公司和互助社等多种类型的新型农村金融机构开始进驻县域农村金融市场，而金融机构网点选址及布局需要一定时间。其次，2008 年前后两年的金融信贷危机，在减弱金融机构盈利能力的同时还增加了自身的信贷风险，不利于县域金融信贷规模扩张，并在一定程度上抑制了各类金融机构在县域地区布局新的营业网点。因此，这段时间县域地区金融市场化程度普遍较低，不符合研究目的。经过一段时期的深

---

① 样本地区中 398 个县来自粮食主产区，129 个县来自粮食产销平衡区，15 个县来自粮食主销区。

② 从城镇化水平来看，2019 年江苏 70.61%，重庆 66.80%，宁夏 59.86%，山西 59.55%，海南 59.23%，河北 57.62%，四川 53.79%，河南 53.21%。从县域金融发展水平来看，2019 年县域平均贷款余额江苏 883.35 亿元，重庆 263.15 亿元，四川 236.22 亿元，河南 145.13 亿元，宁夏 100.05 亿元，海南 98.59 亿元，河北 98.24 亿元以及山西 64.13 亿元。

③ 根据国家统计局 2017 年划分，东部地区有 177 个县；中部地区有 201 个县；西部地区有 165 个县。

化发展与风险化解，2010 年以来，我国县域金融机构数量，金融产品类型、信贷规模以及金融市场机制不断丰富与健全，县域金融市场化水平持续上升。同时，兼顾城镇化率指标数据可获得性①。二是研究样本的时间截至 2018 年。全国第四次经济普查对 2018 年各省市地区 GDP 进行核算调整，并且自 2019 年起全国各地区均实施地区生产总值统一核算改革，各地级市州统计局统一核算各县级市区（县）的 GDP。随着地区生产总值核算方式变化，2019 年前后各县级市区（县）农业生产总值数值存在一定调整误差，因此为了保证数据前后的一致性、连贯性，研究样本的时间截至2018 年。

数据主要来源于相关省份的统计年鉴、《中国县域统计年鉴》、Wind 数据库、EPS 数据库、中经网统计数据库及各县（县级市）统计公报整理而成。对于缺失值的处理，通过样本县（县级市、旗）所在省（市、区）的统计年鉴或所在节（盟）的市级统计年鉴对部分缺失数据进行补充和完善补全，对于仍然缺失的个别指标数据采用线性插值与线性外推法进行平滑处理。同时，为了真实反映经济增长，对相关名义经济变量以样本县域所在的省级 GDP 价格平减指数进行平减处理。同时，为剔除样本异常值对估计结果的影响，采用非删失双边 2% 缩尾方法对部分变量的异常值进行处理。

（二）描述性统计

表 7 - 1 是相关变量的描述性统计。

表 7 - 1 变量描述性统计

变量类型	变量名称及符号	变量含义	样本量	平均值	标准差
被解释变量	农业经济总量增长（agdp）	县域农业总产值	3258	2.850	0.977
	农业经济质量提升（tfp）	DEA – Malmquist 指数测算的农业全要素生产率	3258	1.261	0.533

---

① 大部分县域地区城镇化率指标数据的统计公布自 2013 年起。

续表

变量类型	变量名称及符号	变量含义	样本量	平均值	标准差
解释变量	县域金融市场化（$fina$）	县域金融市场化指数	3258	1.031	0.565
机制变量	县域城镇化（urb）	县域城镇化率水平	3258	0.415	0.099
控制变量	居民消费（$sale$）	社会消费品零售总额	3258	3.745	1.091
	规模经营（$scale$）	农作物播种面积与第一产业从业人数比值	3258	5.723	3.075
	产业结构（$indust$）	第二产业产值与地区生产总值比值	3258	0.459	0.143
	人力资本（hum）	中学在校生数与地区人口总数比值	3258	0.049	0.016
	人口密度（$popu$）	地区人口数与行政面积比值	3258	0.039	0.027
	政府经济参与度（gov）	财政支出与地区生产总值比值	3258	0.298	0.328

第三节 县域金融市场化与农业经济提质增量效应的实证分析

一、基准估计结果分析

采用 OLS 混合回归、随机效应模型和双向固定效应模型等估计方法展开计量检验，表 7 - 2 依次报告了相应估计结果。列（1）和列（5）是在未引入其他控制变量的情况下，采用 OLS 混合回归对方程（1）进行估计，当被解释变量为农业经济总量增长时，县域金融市场化及其二次项在 1% 水平上显著，且一次项系数为负，二次项系数为正，初步判定县域金融市场化对农业经济总量增长具有显著正 "U" 型影响，即 "先抑制、再促进"

表 7-2　基准模型估计结果

变量	被解释变量：农业经济总量增长				被解释变量：农业经济质量提升			
	OLS		RE	FE	OLS		RE	FE
	(1)	(2)	(3)	(4)	(5)	(6)	(7)	(8)
$fina$	-0.089*** (0.015)		-0.125*** (0.022)	-0.099*** (0.023)	-0.071** (0.028)		-0.143*** (0.036)	-0.071* (0.040)
$fina^2$	0.007*** (0.002)		0.011*** (0.002)	0.009*** (0.002)	0.036*** (0.013)		0.053*** (0.017)	0.038** (0.018)
$fina^3$					-0.003** (0.001)		-0.003** (0.001)	-0.003* (0.002)
urb		1.850*** (0.191)	-1.717*** (0.200)	-0.151 (0.367)		0.622* (0.358)	1.981*** (0.257)	1.217** (0.596)
hum			0.141 (0.558)	0.066 (0.583)			-1.307 (0.879)	-2.914*** (0.998)
$scale$			0.020*** (0.004)	0.023*** (0.004)			0.000 (0.005)	0.005 (0.007)
$indust$			-0.247*** (0.074)	-0.243*** (0.081)			-0.789*** (0.116)	-0.416** (0.163)

续表

变量	被解释变量：农业经济总量增长				被解释变量：农业经济质量提升			
	OLS		RE	FE	OLS		RE	FE
	(1)	(2)	(3)	(4)	(5)	(6)	(7)	(8)
sale			0.513*** (0.026)	0.134*** (0.041)			0.032 (0.024)	-0.164** (0.064)
constant	0.875*** (0.079)	2.082*** (0.080)	-1.795*** (0.123)	-0.578*** (0.143)	0.811*** (0.093)	0.386 (0.251)	1.698*** (0.127)	2.053*** (0.246)
个体效应	YES	NO	NO	YES	YES	YES	NO	YES
时间效应	YES	NO	NO	YES	YES	YES	NO	YES
F检验	2740.93	93.70		90.67	122.32	117.22		39.71
Wald Chi2			918.16				332.54	
R^2	0.992	0.035	0.732	0.557	0.899	0.899	0.238	0.293
样本量	3258	3258	3258	3258	3258	3258	3258	3258

注：***、** 和 * 分别表示在1%、5% 和10% 的水平上显著。括号内为聚类稳健标准误。

的非线性关系①；当被解释变量为农业经济质量时，县域金融市场化一次项、二次项和三次项系数均通过 5% 的显著性水平检验，且一次项和三次项系数为负，二次项为正，初次判定县域金融市场化对农业经济质量提升具有显著倒 "N" 型影响，即 "先抑制、后促进、再抑制" 的非线性关系。同样，还利用 OLS 混合回归模型考察了城镇化发展对农业经济总量增长 [列（2）] 和质量提升 [列（6）] 的影响，系数均显著为正，说明县域城镇化发展有利于农业经济提质增量，这也与其他学者的研究结论一致（杨志海等，2014）。接下来，我们引入控制变量并考虑地区差异与时间差异的影响，采用随机效应模型 [即列（3）和列（7）] 和双向固定效应模型 [即列（4）和列（8）] 进行估计，结果显示县域金融市场化一次项、二次项及三次项的系数方向及显著性与列（1）和列（5）基本一致，证明了上述结论的可靠性。另外，豪斯曼检验（Hausman）表明双向固定效应的估计结果要优于随机效应，因此下文估计将主要依据双向固定效应模型。

从上述实证结果可得出结论，县域金融市场化对农业经济提质增量具有显著的非线性影响，研究假说 H1 得到验证。全要素生产率是经济质量提升的动力源泉，同时全要素生产率与农业要素投入又共同推动农业经济总量增长。因此，金融资本对农业经济总量增长的促进作用主要是通过影响农业资本要素投入和全要素生产率增长（经济质量提升）实现的。在县域金融市场化发展初期阶段，商业银行等金融机构为了自身利益考虑会把大部分机构营业网点从经济发展水平低、盈利差的县域撤出，并将其设立在经济发展程度高的地区，同时金融机构还扮演了 "吸水机" 的角色，从而导致部分落后县域的金融资源流失严重，农业生产面临较强信贷约束。此时，县域金融市场化通过抑制农业资本要素投入与全要素生产率增长（经济质量提升），阻碍了农业经济规模增长。当县域金融市场化水平上升跨过第一个门槛值后会加剧县域金融市场竞争，在有限的客户资源下，金融机构会提高金融信贷规模及服务质量来巩固边缘客户（张珩等，2021），同时还会促使金融服务范围向农村地区延伸，拓展农村信贷市场以增加潜

---

① 本书先利用 OLS、RE、FE 等方法估计县域金融集聚及其二次项、三次项对农业经济总量增长的影响，结果发现三次项系数均不显著，故只考虑金融集聚一次项和二次项对县域农业经济总量增长的影响。

在客户群体，从而有效满足新增"长尾群体"（小农户和新型农业经营主体）对存储、贷款等最基本的金融服务需求。这不仅能促进农户增加农业资本投入，还能提高农村市场的消费能力与农业扩大再生产能力（王修华和赵亚雄，2019），对农业经济提质增量产生正向促进效应。不仅如此，县域金融市场化发展还带来了人才、技术和产业的聚集（董秀良等，2019），加速农业技术研发与农业资本深化，促进农业全要素生产率增长。此阶段，县域金融市场化通过促进农业资本投入与全要素生产率增长（经济质量提升），共同推动了农业经济总量增长。随着县域金融市场化水平继续提升，县域金融资源日益丰富，农业技术研发已然不再受金融信贷约束的限制，此时农业技术研发创新的瓶颈可能是人才、制度环境等其他因素，因此继续增加金融资本供给对农业全要素生产率提升的促进效应有限，这就导致县域金融市场化对农业经济质量提升的促进效应减弱。正如实证结果所呈现，县域金融市场化对农业经济质量具有倒"N"型影响。然而，金融资本仍可通过促进资本要素投入带动农业经济总量增长，直至县域金融市场化超规模发展，不良无序竞争挤出农业等实体产业金融供给后，县域金融市场化才可能抑制农业经济总量增长。从当前回归结果来看，我国县域金融市场化水平尚未达到超规模发展阶段，因此县域对农业经济总量增长具有正"U"型影响。

从控制变量的估计结果来看，系数基本符合理论预期，并与其他学者的研究结论一致（刘涛等，2019）。整体来看，在样本考察期间规模经营与居民消费能显著促进农业经济提质增量，而县域产业结构升级对农业经济提质增量则具有显著负向影响。一般而言，二三产业"主导性"发展会过度占用农业生产资源不利于"三农"产业发展。此外，人力资本对促进农业经济提质增量也具有负效应，可能解释是农村受教育程度越高的人，更倾向于外出务工或非农创业，一定程度上减少了农业劳动力投入。

二、内生性讨论与稳健性检验

为了使研究结果更具稳健性，拟进行一系列内生性讨论与稳健性检验，结果如表7－3所示。（1）采用面板工具变量模型（IV－2SLS）。农业经济提质增量与县域金融市场化有可能存在互为因果关系的内生性问题，从而导致参数估计结果的有偏和不一致，采用滞后一期的县域金融市场化水平作为工具变量，并利用两阶段最小二乘法进行估计［即列（1）和列（4）］，结果显示识别不足检验的P值均为0，弱工具变量检验F值均大于一般标准（即F值为10），即拒绝了弱工具变量的原假设，说明工具变量的选择整体上是有效的。（2）增加控制变量。为减少遗漏变量对估计结果产生的影响，加入政府经济活动参与度（gov）和人口密度（popu）等可能影响农业经济提质增量的其他变量进行重新估计［即列（2）和列（5）］。（3）更换核心解释变量测量方法。借鉴冯林等的做法，采用县域地区金融机构贷款余额与当地生产总值的比值度量县域金融市场化水平（冯林等，2016b），并将其作为新的核心解释变量进行回归［即列（6）和列（6）］。以上内生性与稳健性检验的估计结果与基准回归结果基本一致，证明前文分析结果具有较好的稳健性。

表7－3 　　　　　　　　　　　　稳健性检验估计结果

变量	被解释变量：农业经济总量增长			被解释变量：农业经济质量提升		
	内生性处理	增加控制变量	更替核心解释变量测量方法	内生性处理	增加控制变量	更替核心解释变量测量方法
	(1)	(2)	(3)	(4)	(5)	(6)
$fina$	-0.217*** (0.022)	-0.098*** (0.023)	-0.133*** (0.037)	-0.521*** (0.136)	-0.079** (0.039)	-0.095 (0.064)
$fina^2$	0.016*** (0.003)	0.009*** (0.002)	0.018*** (0.005)	0.233*** (0.063)	0.042** (0.018)	0.090* (0.045)
$fina^3$				-0.017*** (0.005)	-0.003** (0.001)	-0.011* (0.005)
urb	-2.736*** (0.168)	-0.122 (0.367)	-0.143 (0.359)	-0.218 (0.225)	1.328** (0.601)	1.335** (0.601)
hum	-0.155 (0.543)	-0.114*** (0.576)	-0.239 (0.571)	2.231*** (0.807)	-3.221*** (1.009)	-3.278*** (1.012)

续表

变量	被解释变量：农业经济总量增长			被解释变量：农业经济质量提升		
	内生性处理	增加控制变量	更替核心解释变量测量方法	内生性处理	增加控制变量	更替核心解释变量测量方法
	(1)	(2)	(3)	(4)	(5)	(6)
scale	0.005 ** (0.002)	0.022 (0.004)	0.021 *** (0.004)	0.014 *** (0.003)	0.004 (0.006)	0.005 (0.006)
indust	−1.769 *** (0.082)	−0.253 *** (0.081)	−0.235 *** (0.079)	−0.529 *** (0.104)	−0.419 ** (0.162)	−0.406 ** (0.161)
sale	0.911 *** (0.011)	0.132 *** (0.039)	0.124 *** (0.039)	−0.007 (0.016)	−0.166 ** (0.064)	−0.171 *** (0.064)
gov		0.012 (0.027)	0.006 (0.026)		0.121 ** (0.053)	0.114 ** (0.053)
popu		−2.841 ** (1.228)	−0.086 ** (0.036)		−2.203 ** (1.005)	−0.068 ** (0.030)
constant	−2.349 *** (0.078)	−0.438 *** (0.145)	2.314 *** (0.135)	1.725 *** (0.216)	2.135 *** (0.257)	2.056 *** (0.246)
个体效应	YES	YES	YES	YES	YES	YES
时间效应	YES	YES	YES	YES	YES	YES
F 检验	957.36	77.29	77.24	16.01	34.71	31.23
识别不足检验 P 值	0.000			0.000		
弱工具变量检验 F 值	57.669			82.749		
R^2	0.773	0.388	0.359	0.841	0.295	0.295
样本量	2715	3258	3258	2715	3258	3258

注：① *** 、 ** 和 * 分别表示 1% 、5% 和 10% 的显著性水平；②括号内为估计系数的 Z 值或 T 值。

三、区域异质性分析

由于各县域地区资源禀赋、县域金融市场化以及城镇化发展水平等现实条件存在差异，使得不同农业经济提质增量发展水平呈现较大区域差异。为此，将 543 个县域地区按照所属省份地理位置划分为东部、中部和西部三个地区，基于各区域面板数据采用双向固定效应模型进行估计以考察异质性，估计结果如表 7-4 所示。

表 7-4　　　　　　　　　不同区域的回归结果

变量	被解释变量：农业经济总量增长			被解释变量：农业经济质量提升		
	东部地区	中部地区	西部地区	东部地区	中部地区	西部地区
	(1)	(2)	(3)	(4)	(5)	(6)
$fina$	-0.236 *** (0.064)	-0.143 *** (0.034)	-0.007 *** (0.002)	-0.180 ** (0.077)	-0.144 * (0.075)	0.010 (0.012)
$fina^2$	0.171 *** (0.048)	0.026 ** (0.013)		0.188 *** (0.054)	0.073 *** (0.026)	
$fina^3$	-0.036 *** (0.009)			-0.0366 *** (0.011)		
urb	0.279 (0.578)	-0.646 (0.718)	0.278 (0.260)	1.650 * (0.906)	-1.463 (1.979)	1.047 ** (0.531)
控制变量	YES	YES	YES	YES	YES	YES
$constant$	-0.441 *** (0.254)	-0.803 *** (0.211)	-0.232 ** (0.108)	1.078 *** (0.339)	2.871 *** (0.586)	0.911 *** (0.218)
个体效应	YES	YES	YES	YES	YES	YES
时间效应	YES	YES	YES	YES	YES	YES
F 检验	31.89	39.02	274.63	16.62	18.60	31.49
R^2	0.334	0.784	0.816	0.349	0.377	0.298
样本量	1062	1206	990	1062	1206	990

注：① *** 、** 和 * 分别表示 1%、5% 和 10% 的显著性水平；②括号内为估计系数的 Z 值或 T 值。

从农业经济总量增长的回归结果来看，县域金融市场化在不同区域对农业经济总量增长均具有复杂的非线性影响，但该"非线性影响"类型存在差异，东部地区两者关系是显著的倒"N"型关系［列（1）］。从现实来看，我国东部地区的县域金融市场化发展水平普遍高于全国平均水平，正如前文分析，在县域金融市场化超规模发展后，因资源错配导致的金融"脱实向虚"问题，减少了农业领域金融投向，从而对农业经济总量增长的促进作用明显下降，甚至起到抑制效应。中部地区两者关系是显著的正"U"型［列（2）］，与整体回归结果一致。西部地区县域金融市场化对农业经济总量增长具有显著的负向影响效应［列（3）］，原因在于，当前西部地区县域金融市场化发展仍处于初级阶段，且低于全国平均水平，金融规模有限，农业发展面临较强金融排斥，从而抑制了农业经济总量增长。从农业经济质量提升的回归结果来看，县域金融市场化对农业经济质量提升的影响也存在明显的区域差异性，主要表现在东部地区两者关系为倒"N"型，与整体回归结果一致，中部地区为正"U"型关系，表明中部地区的县域金融市场化尚未达到高层级，当前阶段可通过提升县域金融市场化水平促进农业经济质量提升。西部地区则不显著，表明西部地区金融资源的优化配置效率低下，同时西部地区的城镇化显著为正，因此当前阶段可通过提升县域城镇化水平促进西部地区农业经济质量提升。

第四节　县域城镇化的作用机制检验

一、县域城镇化的门槛效应分析

上述研究已经证实了县域金融市场化对农业经济提质增量存在非线性影响效应，将进一步利用面板门槛效应模型探究两者关系是否受县域城镇化门槛效应影响。首先，在三重门槛的设定下，通过"自举法（Bootstrap）"反复抽样300次模拟F统计量的渐进分布，估计结果如表7–5所示。当被解释变量为农业经济总量增长时，单重门槛检验F统计量P值为

0.0467，小于5%的显著性水平，且双重门槛检验未通过显著性检验，表明县域金融市场化对农业经济总量增长的作用受城镇化单重门槛效应的影响，并在95%的置信区间内门槛估计值为0.3620。同理，当被解释变量为农业经济质量时，县域金融市场化对农业经济质量提升的作用受城镇化双重门槛效应的影响，门槛估计值分别为0.3890和0.4926。

表7-5　　　　　　　　县域城镇化的门槛效应检验结果

项目	门槛类型	H0	H1	F统计量	P值	结论	门槛值	95%的置信区间
被解释变量：农业经济总量增长	单一门槛检验	0个门槛	1个门槛	51.06	0.046	拒绝H0	0.362	(0.361, 0.362)
	双重门槛检验	1个门槛	2个门槛	20.39	0.360	接受H0	—	—
被解释变量：农业经济质量提升	单一门槛检验	0个门槛	1个门槛	115.82	0.003	拒绝H0	0.389	(0.387, 0.389)
	双重门槛检验	1个门槛	2个门槛	54.42	0.063	拒绝H0	0.492	(0.489, 0.493)
	三重门槛检验	2个门槛	3个门槛	37.25	0.880	接受H0	—	—

基于上述检验结果，得到门槛效应的估计结果如表7-6所示。由列（1）可知，当城镇化水平在门槛值0.3620以下时，县域金融市场化对农业经济总量增长的作用显著为负，系数为-0.0598，当城镇化水平在门槛值0.3620以上时，其负向影响效应变为-0.0218。也就是说，县域金融市场化对农业经济总量增长的关系受城镇化水平单重门槛效应的影响，随着县域城镇化水平的上升县域金融市场化对农业经济总量增长的抑制作用有所缓解。由列（2）可知，县域金融市场化对农业经济质量提升的影响系数存在三个区间的变化，总体呈现正"U"型：当城镇化水平在门槛值0.3890以下时，县域金融市场化对农业经济质量提升具有显著的抑制效应，系数为-0.0655；当城镇化水平在门槛值0.3890~0.4926时，县域金

融市场化发挥正向促进作用，系数为 0.0378；当城镇化水平在门槛值 0.4926 以上时，系数上升为 0.1320，此时促进效应最强。说明当城镇化水平低于一定门槛值（0.3890）时，县域金融将更多的资金配置到了城镇建设中，农业领域金融资金投向不足，而且由于缺乏基本条件，金融网点布局及资金配置能力也不完善，因此县域金融市场化对县域经济提质增量的促进效应较低，甚至发挥抑制效应；随着县域城镇化水平的提升，基础设施与产业布局逐渐健全，不但有助于金融机构聚集及金融资本的积累，而且城镇化的网络效应与扩散效应也能促使城镇地区先进的生产要素、技术、创新知识向周边农村地区扩张与转移，金融所能配置的资源持续增多，县域金融市场化对农业经济提质增量发挥的作用也日渐明显。上述结论不仅进一步论证了县域金融市场化对农业经济提质增量的非线性影响关系，还证明了两者关系受城镇化门槛效应影响，因此研究假说 H2 得到验证。

表 7 - 6　　城镇化门槛效应下县域金融市场化影响农业经济提质增量的估计结果

变量	被解释变量：农业经济总量增长		被解释变量：农业经济质量提升	
	(1)		(2)	
fina	$urb \leq 0.362$	-0.059^{***} (0.007)	$urb \leq 0.389$	-0.065^{***} (0.014)
	$urb > 0.362$	-0.022^{***} (0.007)	$0.3890 < urb \leq 0.492$	0.037^{**} (0.015)
	—	—	$urb > 0.492$	0.132^{***} (0.019)
控制变量	YES	YES	YES	YES
F 检验	95.10		65.75	
R^2	0.174		0.145	
样本量	3258		3258	

注：①***、** 分别表示 1%、5% 的显著性水平；②括号内为估计系数的 Z 值或 T 值。

二、县域城镇化的中介传导机制分析

结合上文理论逻辑分析，需要进一步考察县域城镇化在县域金融市场化与农业经济提质增量之间的作用机制，如表 7-7 所示报告了中介效应检验结果。上文实证分析以及表 7-7 中列（1）和列（4）已经验证了县域金融市场化一次项、二次项及三次项的系数 [即式（4）中系数 α_1、α_2 及 α_3] 是显著的，因此，该部分主要关注式（5）和式（6）中系数 λ_1 和 η_4 的符号及其显著性。从农业经济总量增长的回归结果来看，列（2）为式（5）的估计结果，县域金融市场化一次项和二次项在 1% 的显著性水平上均显著，但是列（3）中城镇化不显著，根据依次检验规则，需要进一步通过 Sobel 检验来判断城镇化中介效应的显著性。结果发现，解释变量为县域金融市场化一次项和二次项时，Sobel 检验 Z 统计量分别为 1.47 和 1.38，均大于 5% 显著性水平对应的临界值 0.97，说明城镇化中介效应在 5% 的水平上显著存在，即县域金融市场化对城镇化发展产生非线性影响效应，并通过城镇化的中介作用进一步影响农业经济总量增长，产生正 "U" 型影响。从农业经济质量的回归结果来看，列（5）中县域金融市场化的一次项、二次项和三次项均通过了 1% 的显著性检验，列（6）中城镇化系数也显著，可以初步判定城镇化的中介效应存在。此外，县域金融市场化的一次项、二次项及三次项的 Sobel 检验 Z 统计量分别为 3.07、2.77 和 1.75，均大于 1% 的显著性水平对应的临界值 1.656，进一步证明了城镇化是县域金融市场化影响农业经济质量提升的有效中介渠道。因此，可以得出结论，县域金融市场化与城镇化之间的融合效应可以显著推动农业经济提质增量，研究假说 H3 得到验证。这一结果表明要在倡导县域金融市场化改革、推动县域农村金融机构回归本源支持本地 "三农" 发展时，要密切重视县域金融与城镇化建设的匹配情况，推动二者融合发展，才能发挥出 "1+1>2" 的推动效果。

表 7 - 7 　　　　　　　　　　中介效应估计结果

变量	被解释变量：农业经济总量增长			被解释变量：农业经济质量提升		
	$agdp$ （1）	urb （2）	$agdp$ （3）	tfp （4）	urb （5）	tfp （6）
$finas$	-0.100 *** （0.0101）	0.006 *** （0.001）	-0.099 *** （0.011）	-0.061 ** （0.025）	0.008 *** （0.001）	-0.061 ** （0.025）
$finas^2$	0.009 *** （0.001）	-0.001 *** （0.000）	0.008 *** （0.002）	0.035 *** （0.013）	-0.003 *** （0.001）	0.022 （0.014）
$finas^3$				-0.003 ** （0.001）	0.000 *** （0.000）	-0.001 （0.001）
urb			-0.186 （0.120）			1.203 *** （0.330）
$finas \times urb$			-0.095 * （0.054）			0.3486 *** （0.123）
控制变量	YES	YES	YES	YES	YES	YES
个体效应	YES	YES	YES	YES	YES	YES
时间效应	YES	YES	NO	YES	YES	YES
F 检验	109.34	1939.97	124.44	91.78	1785.14	80.78
R^2	0.307	0.887	0.269	0.289	0.888	0.295
样本量	3258	3258	3258	3258	3258	3258
Sobel 检验的 Z 统计量	一次项 1.47 **		二次项 1.38 **	一次项 3.07 ***	二次项 2.77 ***	三次项 1.75 ***
假设是否验证	是			是		

注：①根据麦金农（McKinnon，2002）提供的临界值表（可从 http://www.doc88.com/p - 0973999637797.html 下载），Sobel 检验法的 Z 统计量大于 0.97 代表在 5% 水平上显著，大于 1.656 代表在 1% 水平上显著。② *** 、 ** 和 * 分别表示 1%、5% 和 10% 的显著性水平。③括号内为估计系数的 Z 值或 T 值。

三、进一步讨论：县域城镇化的传导机制是否同样存在非线性效应

上述研究证实了"县域金融市场化—城镇化建设—农业经济提质增量"的传导机制，但由于城镇化的影响可能是多维的，其影响可能随县域

金融市场化水平、科技发展程度、产业结构调整，在不同区间表现出不同的阶段性特征。因此，采用面板门槛回归模型进一步考察县域城镇化对农业经济提质增量的作用是否受县域金融市场化门槛效应的影响，门槛效应检验结果如表 7 - 8 所示。从中可知，县域城镇化对农业经济总量增长的作用受县域金融市场化双重门槛效应的影响，并在 95% 的置信区间内门槛估计值分别为 0.6057 和 1.2516，而对农业经济质量提升的作用受县域金融市场化单重门槛效应的影响，并在 95% 的置信区间内门槛估计值为 1.0948。

表 7 - 8　　　　　　　　　　　门槛效应检验结果

项目	门槛类型	H_0	H_1	F 统计量	P 值	结论	门槛值	95% 的置信区间
被解释变量：农业经济总量增长	单一门槛检验	0 个门槛	1 个门槛	54.81	0.000	拒绝 H0	0.6057	(0.599, 0.607)
	双重门槛检验	1 个门槛	2 个门槛	45.96	0.000	拒绝 H0	1.2516	(1.239, 1.253)
	三重门槛检验	2 个门槛	3 个门槛	14.44	0.463	接受 H0	—	—
被解释变量：农业经济质量提升	单一门槛检验	0 个门槛	1 个门槛	20.55	0.066	拒绝 H0	1.095	(1.076, 1.098)
	双重门槛检验	1 个门槛	2 个门槛	9.56	0.536	拒绝 H0	—	—

根据上述检验结果，得到门槛效应的估计结果如表 7 - 9 所示。从农业经济总量增长的回归结果可知，县域城镇化对农业经济总量增长具有显著的正向影响效应，当县域金融市场化水平在 0.605 以下时，城镇化的估计系数为 1.095，当县域金融市场化水平处于 0.605 ~ 1.251，系数下降到 0.954，当县域金融市场化水平跨过第二重门槛 1.251 后，其系数再次下降到 0.827，表明县域金融市场化引领的城镇化发展促进农业经济总量增长呈现出边际递减特征。依据表 7 - 9 中农业经济质量提升回归结果可知，县域金融市场化水平跨过门槛 1.095 后，县域城镇化对农业经济质量提升也产生显著的正向影响，但其系数由 3.082 降低为 2.941，同样表现出边际

递减特征。具体解释为，在县域金融市场化水平提升初期阶段，金融资源发挥"激励"效应，将促进城镇化建设，而城镇化发展又有利于促进先进技术、知识扩散及金融资本扩散到农村地区，提高农业生产技术效率（谢杰，2012），表现出一种显著的正向影响，并以此促进农业经济提质增量；当县域金融市场化超规模发展后，金融资源就会发挥"挤出"效应，金融机构将大量金融资源用于投机或监管套利而"挤出"对城镇建设发展及产业结构调整的资源投入（潘敏和袁歌骋，2019），因而县域城镇化对农业经济提质增量的促进作用变弱。

表 7 - 9 面板门槛效应估计结果

变量	被解释变量：农业经济总量增长		被解释变量：农业经济质量提升	
	（1）		（2）	
urb	$fina \leqslant 0.605$	1.096 *** (0.116)	$fina \leqslant 1.095$	3.082 *** (0.231)
	$0.606 < fina \leqslant 1.251$	0.954 *** (0.117)	$fina > 1.095$	2.941 ** (0.227)
	$fina > 1.251$	0.827 *** (0.125)	—	—
控制变量	YES	YES	YES	YES
F 检验	43.61		43.19	
R^2	0.232		0.250	
样本量	3258		3258	

注：① *** 、** 分别表示1%、5%的显著性水平；②括号内为估计系数的 Z 值或 T 值。

第五节 本章小结

推动县域农业经济实现质的有效提升和量的合理增长，是农业经济转向高质量发展阶段的现实路径，也是增加农民收入、实现共同富裕的关键所在，但一直以来，我国农业发展都面临着资本积累不足和城乡资源要素配置失衡等问题。县域金融市场化发展能改善资源配置效率，促进城市工业经济发展，然而鲜有文献关注到县域金融市场化对农业经济的影响，随着我国县域地区金融市场化特征逐渐显现，县域金融市场化对农业经济提质增量的影响值得关注。此外，以县城为重要载体的新型城镇化建设已成为打通城乡要素平等交换、破除城乡二元结构的重要举措，那么，一定程度的县域城镇化建设是金融有效支持农业经济提质增量的关键所在吗？为了回答上述问题，基于 2013 ~ 2018 年我国 543 个县（县级市）的面板数据，从农业经济"总量增长"与"质量提升"两个维度，先实证分析了县域金融市场化对农业经济提质增量的影响效应与区域差异，然后以县域城镇化作为门槛变量，运用门槛效应模型分析了县域金融市场化与农业经济提质增量之间的非线性关系，最后运用中介效应模型分析"县域金融市场化—城镇化建设—农业经济提质增量"传导机制，以及进一步讨论了这种中介效应的非线性问题。

研究结果表明：第一，县域金融市场化对农业经济提质增量的影响效应具有复杂的非线性特征，其中对农业经济总量增长呈现正"U"型影响，对农业经济质量提升呈现倒"N"型影响。通过 IV – 2SLS 处理内生性问题、增加控制变量、替换核心解释变量测算方法等稳健性检验后，上述非线性影响关系依然存在。第二，分区域考察异质性后发现，东部地区的金融市场化对农业经济总量增长与质量提升均具有显著的倒"N"型影响关系，中部地区则是显著的正"U"型影响，而在西部地区，县域金融市场化对农业经济总量增长表现显著的抑制效应，对农业经济质量提升的影响则不显著。第三，县域金融市场化与农业经济总量增长的关系受县域城镇化单重门槛效应的影响，表现出"先强抑制后弱抑制"的非线性特征；而与农业经济质量提升的关系受城镇化水平双重门槛效应的影响，呈现"先抑制后弱促进再强促进"的非线性特征。也就是说，随着县域城镇化水平的提升县域金融市场化对农业经济提质增量的促进作用增强，尤其是对农业经济质量提升的正向影响效应更大。第四，进一步的机制检验表明，县域城镇化在县域金融市场化与农业经济提质增量的影响路径中起着重要的中介传导作用，而且县域金融市场化引领的城镇化建设在促进农业经济提质增量过程中，呈现出边际效应递减的非线性特征。

第八章

县域金融市场化与农民增收效应：
基于农业机械化视角

　　农民收入增长是发展农业经济的本质要求，也是保障国家粮食安全的关键。自 2004 年以来，中央一号文件多次关注农民收入，提出"两减免，三补贴""依靠科技创新，增产、提质、节本增收""大幅度增加农业补贴，提高最低收购价格""拓宽农民增收渠道""稳就业，促增收""发展乡村富农产业，促进农民收入增加"等多项促农增收措施。在这些强有力的政策推动下，农民收入实现持续增长，其增幅多年高于城镇居民收入增幅，城乡居民收入差距不断缩小。党的二十大报告更是提出要实现全体人民共同富裕，而如何实现农民持续增收对扎实推进共同富裕、保障粮食安全具有重要的理论意义与现实紧迫性。

　　长期以来，农业机械化在促农增收方面作出了巨大贡献，主要通过提高农业生产效率，增加农业产出与非农就业时间，促进农民经营性收入与工资性收入增长（Takeshima，2013；陈实等，2019）。早期研究中，学者更注重证实我国农业机械化与农民农业收入增长之间存在内在联系（许广月，2011）。近期研究中，周振等（2016）通过考虑农业机械化与农民收入之间互为因果的内生性问题，从农机具购置补贴政策角度研究发现农业机械化通过影响粮食产出间接促进农民增收，而通过劳动力转移间接影响农民收入增长的机制并不显著。与上述观点不同是，李谷成等（2018）发现农业机械化可以直接影响农民收入增长，也可通过劳动力转移间接影响非农收入增长。同样，周益波等（2019）基于省际面板数据研究发现农业机械化不仅可以提高农民的经营性收入和工资性收入，还在收入分配效应方面具有显著影响，缩小了农民内部收入差距。在劳动力大范围转移背景下，人口红利逐渐消失与劳动力成本刚性增长是农业发展面临的关键问题（蔡昉，2010），所以寻找农民收入持续增长的新动力离不开农业科技、农业机械化的强力支撑（刘洋和颜华，2021）。

同时考虑农村金融与农业机械化，有观点指出两者之间呈现正相关的关系，如李长飞等（2017）等，但这类文献在两者对农民收入增长的具体作用逻辑和影响路径等方面缺乏深入研究。在现有研究基础上，从县域金融市场化的角度出发，考虑以下问题：这种不同水平的县域金融市场化发展是否会影响到农业机械化与农民收入增长呢？如果有影响，其具体又表现为何种形式呢？为了回答上述问题，对县域金融市场化、农业机械化与农民收入增长三者之间关系的进一步梳理与研究就显得非常有必要。鉴于此，基于河南省 105 个县 2001 ~ 2017 年的县域面板数据，运用 OLS、RE、Two-way FE 和 GMM 方法估计基准回归模型，以考察县域金融市场化与农业机械化对农民收入增长的总效应，同时利用中介效应模型检验县域金融市场化是否可以通过农业机械化间接影响农民收入增长，以及中介效应所占的比例。然后，利用面板门槛模型研究农业机械化对农民收入增长的作用受县域金融市场化影响的门槛效应，最后基于分位数回归模型从不同收入群体角度考察县域金融市场化与农业机械化对农民收入增长的异质性影响。这有助于厘清县域金融市场化、农业机械化与农民收入增长三者之间的关系，对进一步发挥农业机械化与县域金融资源在农民收入增长中的作用具有一定的指导意义和参考价值。

第一节　县域金融市场化与农民增收效应的理论逻辑

一、县域金融市场化与农业机械化影响农民收入增长的总效应

（1）农业机械化促农增收的作用机理。我国农业机械化打破了传统经

济学家的偏见，在耕地细碎化的资源禀赋下依然实现了农业机械化水平的提升（Yang et al.，2013；方师乐和黄祖辉，2019），带动农业生产规模化、集约化和产业化发展，并通过改变农民收入结构有效促进了农民收入增长（李谷成等，2018；周益波等，2019）。下面主要从两个方面对机械化促农增收的作用机理展开分析。第一，农业机械化提高了农民农业经营性收入。一方面，农业机械化作为一种典型的劳动节约型技术进步使农业生产资料的投入逐渐减少，进而降低了农业生产成本（钟甫宁，2016）。另一方面，农业机械化普及减少了土地粗放式经营机会，提高了土地利用效率与农业生产率，进而增加农作物产量，促进了农民农业经营性收入（Benin，2015；周振等，2016）。此外，由于农业生产活动易遭受自然灾害的影响造成农作物减产，而农业机械化有助于农户应对气象灾害的不利影响，保障了农民农业生产收入（周益波等，2019）。第二，农业机械化促进了农民工资性收入增长。在人工成本刚性上升背景下农业机械化与劳动力相对价格发生变化，机械化作为一种生产要素对劳动力形成了有效替代（Wang et al.，2016），促进了农村劳动力向其他部门转移，这部分富余劳动力完全脱离农业生产进入非农部门工作（周晓时，2017），直接增加了农民工资性收入。同时，农业机械化水平的提高缩短了农民农业生产时间，因此他们可以将多精力分配到非农就业中，通过增加非农就业时间来增加农民工资性收入（周益波等，2019）。

（2）县域金融市场化对农民收入增长的直接效应。有研究指出，金融市场化推动了区域经济增长（Muhsin，2011；周海鹏等，2016），而经济增长产生的主要正向效应就是促进居民收入水平的提高（董秀良等，2019）。我国农业发展高度集中于县域，县域金融市场化与农业发展紧密联系，是反映农村金融发展水平的一个重要方面，其深化水平的上升主要表现为县域农村经济的增长，并通过"涓滴效应"惠及农民，由此带来农民收入水平的提高。具体来看，县域金融市场化提高了不同类型金融机构的合作效率，加快了资本流动速度，降低了农业经营主体的融资成本，有利于农业经济发展与农民收入增长。同时，金融市场化为农民提供丰富的金融产品带来了农民资产的保值与增长，稳定了农民收入增长。虽然县域金融市场化的"虹吸效应"会造成农村"空心化"及农村优势资源的流失，但是可以使农民通过进入金融环境获得非农就业机会和工资性收入（伍骏骞等，2017），而且金融市场化还带来了城市化发展，而城市化又对现代农业发展有重要作用（卫龙宝等，2013）。综上所述，县域金融市场化与农业机械化总体上对农民收入增长具有显著的正向作用。

二、县域金融市场化对农业机械化促农增收的影响逻辑

（1）县域金融市场化影响农业机械化发展的作用机制。我国农机补贴政策在促进农业经营主体购买农业机械方面发挥了巨大作用（周振等，2016），但单方面通过农机补贴政策推动农业机械化发展的作用是有限的，而增强金融服务实体能力、优化农业科技资源配置更为重要（吴林海和彭宇文，2013），这就需要发挥金融投融资效应。下面从四个方面展开分析县域金融市场化对农业机械化发展的影响机制。

第一，县域金融市场化的资源优化配置效应。随着经济与科技的发展，农业机械产业结构面临着向更高级别调整的需求，但由于市场信息不对称和较高的交易成本，使农业机械企业面临融资困境，制约了产业结构调整。金融资本的深化与投资是产业结构调整的关键（孙志红和王亚青，2017），县域金融市场化的资源优化配置效应，不仅可以缩短投资周期、提高储蓄投资转化效率，还可以通过克服信息不对称、降低交易成本，为产业调整过程中农业机械企业科技研发、设备换代以及企业生产经营与扩建等提供资金支持。同样，县域金融市场化为农业经营主体提供更多的融资渠道并降低融资成本与门槛，增加了农业经营主体金融资源的可得性，解决了他们采用农业机械设备及农机社会化服务资金需求问题。

第二，县域金融市场化的创新激励效应。县域金融市场化不仅为农业机械生产企业的研发创新、成果转化过程提供资金支持，还通过创新激励效应促进企业竞争与行业人才流动，实现创新知识的流动与转移，提高企业创新能力（孙志红和王亚青，2017）。同时，通过网络效应实现知识共享与扩散，降低企业学习研发成本。企业研发创新能力的提升有助于高端农机装备的研发与应用，进而有利于农业机械化发展。

第三，县域金融市场化的风险分散效应。农业生产受季节性及其他因

的影响较其他行业存在更多的不稳定性与不确定性，导致农业经营主体与农业机械生产企业盈利发展均面临较大风险，进而影响新农机设备的生产、推广与采用。县域金融市场化区内拥有的丰富金融资源，可以提供多样化的金融风险管理工具与投资组合以满足农业机械生产企业与农民各层次的金融需求，帮助他们管理生产与投资中的各种风险，进而有利于农业机械化发展。

第四，县域金融市场化的空间溢出效应。县域金融市场化的空间溢出效应是指金融市场化除对本地经济体产生影响外，对周边县域地区的经济体也会产生辐射效应（Baldwin and Martin，2001）。在县域金融市场化的作用下，金融资本、创新知识、人才和技术等因素的溢出效应，促使邻近县域地区经济发展和农业机械技术研发、成果转化与采用趋同。此外，县域金融市场化的空间溢出效应和示范效应也带动了农机跨区作业，农机服务"外包"等多种形式的农机社会服务，提高了周围县域地区农业生产效率。

根据上文分析，县域金融市场化能够通过资源优化配置效应、创新激励效应、风险分散效应与空间溢出效应影响到农业机械科技研发、成果转化、新农机设备推广与采用、农机社会化服务等多个方面，而农业机械化发展又能促进农民收入增长。也就是说，县域金融市场化可以通过中介变量——农业机械化影响农民收入增长。

（2）不同县域金融市场化水平下农业机械化影响农民收入增长的异质性。我国县域地区的经济基础、产业结构、投资水平、人力资本、政府干预、金融信用环境、交通便利程度等存在较大差异，致使县域金融市场化水平也存在明显的区域差异（冯林和罗怀敬等，2016；冯林、刘华军和王家传，2016）。商业银行等金融机构为了自身利益考虑把大部分机构营业网点从经济发展水平低、盈利差的县域农村撤出，并将其设立在县域金融市场化程度高的地区，导致部分落后县域金融资源流失严重，出现了较为严重的金融排斥现象（黄红光等，2018；莫媛等，2019）。此外，在金融市场化水平低的县域农村地区，金融机构为了自身利益考虑通过存储业务吸取农村资金并转移到盈利性更高的非农部门或其他金融市场化水平更高的县域，造成该地区农业生产领域的金融资金严重匮乏（黄寿峰，2016），进而提高了农民获取银行信贷资金的门槛。同理，部分发达县域因经济基础、政府金融政策、人力资本等因素吸引了大量金融机构和信贷资源，金融与经济发展之间也已呈现良性互动现象，致使县域金融市场化水平达到新的高度（冯林和罗怀敬等，2016）。

在金融市场化水平低的县域农村地区，农业机械新技术、新方法的研发与成果转化得不到相应金融资金的支持，进而限制了农业机械科技研发与创新能力的提升（李长飞等，2017）。同时，受到该地区农村金融机构数量有限、农业贷款门槛高和农户金融素养差等一系列金融排斥因素的影响（黄红光等，2018），农业机械新设备推广、购买及农机服务"外包"采用过程也会受到阻碍，不能适时应用到农业经营过程中，从而降低了农机社会化服务效率。考虑到农业机械化对农民收入增长的显著促进作用，这种效率的降低会阻碍农民收入增长。随着县域金融市场化水平的提高，地区金融资源逐渐丰富，并间接带来了人才、技术和产业的集聚（董秀良等，2019），则有利于保障与提升农业机械科技投入资金的运行效率和农机社会化服务效率，进而给县域农民收入增长注入新的动力。当县域金融市场化达到高层级后，金融机构与信贷资金的集中促进了产业结构调整（孙志红和王亚青，2017），农业产值占比进一步下降，第二与第三产业成为主导产业，农民获得更多的非农就业机会与工资性收入（伍骏骞等，2017），因第二、第三产业生产效率大于第一产业，致使农民可支配收入更多是依赖于工资性收入。同时，高层级的县级金融市场化发展因其对农村地区的"虹吸效应"导致农村"空心化"与农业资源流失，进而可能使农民的农业经营性收入占比下降（伍骏骞等，2017），而农业机械化主要作用于农业经营性收入增长（李谷成等，2018），因此，即使农业机械投入及服务效率提升了，但整体上农业机械化对农民可支配收入增长的直接正向效应相较中层级县域金融市场化地区会减弱。

综上所述，因县域金融市场化水平的不同，农业机械科技投入资金的配置效率与农民收入结构也会呈现出较大差异，进而农业机械化对农民收入增长的影响程度也有所不同。即农业机械化对农民收入增长的促进作用受县域金融市场化门槛效应的影响，随着县域金融市场化水平的上升，农业机械化对农民收入增长的正向效应呈现倒"U"型结构，即相较于中层级县域金融市场化，金融市场化处于低层级与高层级的县域中农业机械化对农民收入增长的促进作用会明显减弱。

第二节 研究设计

一、计量模型设计

（一）基本模型设定与中介效应

结合上述理论机制分析，下面从实证角度考察农业机械化与县域金融市场化之间可能存在的某种综合作用机制，并进一步探究其作用于农民增收的具体路径。首先以各县级行政区的农民收入为被解释变量，县域金融市场化与农业机械化为核心解释变量，建立如下基本动态面板模型：

$$\ln income_{i,t} = \beta_0 + \beta_1 finas_{i,t} + \beta_2 \ln machine_{i,t} + \beta_3 X_{i,t} + u_i + e_t + \varepsilon_{i,t} \quad (8.1)$$

其中，$finas_{i,t}$ 为第 i 个县（县级市）第 t 年的县域金融市场化水平，$income_{i,t}$，$machine_{i,t}$ 分别为衡量农民收入水平与农业机械化的相应指标。此外，$X_{i,t}$ 表示其他影响农民收入增长的一系列控制变量，u_i 表示地区固定效应，e_t 表示时间固定效应，$\varepsilon_{i,t}$ 为随机干扰项，β_0、β_1、β_2 和 β_3 为待估系数。在模型参数估计中对相应变量做自然对数化处理，以减轻变量间的异方差和多重共线性。为了检验县域金融市场化可通过农业机械化影响农民收入的作用机制，借鉴温忠麟等（2004）关于中介效应检验方法的相关研究建立中介效应模型，该模型由以下三个估计方程构成：

$$\ln income_{i,t} = \alpha_0 + \alpha_1 finas_{i,t} + \alpha_2 X_{i,t} + u_i + e_t + \varepsilon_{i,t} \quad (8.2)$$

$$\ln machine_{i,t} = \lambda_0 + \lambda_1 finas_{i,t} + \lambda_2 X_{i,t} + u_i + e_t + \varepsilon_{i,t} \quad (8.3)$$

$$\ln income_{i,t} = \eta_0 + \eta_1 finas_{i,t} + \eta_2 \ln machine_{i,t} + \eta_3 X_{i,t} + u_i + e_t + \varepsilon_{i,t} \quad (8.4)$$

式（8.2）反映了县域金融市场化对农民收入增长的影响，式（8.3）反映了县域金融市场化对中介变量农业机械化的影响，式（8.4）则反映了县域金融市场化与中介变量农业机械化同时对农民收入增长的影响。其中，参数 α_1 和 η_1 分别表示县域金融市场化对农民收入增长影响的总效应与直接效应，$\lambda_1 \eta_2$ 则表示县域金融市场化通过中介变量对农民收入增长影响的中介效应，且用中介效应与总效应之比可以反映中介效应的相对大小。当模型中参数 α_1、λ_1 与 η_2 均显著时则表示存在中介效应，若参数 α_1 显著，而 λ_1 与 η_2 至少有一个不显著时，那么还需要进一步检验系数乘积的显著性（即是否拒绝 $\lambda_1\eta_2 = 0$ 的原假设），显著时则意味着存在中介效应。当存在中介效应时，若 η_1 不显著则为完全的中介作用，否则为"部分的"中介作用。

（二）面板门槛模型

正如在理论分析中所提到的，农业机械化对农民收入增长的促进作用受县域金融市场化门槛的影响，在不同层级的县域金融市场化水平下，农业机械化对农民收入增长影响的程度甚至是方向可能会发生显著变化，因此构建门槛模型进行实证研究是一个很好的选择。根据汉森（Hansen，1999）提出的面板门槛理论，在式（8.1）基础上构建面板门槛回归模型，含有一个门槛值的面板门槛模型可表示为：

$$\ln income_{i,t} = \beta_0 + \beta_1 finas_{i,t} + \beta_2 \ln machine_{i,t} \cdot F(finas_{i,t} < \gamma_1)$$
$$+ \beta_3 \ln machine_{i,t} \cdot F(finas_{i,t} \geq \gamma_1)$$
$$+ \beta_4 X_{i,t} + u_i + e_t + \varepsilon_{i,t} \tag{8.5}$$

考虑县域金融市场化可能存在多个门槛值的情况，在单一门槛模型基础上进行扩展，构建多重门槛面板模型：

$$\ln income_{i,t} = \beta_0 + \beta_1 finas_{i,t} + \beta_2 \ln machine_{i,t} \cdot F(finas_{i,t} < \gamma_1) + \beta_3 \ln machine_{i,t}$$
$$\cdot F(\gamma_1 \leq finas_{i,t} < \gamma_2) + \cdots + \beta_{n+1} \ln machine_{i,t}$$
$$\cdot F(\gamma_{n-1} \leq finas_{i,t} < \gamma_n) + \beta_{n+2} \ln machine_{i,t} \cdot F(finas_{i,t} \geq \gamma_n)$$
$$+ \beta_{n+3} X_{i,t} + u_i + e_t + \varepsilon_{i,t} \tag{8.6}$$

式（8.5）和式（8.6）中，县域金融市场化水平 $finas_{i,t}$ 为门槛变量，γ 表示未知门槛值，$F(\cdot)$ 为指示函数，当 $finas_{i,t}$ 满足指示函数括号中的条件，则 $F(\cdot)=1$，否则 $F(\cdot)=0$。为了进一步探究县域金融市场化与农业机械化对不同收入农民群体的异质性影响，还将利用分位数回归方法对式（8.1）进行回归估计。

二、变量选取

（1）县域金融市场化（$finas$）。根据前文所述，以县域金融相关比指标衡量县域金融市场化水平，即各县域地区金融机构贷款占 GDP 的比值。

（2）农业机械总动力（*machine*）。由于农业机械总动力可以整体反映农业生产中的机械化程度及农业机械科技投入情况（李谷成等，2018），因此以县级层面的农业机械总动力衡量农业机械化水平。

（3）农民收入（*income*）。采用国内学者最常用的农民人均纯收入（2000～2014 年）和农村居民人均可支配收入（2015～2017 年）衡量农民收入水平。[①]

（4）控制变量。在上述核心变量基础上，考虑到其他因素对农民收入的影响，将以下变量作为控制变量。①农业劳动力投入水平（*labor*）以各县域地区第一产业从业人员数来表示；②财政支农力度（*fiscal*）以与农业相关的财政支出占总支出的比例来表示，其中与农业相关的财政支出以各县域地区每年用于农林水事务的财政支出来衡量；③经济发展水平（GDP）以各县域地区生产总值来表示；④粮食播种面积（*area*）以各县域地区粮食农作物播种面积来表示；⑤农业施肥情况（*fert*）用各县域地区农用化肥施用折纯量来表示。

此外，考虑到遗漏变量的问题，采用增加控制变量方式，将产业结构变动（*indust*）和农村用电量（*elect*）等因素纳入基准回归模型，控制上述因素对农民收入增长的影响，以考察模型的稳健性。

三、数据来源与描述性统计

实证选取 2001～2017 年河南省 105 个县（县级市）相关变量的年度数据作为样本数据，其数据主要来源于《河南统计年鉴》、《中国县（市）社会经济统计年鉴》、《中国县域统计年鉴》、河南省统计局以及 Wind 数据库整理而成。需要说明的是，市辖区与县（县级市）在经济金融特征及财权事权划分上存在较大差异（冯林和罗怀敬等，2016），且我国农业发展

---

① 2013 年起国家统计局开展了城乡一体化住户收支与生活状况调查改革，根据 2016 年《河南统计年鉴》简要说明 2014 以前数据为老口径，农民收入为农民人均纯收入口径。2014 年以后为实施城乡一体化调查的数据，农民收入为农村居民人均可支配收入口径。虽然统计口径发生变化，但根据两者定义对比本书认为相关数据变化不大。

高度集中于县（县级市），故在统计数据时不考虑市辖区，同时我们还剔除了少量因撤县划区的县域样本。另外，为了真实反映经济增长，以2001年农村居民消费价格指数（CPI）为基期对上述名义经济变量进行价格平减[①]。根据以上统计年鉴资料和数据库的数据，下面对变量样本数据进行了描述统计分析，结果如表8-1所示。

表8-1　　　　　　　　　　　　变量的描述性统计

变量符号	变量含义	单位	样本量	平均值	标准差	最大值	最小值
lnincome	农民收入对数	元	1785	3.6643	0.5137	4.9048	2.4787
finas	县域金融市场化水平	—	1785	0.3640	0.1615	1.1375	0.0374
lnmachine	农业机械总动力对数	万千瓦	1785	4.1412	0.6902	5.6452	0.2787
lnlabor	农业劳动力人员数量对数	万人	1785	5.3563	0.6160	6.6580	2.0794
fiscal	财政支农力度	—	1785	0.1319	0.0615	0.5048	0.0305
lnfert	农用化肥施用折纯量对数	吨	1785	6.0308	0.8061	8.6104	1.9810
lngdp	地区产值对数	亿元	1785	4.3790	0.7190	6.5524	2.2738
lnarea	粮食播种面积对数	千公顷	1785	6.5099	0.7210	7.7416	0.4356
Indust	产业结构变动	—	1785	0.5615	0.4313	2.8420	0.0054
lnelect	农村用电量对数	万千瓦时	1785	9.4396	0.8799	12.4848	6.7787

第三节　县域金融市场化与农民增收效应的实证分析

一、面板数据的平稳性检验

面板数据模型在回归分析前需要先对面板数据序列进行平稳性检验，其检验方法较多，主要采用 LLC 检验、IPS 检验及费雪式检验（Fisher – ADF）综合确定变量序列的平稳性，检验结果如表8-2所示。检验结果显示，所有变量在 LLC 检验、IPS 检验以及 Fisher – ADF 检验下均通过了5%的显著性检验，即所有变量均为平稳变量，可以进行回归分析。

[①]　由于河南省各市、县（县级市）的农村居民消费价格指数缺失，本书直接采用相应年份河南省农村居民消费价格指数代替。

表 8 - 2

变量数据的平稳性检验结果

检验方法	lnincome	finas	lnmachine	lnarea	lnfert	fiscal	lnlabor	lngdp	indust	lnelect
LLC	-5.623***	-10.784***	-8.587***	-6.091***	-8.397***	-11.680***	-5.513***	-21.129***	-32.277***	-10.884***
IPS	-7.120***	-7.475***	-6.680***	-6.646***	-7.296***	-7.369***	-8.396***	-7.041***	-19.172***	-2.986***
ADF	255.743**	652.023***	641.188***	649.826***	668.174***	839.296***	525.453***	833.861***	926.555***	592.738***
结论	平稳	平稳	平稳	平稳	平稳	平稳	平稳	平稳	平稳	平稳

注：T 统计量 P<5%，<1% 时，分别以 **、 *** 标记。

二、县域金融市场化与农业机械化对农民收入增长的总效应分析

下文结合理论模型与实际数据对县域金融市场化、农业机械化与农民收入增长之间的影响关系及其相互传导机制进行深入探讨。本章利用 OLS 混合回归、随机效应模型、双向固定效应模型以及系统 GMM 估计方法对式（8.1）进行估计，以考察县域金融市场化与农业机械化对农民收入的总效应，估计结果如表 8 - 3 所示。

表 8 - 3 基准估计结果

估计方程	（1）	（2）	（3）	（4）
估计方法	OLS	RE	Two-way FE	差分 GMM
$L.\ lnincome$				0.8007 *** (0.0230)
$finas$	0.5196 *** (0.0580)	0.4783 *** (0.0556)	0.0454 * (0.0239)	− 0.0482 * (0.0260)
$lnmachine$	0.1279 *** (0.0351)	0.1011 *** (0.0283)	0.0305 ** (0.0136)	0.0304 *** (0.0085)
$lnlabor$	− 0.1386 *** (0.0374)	− 0.2634 *** (0.0297)	− 0.0247 * (0.0133)	− 0.0241 ** (0.0102)
$fiscal$	0.4909 *** (0.0538)	0.6224 *** (0.0527)	0.0734 (0.0672)	0.1098 *** (0.0356)
$lngdp$	0.7663 *** (0.0254)	0.7249 *** (0.0197)	0.1229 *** (0.0236)	0.1739 *** (0.0212)
$lnarea$	0.0686 *** (0.0117)	0.0386 *** (0.0105)	0.0031 (0.0048)	0.0131 *** (0.0034)
$lnfert$	0.0043 (0.0122)	− 0.0072 (0.0118)	0.0005 (0.0069)	− 0.0177 *** (0.0035)
$Cons$	− 0.4121 (0.2718)	1.0178 *** (0.1733)	2.5525 *** (0.1320)	
个体固定效应	NO	NO	YES	NO

续表

估计方程	(1)	(2)	(3)	(4)
估计方法	OLS	RE	Two-way FE	差分 GMM
时间固定效应	NO	NO	YES	NO
Wald 检验 P 值				0.000
AR（2）检验 P 值				0.096
Sargan 检验 P 值				0.000
R^2	0.9489	0.9342	0.9884	
观测值	1785	1785	1785	1575

注：①括号内为聚类稳健标准误；② *** 、 ** 和 * 分别表示 1%、5% 和 10% 的显著性水平。

表 8-3 中列（1）为 OLS 混合回归结果，列（2）为随机效应模型（RE）估计结果，二者结论相似，结果显示在控制一系列其他变量的基础上。首先，县域金融市场化和农业机械化对农民收入增长具有显著的正向作用，且在 1% 的显著性水平上显著，这说明县域金融市场化水平和农业机械化服务水平越高，越有利于农民收入增长。其次，在考虑了地区差异与时间差异的影响之后，采取双向固定效应模型（Two-way FE）进行估计［即列（3）］，结果显示县域金融市场化与农业机械化服务对农民收入增长的影响依然存在。在不考虑聚类稳健标准误下，随机效应和双向固定效应估计结果的 F 统计量 P 值为 0.0000，强烈拒绝"OLS 混合回归结果是可以接受"的原假设，即随机效应和双向固定效应的估计结果优于 OLS 混合回归，同时，本章还进行了豪斯曼检验（Hausman），结果表明双向固定效应的估计结果要优于随机效应。此外，考虑到县域金融市场化、农业机械化与农民收入之间可能存在双向因果关系，实证模型存在内生性问题，进而致使普通最小二乘法和静态面板数据模型的估计是有偏的。同时，在选取的核心解释变量和控制变量基础上，还可能存在其他影响农民收入的变量被遗漏问题。因此，这里采用能较好地处理以上问题的广义矩估计（GMM）方法进行估计，GMM 估计方法分差分 GMM 和系统 GMM 两种，根据 AR（2）的检验结果看，系统 GMM 估计可能会存在残差自相关问题，因此选取差分 GMM 进行估计分析［即列（4）］。结果显示，在 5% 的显著

性水平上接受"模型残差项不存在二阶自相关"的原假设，即估计残差不再存在自相关，而且也再次证实了县域金融市场化、农业机械化服务的发展影响着农民收入增长。从控制变量来看，财政支农力度、经济发展水平以及粮食播种面积都对农民收入具有显著的正向影响，而农业劳动力投入水平对农民收入增长产生了显著负向影响。农业施肥情况在 OLS、RE 和 Two-way FE 估计中均不显著，说明农业施肥情况对农民收入的影响并不确定。

根据经典农业经济理论，农业机械化具有规模偏向效应，需要相应的耕地规模作为匹配（李谷成等，2018）。但在中国耕地细碎化与人均耕地面积有限的资源禀赋特征下，农业机械化发展呈现多样性，除农户自购农机外，还有农机合作社、农机跨区作业、农机社会化服务外包等多种极具中国特色的新模式。这些新模式的推广与使用，会促进农业劳动生产率的增长，降低劳动力在家务农的机会成本。农业机械化作业将劳动力从土地释放出来，通过增加非农就业时间或促进劳动力转移进入非农部门等方式增加农民收入。县域金融市场化的资源优化配置效应、创新激励效应、规模经济效应以及风险分散效应等效应，会通过降低融资成本、增加融资渠道、加速技术进步及分散市场风险等途径，作用于产业结构升级、县域经济发展，而县域农村经济增长产生的主要正向效应就是农民收入增长。

第四节　农业机械化的作用机制检验

一、农业机械化在县域金融市场化与农民收入增长之间的中介效应分析

本章利用中介效应检验方法对农业机械化在县域金融市场化与农民收入增长之间的中介效应进行了深入考察，具体检验结果如表 8-4 所示。根据表 8-4 对农业机械化的中介效应检验可以看出，Sobel 检验的 Z 统计量 P 值小于 1% 的显著性水平，说明拒绝了原假设，即农业机械化的中介效应是显著的。列（5）中县域金融市场化的估计系数显著为正，表明县域

金融市场化对农民收入增长的直接作用是显著的，估计系数为 0.3429。列（6）表明县域金融市场化同样也可以显著影响农业机械化。列（7）中县域金融市场化和农业机械化变量的系数都显著为正，这表明在控制了县域金融市场化变量的影响后，中介变量农业机械化对农民收入增长的作用仍显著。此外，参数 α_1、λ_1 和 η_2 的估计值均显著，这也进一步验证了农业机械化在县域金融市场化的农民收入增长效应中起了中介效应，但因为 η_2 是显著的，故存在"部分的"中介效应。其中，中介效应占总效应的比重为 7.577%，这在某种程度上说明县域金融市场化对农民收入增长的作用大约有 7.577% 是通过农业机械化的中介作用实现的。

表 8 - 4　　　　　　　　农业机械化的中介效应检验结果

估计方程 因变量	(5) lnincome	(6) lnmachine	(7) lnincome
finas	0.3429 *** (0.0323)	0.2458 *** (0.0645)	0.3169 *** (0.0317)
lnmachine			0.1057 *** (0.0117)
Cons	1.8133 *** (0.0603)	- 1.2246 *** (0.1205)	1.9427 *** (0.0607)
观测值	1785	1785	1785
其他控制变量	YES	YES	YES
Adj R^2	0.8498	0.6682	0.8564
Sobel 检验的 Z 统计量	- 3.516，其 P 值为 0.0004		
中介效应/总效应	7.577%		

注：①括号内为聚类稳健标准误；② *** 表示 1% 的显著性水平。

上述实证结果发现，农业机械化在"县域金融市场化→农业机械化→农民收入增长"的影响路径中起着重要的传导作用。根据诱致性技术变迁理论，理性农户会增加相对丰富且便宜的生产要素投入，以替代相对缺乏且较贵的生产要素。随着我国人口红利的逐渐消失，农业劳动力开始成为稀缺要素，其价格与务农机会成本不断上升。

县域金融市场化有利于降低农村金融排斥，缓解农民信贷约束，并降低融资成本与农业生产投入成本，理性农民会增加金融资本及农业机械资本投入来替代劳动力要素，而金融资本投入会加速农业机械化作业的推进，进而增加农民经营性收入和工资性收入增长。因此，县域金融市场化通过间接作用于农业机械化，使农民农业经营性收入和工资性收入同时增加，最终促使农民总收入增长。

二、县域金融市场化影响农业机械化促农增收的门槛效应分析

（一）门槛效应检验与门槛值估计

为了确定门槛模型的具体形式，对单一门槛、双重门槛和三重门槛模型进行估计，并采用"自抽样法"（Bootstrap）反复抽样 300 次模拟 F 统计量的渐进分布和临界值，表 8-5 是门槛效应检验结果，表 8-6 是在 95% 的置信区间内门槛估计值。结果显示，农业机械化对农民收入增长的作用受到县域金融市场化水平双重门槛的影响。

表 8-5　　　　　　　　门槛效应检验结果

门槛类型	F 值	P 值	临界值		
			1%	5%	10%
单一门槛检验	70.81 ***	0.0000	49.2065	41.0479	36.4559
双重门槛检验	28.35 **	0.0367	37.1278	25.8642	22.4061
三重门槛检验	23.07	0.4000	80.8476	57.6965	46.6749

注：①P 值和临界值均采用"自抽样法"（Bootstrap）反复抽样 300 次得到；② *** 、** 分别表示 1%、5% 的显著性水平。

表 8-6　　　　　　门槛值估计结果及其 95% 置信区间

模型	门槛值	估计值	95% 置信区间
双重门槛模型	$\hat{\gamma}_1$	0.2261	[0.2202, 0.2293]
	$\hat{\gamma}_2$	0.5731	[0.5596, 0.5745]

（二）门槛模型参数估计与稳健性分析

表 8-7 是门槛模型参数估计与稳健性检验结果，其中列（8）估计结果显示农业机械化对农民收入增长具有显著的正向影响效应，且这种作用受到县域金融市场化水平的双重门槛效应影响。根据识别的两个门槛值，将原有的县域金融市场化水平划分为 0.2261 以下，0.2261～0.5731 和 0.5731 以上 3 个区间。县域金融市场化水平在 0.2261 以下的地区被认为是低水平的县域金融市场化，农业机械化的回归系数为 0.1176。金融市场化处于低水平时，县域农村地区较为严重的金融排斥会抑制农民对农业机械资本要素的投入，进而影响农业机械化促农增收效应；县域金融市场化水平处于 0.2261～0.5731 被认为是中水平的县域金融市场化，农业机械化的系数上升到 0.1309。随着县域金融市场化水平的提升，农民信贷约束得到缓解，根据诱致性技术变迁理论，理性农民会投入农业机械资本要素替代劳动力要素，这不仅可以提高劳动生产效率，还可促进劳动力转移、增加农民工资性收入；县域金融市场化水平高于 0.5731 被认为是高水平的县域金融市场化，农业机械化的系数又下降到 0.1106。当县域金融市场化达到高水平时，金融市场化环境下非农就业的工资性收入已超过农业经营性收入，根据理性经济人假设和二元经济模型，农民会放弃在家务农，并克服农户迁移所产生的各种转移成本、心理成本进行劳动力转移，进入金融市场化环境获取更多的非农就业机会，因此农业机械化促农增收效应变弱。

表 8-7   门槛模型回归结果

估计方程 因变量	(8) ln*income*	(9) ln*income*
finas	0.5632 *** (0.0694)	0.5535 *** (0.0722)
ln*machine* ($finas \leqslant \hat{\gamma}_1$)	0.1176 *** (0.0338)	0.1111 *** (0.0335)

续表

估计方程 因变量	（8） ln$income$	（9） ln$income$
ln$machine$（$\hat{\gamma}_1 < finas \leq \hat{\gamma}_2$）	0.1309 *** （0.0338）	0.1247 *** （0.0337）
ln$machine$（$\hat{\gamma}_2 < finas$）	0.1106 *** （0.0337）	0.1061 *** （0.0335）
ln$labor$	−0.1325 *** （0.0358）	−0.1340 *** （0.0365）
$fiscal$	0.5074 *** （0.0528）	0.4956 *** （0.0524）
lngdp	0.7639 *** （0.0246）	0.7317 *** （0.0304）
ln$area$	0.0649 *** （0.0115）	0.062 *** （0.0107）
ln$fert$	0.0031 （0.0113）	−0.0061 （0.0105）
$idust$		−0.0208 （0.0297）
ln$elect$		0.0513 ** （0.0219）
$Cons$	−0.2071 （0.2439）	−0.4242 （0.2989）
个体固定效应	YES	YES
R^2	0.9404	0.9414
观测值	1785	1785

注：①列（8）为基准面板门槛模型，列（9）为"增加控制变量"方式的稳健性检验；②括号内为聚类稳健标准误；③ *** 、** 分别表示1%、5%的显著性水平。

总之，相较于低水平县域金融市场化而言，中层级县域金融市场化下农业机械化对农民收入增长的促进作用会明显增强，而当县域金融市场化上升达到高层级后其正向效应又将变弱。

接下来，采用增加控制变量方式考察模型的稳健性。考虑到遗漏变量对模型估计结果的影响，这里再将产业结构变动（*idust*）与农村用电量（*elect*）等可能影响农民收入增长的其他因素纳入基准回归模型，并重新对模型进行估计，其结果如表 8 - 7 中列（9）所示。回归结果显示，在增加其他控制变量后，农业机械化对农民收入增长仍然存在显著的正向影响效应，且这种作用仍受县域金融市场化双重门槛效应的影响，随着县域金融市场化水平的上升，机械化对农民收入增长的影响效应变强，当县域金融市场化达到高等水平后，机械化对农民收入增长的正向促进作用又明显减弱。此外，在新加入控制变量中农村用电量对农民收入增长具有显著的正向影响，而且原来的控制变量的影响方向与显著性均与基准回归模型一致。上述研究结论与列（8）的估计结果完全一致，随着县域金融市场化层级的上升农业机械化对农民收入增长的正向效应呈现倒"U"型结构，说明基准回归模型的估计结果是稳健的。

三、县域金融市场化与农业机械化影响农民收入增长的异质性分析

考虑农民资源禀赋的异质性，利用分位数回归模型从不同收入群体角度考察县域金融市场化与农业机械化对农民收入增长的异质性影响。为了详细观察不同收入群体的结构性特征，下面分别设置 0.1、0.3、0.5、0.7 和 0.9 五个分位点进行回归，表 8 - 8 给出了分位数回归估计结果。

表 8 - 8　　　　　　　　　　　分位数回归结果

分为点	10%	30%	50%	70%	90%
finas	0.1517 ** (0.0693)	0.2279 *** (0.0424)	0.3674 *** (0.0419)	0.4358 *** (0.0371)	0.4838 *** (0.0509)
lnmachine	0.0957 *** (0.0285)	0.1097 *** (0.0154)	0.1046 *** (0.0129)	0.1118 *** (0.0128)	0.1220 *** (0.0151)

续表

分为点	10%	30%	50%	70%	90%
lngdp	0.5077 *** (0.0191)	0.5176 *** (0.0102)	0.5469 *** (0.0121)	0.5680 *** (0.0144)	0.6055 *** (0.0180)
ln$area$	-0.0096 (0.0184)	0.0016 (0.0164)	-0.0061 (0.0121)	-0.0305 (0.0196)	-0.0685 *** (0.0241)
ln$fert$	0.0607 *** (0.0216)	0.0356 *** (0.0117)	0.0265 *** (0.0096)	0.0109 (0.0136)	0.0368 * (0.0219)
ln$labor$	-0.3430 *** (0.0263)	-0.3443 *** (0.0192)	-0.3335 *** (0.0164)	-0.3116 *** (0.0211)	-0.3445 *** (0.0323)
$fiscal$	0.7424 *** (0.1301)	1.0477 *** (0.1541)	1.309 *** (0.1914)	1.8053 *** (0.1587)	1.7993 *** (0.1966)
$Cons$	2.1698 *** (0.1363)	2.2392 *** (0.0866)	2.2062 *** (0.0808)	2.2326 *** (0.0879)	2.4002 *** (0.1034)
样本量	1785	1785	1785	1785	1785
Pseudo R^2	0.5726	0.6192	0.6399	0.6413	0.6197

注：①括号内为聚类稳健标准误；② *** 、 ** 和 * 分别表示1%、5%和10%的显著性水平。

从表8-8估计结果可以看出，在不同分位点处县域金融市场化、农业机械化、农业劳动力投入水平、财政支农力度、经济发展水平以及农业施肥情况对农民收入均有较为显著的影响。具体来看，随着分位数的增加，县域金融市场化的回归系数显著增加（0.1517→0.2279→0.3674→0.4358→0.4838），说明县域金融市场化和普惠金融的推广为不同收入群体均带来了正向效应，并且对高收入农民群体的影响较低收入农民群体的大。这是由于高收入农民群体能更有效地利用县域金融资源与渠道，进而提高了资本的配置效率，而低收入农民群体面临更强的信贷约束（蔡栋梁等，2020）。农业机械化在10%~90%分位数区间内均影响显著，系数呈稳中上升趋势（0.0957→0.1097→0.1046→0.1118→0.1220），说明农业机械化发展对各收入农民群体都具有促进作用，且中等及高等收入群体因其更易采用农业机械化作业（李昭琰和乔方彬，2019），其收入改善作用最为明显。

综上所述，核心解释变量县域金融市场化和农业机械化在不同收入农民群体中的正向效应均表现出异质性。农民对金融资本与农业机械资本等生产要素投入决策不可避免会涉及成本、风险与收益的衡量与比较，而金融素养对农民生产要素市场的理性参与决策具有不可替代的影响（苏岚岚和孔荣，2019）。金融素养水平与个人收入一般存在正向关系（Hastings and Mitchell，2020），也就是说，农民收入水平高相应地会拥有较高的金融素养，在相同的资源禀赋环境下，农民金融素养水平高会增加农民有效资金需求、增加信贷资金可得性，同时还会促进农民对农业机械资本等生产要素的理性决策（苏岚岚和孔荣，2019），因此县域金融市场化与农业机械化对高收入农民群体的正向效应更大。同样，低收入水平的农民会因自身金融素养禀赋的差异抑制其做出理性的生产要素配置决策，进而影响县域金融市场化与农业机械化的正向效应。

第五节　本　章　小　结

本章从县域金融市场化的角度出发，阐述了与农业机械化、农民收入增长三者之间的理论影响机制，然后基于 2001~2017 年河南省 105 个县的县域面板数据考察了县域金融市场化与农业机械化对农民收入增长的总效应以及对不同收入农民群体的异质性影响，同时还研究了县域金融市场化通过农业机械化间接影响农民收入增长的传导机制。研究发现：第一，县域金融市场化和农业机械化对农民收入增长具有显著的正向作用，其中，县域金融市场化对高收入农民群体的影响效应较低收入农民群体大，农业机械化对中等及高等收入农民群体的促进作用更显著。第二，县域金融市场化还能通过农业机械化发展间接影响农民收入增长，即农业机械化在县域金融市场化与农民收入增长中具有中介效应，这一中介效应的比例为 7.577%。第三，农业机械化对农民收入增长的正向效应受县域金融市场化双重门槛效应的影响，其门槛估计值分别为 0.2261 和 0.5731，且均通过了 5% 的显著性检验。同时，门槛效应具体表现为，随着县域金融市场化层级的上升，农业机械化对农民收入增长的正向效应呈现倒"U"型结构，即相较于中层级县域金融市场化，金融市场化处于低层级与高层级的县域中农业机械化对农民收入增长的促进作用会明显减弱。

第九章

县域金融市场化改革成效
与政策启示

第一节　改革成效

　　本书基于我国县域金融市场化改革取得重要进展以及"三农"事业发展面临资金约束现实问题，依据金融市场化理论、内生金融增长理论、舒尔茨改造传统农业理论、诱致性技术变迁理论、生产效率理论等相关理论，从粮食生产、农业提质增量以及农民增收等角度，深入阐释了县域金融市场化的经济效应。在理论分析基础上，依据县域面板数据实证分析了县域金融市场化对粮食生产效率、粮食生产供给、农业经济提质增量及农民增收的影响效应及其作用机制，旨在准确把握现阶段我国县域金融市场化发展在促进粮食安全效应提升、农业增效及农民增收过程中的运行机制与规律。本书的主要研究内容和相关结论如下：

　　研究内容一：县域金融市场化改革历程及演变趋势。这一主题主要对改革开放以来县域金融市场化改革变迁历程进行梳理，且测算了县域金融市场化程度并分析了时空分异。研究结果表明：（1）纵观中国县域金融市场体系改革历程，整体的改革实践遵循了麦金农和肖（McKinnon and

Shaw）的"金融深化理论"，改革开放前，我国县域金融市场从央行高度垄断到以农业银行和农信社为主导、正规金融与非正规金融并存的竞争性市场、再到农村信用社为主体的完全垄断格局，目前正逐步往多元化竞争转变，逐渐实现了县域金融自由化目标。（2）我国已形成以央行基准利率为基础，货币市场利率为中介，由市场供求决定金融机构存贷款利率的市场利率体系。（3）统计分析表明，我国县域金融市场化程度不断上升，同时也存在明显的区域差异性。粮食主销区的县域金融市场化程度最高，其次为产销平衡区，粮食主产区的县域金融市场化水平处于"洼地"状况，低于全国平均水平。

研究内容二：县域金融市场化与粮食生产效率：效应检验。该部分在阐述县域金融市场化影响粮食生产效率的作用机理基础上，从粮食单要素生产率和全要素生产率视角，实证分析县域金融市场化的经济效应，并分粮食功能区和地理区域考察了异质性。研究结果表明：（1）县域金融市场化对粮食种植业劳动生产率、土地产出率与农业机械利用效率均产生不同程度的显著影响，其中对劳动生产率和土地产出率具有显著促进效应，对粮食种植业机械利用效率具有显著负向影响。（2）县域金融市场化对粮食全要素生产率发挥显著促进作用，主要通过促进技术进步带动粮食全要素生产率增长，对技术效率未发挥作用。（3）门槛效应检验发现，随着县域金融市场化水平的提升，全国与东部地区内县域金融市场化的正向促进效应有所下降，在粮食主销区内，县域金融市场化的负向效应也呈现出递减特征。

研究内容三：县域金融市场化与粮食生产效率：作用机制分析。从城乡要素流动视角，阐述了"县域金融市场化—农业技术创新、要素质量、要素配置、工业化以及城镇化—粮食生产效率"的影响逻辑，并利用中介效应模型进行了实证检验。研究结果表明：农业技术创新、劳动力质量、耕地质量、资本替代劳动力与土地规模经营在县域金融市场化与粮食生产效率间发挥显著中介效应；农业资本质量发挥了遮掩效应，但是当县域金融市场化水平上升到一定层级后，将促进农业资本质量提升并带动粮食生产效率增长；工业化在两者关系中也发挥了遮掩效应。工业化对粮食生产效率具有显著正向影响，但是现阶段县域金融市场化对工业化具有抑制效应。进一步研究发现，县域金融市场化与工业化之间呈现倒"U"型影响关系；城镇化在两者关系中发挥中介效应。

研究内容四：县域金融市场化与粮食增产效应：基于要素配置视角。该部分从要素配置结构调整视角，探究了县域金融市场化发展对粮食生产供给的非线性影响效应及其作用机制。研究结果表明：县域金融市场化水平提高会加剧非农部门与粮食生产所依赖的劳动力、土地等资源要素的竞争，同时也会促进农业技术进步与农业资本深化，进而引致粮食生产要素投入结构调整，如资本替代劳动力、亩均农业技术（资本）投入增加以及土地规模经营等，并最终作用于粮食生产供给。其效应表现为，县域金融市场化对粮食生产供给具有非线性倒"U"型影响，一定范围内的县域金融市场化水平提升通过缓解农村信贷约束、加速农业资本深化正向影响粮食生产供给，而金融市场化水平上升达到一定层级后对粮食生产供给的正向促进效应会减弱乃至变为负向。

研究内容五：县域金融市场化与农业增效：基于县域城镇化视角。这一主题从农业经济"数量"与"质量"双重视角，分析了县域金融市场化发展对农业经济的非线性影响，并着重考察了县域城镇化建设的机制作用。研究结果表明：县域金融市场化对农业经济提质增量具有显著非线性影响，表现为对农业经济总量增长呈"U"型影响，对农业经济质量提升呈倒"N"型影响，而且这种非线性影响关系具有显著区域异质性。进一步发现，县域金融市场化与农业经济提质增量的关系受县域城镇化水平门槛效应的影响，随着县域城镇化水平的提升县域金融市场化赋能农业经济提质增量的作用明显增强，尤其是对农业经济质量提升的正向影响效应更大。机制检验表明，县域金融市场化可通过影响县域城镇化作用于农业经济提质增量，而且县域金融市场化引领的县域城镇化建设在促进农业经济提质增量中呈现出边际效应递减的非线性特征。

研究内容六：县域金融市场化与农民增收效应：基于农业机械化视角。这一主题在分析县域金融市场化对农民增收的影响基础上，重点实证分析了农业机械化的中介效应与门槛效应。研究结果表明：县域金融市场化不仅可以直接作用于农民增收，还可以通过农业机械化间接"部分地"影响农民增收；同时农业机械化对农民增收的正向作用受到县域金融市场化双重门槛效应的影响，随着县域金融市场化层级的上升，农业机械化对农民增收的正向效应呈现倒"U"型结构；此外，县域金融市场化与农业机械化对高收入农民群体的影响效应较低收入农民群体更显著。

第二节　政 策 启 示

根据前文分析，县域金融市场化可显著促进粮食增产、农业增效及农民增收，但是也存在影响效应不强及非线性问题。一方面，现阶段我国县域金融市场化水平较低，对"三农"的支持能力不足；另一方面，县域金融支农力度较弱，在市场化导向下金融资源更易被配置到工商部门，粮食种植业及其农业部门面临信贷约束，尤其是粮食主产区、中部地区的农村信贷约束更强。因此，当前紧要任务要持续深化县域金融改革，提升县域金融市场化水平，同时要建立健全县域金融支持"三农"发展体系。

一、持续推进县域金融深化改革以提升金融市场化水平

（一）县域金融机构应深化改革创新，增强市场竞争能力

面对新的政策环境和市场竞争变化带来的双重冲击，县域金融机构需要深化改革创新，通过差异化发展战略、精细化管理、特色化服务以及数字化转型等方式完善内部治理结构和内控机制，促进县域金融机构高质量发展，提升市场竞争能力。

一是以差异化发展战略培育新动力。在资源配置上，侧重"三农"、小微企业、小项目，严格控制大额度贷款规模；在经验策略上，中小银行应将"做小、做特、做精"作为具体的经营策略，积极调整信贷结构；在内部经营架构上，积极探索建立普通农户事业部、新型经营主体事业部、小微企业金融事业部、专营支行等，逐步建立专业化的人才培育机制、业务办理流程以及考核机制，以专业化提高经营效率；在信贷产品设置上，积极围绕"三农"和小微客户的要求，进行有针对性的产品设计，满足不同主体多元化信贷需求；在网点布局上，进一步下沉网点资源，开展金融服务入村进户活动，真正把金融信贷服务做到田间地头，同时将服务触角

延伸向社区，通过社区服务提升农户对农商行等县域金融机构的客户黏度和忠诚度，巩固中小银行在县域地区的差异化竞争优势。

二是以管理转型构建精细化管理新机制。首先，县域金融机构要积极探索规模与质量并重、风险与收益平衡的集约化发展模式，通过不断完善资本配置、成本管理、风险定价等精细化管理方式，摆脱对粗放式经营路径的依赖，实现盈利模式逐步由外延式规模扩张向内涵式高质量集约发展转变。其次，借鉴现代企业管理经验，结合中小金融机构的特点有针对性地转变管理观念和管理方式，逐步实现由行政化管理向企业化管理转变，由随意性管理向专业化管理，以"业绩与贡献"为导向优化绩效考核和薪酬分配。最后，积极转变业务模式退出高风险、高资本消耗业务，着力发展理财业务、中间业务等轻资产、低资本消耗的新型业务，同时要着力提升资本配置能力，优化资本结构，科学合理地开展资本预算、配置与考核，实现经营模式转型。

三是以服务转型开拓特色化服务新空间。在提升农村金融服务专业性方面，县域农村中小金融机构应积极调整内部组织结构，通过设立专业部门、专业人员、专业流程，推动贷款业务授信前、审批中、放贷后的集约式经营。同时建立反馈机制，跟随农业经营主体、农村产业形态的需求变化，主动调整金融产品创新、服务创新，打造服务"三农"的专业银行；在发展农村金融服务特色化方面，县域农村中小金融机构应以客户需求为导向建立完善产品及服务创新机制，通过设立社区（村镇）专业机构、专业研发部门，在全面了解客户需求基础上，建立产品创新快速响应机制，提升金融产品和服务与客户需求的适配度，从而满足特定客户群体的多层次、个性化金融服务需求；在金融服务便利化方面，通过广泛设立社区银行、社区金融服务中心，以及将金融服务与社区融合发展，整合银行与社区居民的供给与需求，逐步将社区金融服务网点打造成为与居民生活相融合的综合服务平台。

四是以数字化转型重塑发展引擎。首先，县域金融机构应加强与主流金融科技公司的战略合作，加快推进新一代系统科技平台和互联网金融平台建设，在县域地区建设信息化管理系统、移动化服务平台，积极开展数字金融服务。其次，以生活场景和政府场景为重点，围绕公共政务、居民生活等民生类综合服务，逐步上线社保缴费、水电费缴费、贷款还款等多元化服务，将基层数字金融服务向智能化、便捷化方向转型，丰富数字普惠金融内涵，构建场景金融生态。最后，在风险管理上充分利用数字科技与金融数据，基于高维、多维数据以及大数据分析技术，构建数字化风险管理体系，以便快速、精准识别风险，实时防控、规避风险。

（二）政府应重视县域金融生态建设，创造公平、开放、安全金融环境

一是强化金融监管部门的监管责任，维护本地金融市场公平竞争环境，吸引社会资本甚至外国资本进入，以提升县域金融市场化水平。二是县域地方政府应加快构建域内共享的涉农信用信息数据库，推进数字智慧城市建设，开发建设统一的数据融合平台，将金融、税务、工商等信息进行整合，实现政府信息与金融数据的有效对接，并结合征信、黑名单等大数据进行综合研判，破解农村地区信息不对称难题。三是把农民自治与信用环境治理结合起来，推进社会信用体系建设，全面推行信用村、信用户建设，推广乡村治理积分制，将区域积分结果与授信额度、利率优惠、担保机制、村干部待遇、村集体社会福利等方面结合起来，强化农村地区守信者受益、失信人寸步难行的正确导向。

二、坚持县域金融市场化改革的同时强化农村金融供给

（一）强化县域金融机构服务农业农村发展理念

县域金融机构尤其是扎根农村地区的农信社、村镇银行等农村金融机构要在思想观念深处根植为农服务的理念。一是县域金融机构作为农村金融主力军、普惠金融排头兵，要从服务乡村振兴战略、实现农业现代化的大局出发，强化为农服务的价值理念，增强县域金融机构对农业发展的责任、对乡村振兴的担当、对农村的感情，树立和形成为农业生产、县域城乡融合服务的创新理念和创新文化。二是县域金融机构应大力实施党建引领战略，把党对农村金融工作的领导渗透到各项涉农业务工作中，在涉农信贷产品开发、涉农业务风控、涉农贷款审批等相关岗位全

面推行党员责任岗、党员示范岗、党员先锋岗，形成涉农关键岗有党员把关、涉农关键任务有党员担当的局面。三是推动涉农县域金融机构回归本源，提高金融服务"三农"发展能力。通过加大涉农信贷业务考核权重，加强新增涉农贷款、新型农业经营主体贷款等指标考核，促使县域金融机构向农村地区下沉、人员下沉、业务下沉，积极扩大有效涉农信贷投放。

（二）构建县域银政深度融合格局

保障粮食安全、提升粮食综合生产能力，需要县域地方政府与金融机构建立责任共担、利益共享的协调机制。一是推动地方政府与金融机构党建合作，通过双方组织联合共建，实现资源共享、信用共享，共同推动粮食种植业高质量发展。二是县域政府应全方位、多举措展开对域内金融机构回归本源、支持粮食种植业发展进行引导，通过制定相应鼓励政策及考核奖励办法，如对支持农业发展的县域金融机构给予税收减免、贴息补贴以及财政存款存放等，引导县域金融机构支持粮食生产。三是构建风险共担共化机制。对于因自然风险、疫情冲击等陷于困境的农户和新型农业经营主体，由地方政府和金融机构协商制订救助方案，化解农业经营主体信贷偿付不足可能引致的系统性金融风险。对于金融机构因涉农信贷违约损失面临的风险，地方政府应在不良贷款清收、资本金补充等方面出台相关政策措施，协助金融机构化解风险。对于地方政府发行用于现代农业设施建设和乡村建设行动的一般债券和专项债券面临债务偿付以及政府平台"三农"发展融资等问题，县域金融机构应主动为地方政府出谋划策，协助政府解决问题。

（三）加快县域普惠金融发展，提高"长尾客户"信贷可得性

一是建立健全域内各阶层群体的信息档案。县域金融机构及基层网点应通过深入走访、全面录入、综合评价，建立健全域内客户信息档案，尤其是构建市县域内共享的涉农信用信息数据库，全面夯实客户基础，推动农村普惠金融市场化。二是聚焦"智慧银行"，利用大数据、云计算、人工智能等新兴数字化信息技术促进金融科技与金融服务深度融合，构建域

内普惠金融数字化平台。把传统金融机构与普惠客户连接起来，使传统线下网点、线下业务、线下产品、线下服务全部转移到数字化平台，小额信贷申请、审批授信、放贷全部线上办理，打通基层尤其是农村金融服务的"最后一公里"。三是优化信贷产品体系，提高金融供给能力。依托数字技术开发线上信贷产品，打造线上与线下融合的信贷产品服务体系，同时支持县域金融机构开发区域特色信贷产品，积极探索"公司＋农户＋银行"等产业链带动模式。围绕农民合作社、家庭农场、专业大户等新型农业经营主体和农业龙头企业创新供应链金融、产业链金融等全链条金融服务模式，推出农户联保贷、订单贷、存货贷等不同信贷产品，促进"三农"金融服务由"点对点"模式向全产业链模式转型，更加精准满足基层农户的融资需求。四是依托县域金融机构遍布农村地区的服务网点和金融服务站，通过改造软硬件基础设施，打造集金融存款、助农贷款、政府办理、农技学习等多项综合服务于一体的新型农村金融便民服务中心，并借助数字技术建设"互联网＋金融＋政府"一体的线上综合服务平台，形成一站式"非现金金融不出户、基础金融服务不出村、综合金融服务不出乡镇"的现代金融服务体系，提高"长尾客户"信贷可得性。

（四）构建以政府与金融机构为主体，其他社会主体参与的农村金融素养提升机制

受限于金融教育体系建设滞后，金融知识公共供给渠道不足，农民金融知识欠缺、信用风险责任意识薄弱，阻碍了县域金融业务和现代数字金融在粮食生产种植中的应用与推广。因此有必要提高我国农村居民金融教育的全面性和系统性。一是构建"线上＋线下"的农民金融教育强化机制。在线下教育方面，政府应积极引导和规范多方社会力量参与农村金融教育，与金融机构、高校等社会多元主体协调合作，定期进村入户进行金融知识、金融政策、信贷流程等宣传教育活动。线上教育方面，金融机构应配合政府搭建农村综合信息服务平台并纳入金融信息服务，发挥互联网在传播金融信息方面的便利性。将传统的金融知识宣传手段与现代数字技术结合，利用移动终端、互联网等线上形式宣传巩固线下农村金融教育，有效促进农民金融知识积累与金融素养水平提高。二是建立相应的考核与

培训机制。一方面，鼓励引导金融机构面向县域农村地区不同层次金融需求农民开展金融业务模拟操作与实践专项培训活动，在强化农民金融知识水平上，增强农民金融业务办理能力、金融信贷产品利用能力，并将培训效果反馈情况纳入金融机构业务考核评价体系；另一方面，高等院校与县域地区建立帮扶机制，并将承担普及金融知识宣传的社会实践活动也应纳入高校服务社会发展的评价体系中，以切实提升农民金融素养与金融市场参与能力。三是强化村级层面的宣传引导，将金融知识宣传纳入日常农业技术、农业机械的推广培训中，并充分发挥农民合作社、家庭农场、农业龙头企业带动小农户的独特优势，通过村民代表大会集中学习、村干部带头学习、新型经营主体内部培训与外部带动等方式，努力营造全体村民自主学习金融知识、利用金融服务生产生活的良好氛围，强化农民金融信贷与风险管理意识。

三、建立健全县域金融支持农业科技创新发展体系

农业科技创新是推动"三农"事业高质量发展的核心驱动力，当前，应强化科技与农业对接、大力实施"藏粮于技"战略。前文理论与实证研究表明农业技术创新受县域金融市场化的影响，因此在推动粮食生产效率提升过程中要注意二者的协调与配合，建立健全县域金融支持农业科技创新发展体系，提升县域地区金融、技术要素的统筹协调与优化配置能力。一是强化县域金融机构金融产品及服务方式的创新。大力发展知识产权质押贷款，针对农业科技创新型企业可以提高知识产权质押比率，使得处于发展初期的农业科技创新型企业可以依靠无形资产进行融资，同时要积极探索"银行机构＋保险机构＋风险投资""政府部门＋银行机构＋担保机构"等多方联动运营模式，从而推动农业科技创新型企业的技术研发与科技成果转化。二是建立健全科学合理的金融服务支撑机制。一方面，构建以商业担保公司为主、企业互助担保为辅的多层次、多元化的农业科技创新融资担保体系，同时要引入政府农业科技创新基金，进一步完善担保体系的风险化解机制与风险补偿机制，从而破解初创农业研发企业的外源融资瓶颈，促进农业科技创新活动的健康有序开展。另一方面，构建县域农

业科技创新风险投资机制，积极引导风险投资主体进入县域、进入农业领域，加强培育县域农业科技创新风险投资主体，形成层次多样的农业科技创新融资体系。此外，要建立健全农业科技创新风险投资的法律制度和税收优惠政策体系，为农业科技创新风险投资创造良好的外部环境。三是优化政府参与农业科技创新外部融资体制机制。县域政府应强化对参与农业科技创新领域的信贷、担保以及风险投资的激励补偿机制，制定相应鼓励政策及奖励办法，如对支持农业技术创新的县域金融机构给予税收优惠、贴息补贴等奖励，引导金融机构、担保主体多渠道、多元化为农业技术创新型企业提供良好的金融信贷服务。此外，积极创新政府财政投入方式，设立农业科技创新引导基金，通过引导基金的杠杆作用撬动更多社会资本进入农业科技创新行业，充分发挥财政注资产生的增信带动效用，促进农业科技创新型企业发展。

四、协调推进县域金融与农业要素质量提升、要素配置优化的有效对接

农业要素质量提升与配置结构调整对推动粮食生产具有重要意义，前文理论研究与实证分析表明，县域金融市场化可以通过影响粮食生产要素质量、要素配置作用于粮食生产效率增长，但是在县域金融市场化对接要素质量提升与要素配置优化实践过程中也存在一些问题。为此，科学设计县域金融市场化对接要素质量提升与配置结构调整的长效机制对促进粮食生产效率增长尤为重要。

一是强化县域金融支持农村人力资本积累的创新体系建设。构建"政府财政 + 金融机构"二元协调的人力资本投资机制，以政府公共财政支出为主、金融机构信贷支持为辅，打造政府财政支出与金融市场有机统一、相互协调、相互补充、相互促进的格局。其中，政府财政支出主要关注农村基础教育、农村新型医疗等公共服务，推动义务教育均衡和城乡一体化发展、增强农村劳动力健康水平。金融机构信贷支持则以职业技能培训为主，通过健全县域金融市场功能，打造具有高度竞争力、普惠性的现代县域金融机构体系，利用金融市场的资金融通、财政支出乘数效应等功能，

推动职业教育发展。进一步地，政府还可通过制定有针对性税收优惠政策，引导企业、高校等更多社会力量参与农村人力资本投资，为大学生、农民工等群体提供农业生产管理知识、创业能力和创业意识培训，全面提高劳动者综合素质。

二是构建多方参与式的耕地质量保护补偿机制。耕地质量修复与提升离不开资金投入，当前资金主要来源于财政划拨补贴与农业经营主体自有资金投入，缺少社会资金的投入，耕地质量保护、提升是整体社会的责任，因此在继续强化政府对于农业的财政支出，加强土地改良财政资金使用监管的基础上，政府要制定相应税收优惠政策，引入金融机构、相关企业共同设立耕地质量提升基金，政府也应积极划拨土地转让金到耕地保护基金，构建多方参与式资金补贴机制。此外，强化县域金融支农力度，引导金融机构给予保护性耕作技术、工程技术、生物技术研发信贷支持，以及农业经营组织购置耕地保护机械、农膜残膜回收机等耕地保护性技术的优惠信贷等，降低农业经营组织技术采用成本。

三是强化县域金融资源配置效率，加快农业科技创新成果转化，提升农业资本质量与应用水平。农业资本质量提升依赖于农业科技创新水平与科技成果转化力度，因此要持续强化科技创新体系建设，协调推进县域金融对农业科学技术创新成果转化的支撑作用，提升农业机械、种子、化肥等农业资本科技含量。一方面，完善农业科技成果转化体制机制。建立国家省市县四级联动的农业科技成果转化机制，为县域农业科技成果转化提供强劲动力；加快县域农业科技成果转化平台建设，为科研院所、企业及高校提供信息、政策及资金全方位的信息服务；深入推进县域产学研融合发展，营造科技成果转化的创新环境；强化县域金融机构优先服务地区科技成果转化与应用意识，提高资金配置结构与效率，加快地区农业资本质量提升。另一方面，要完善适应现代农业生产的创新成果应用体系，利用服务外包、土地托管、土地规模经营等方式，将具有高技术含量的农业资本广泛应用到农业生产中，形成以农业社会化服务、农业经营组织为主的科技推广应用模式。此外，要提升农业资本利用率，通过服务扩区作业等方式优化农业资本配置，发挥农业科技引领支撑作用，提高粮食生产效率，保障我国粮食安全。

四是推进县域金融市场化对接粮食生产要素投入结构调整的机制设计。首先，优化政策设计思路，细化财税、监管的正向激励措施，提高金融服务的普惠性与竞争性，增强金融机构按照市场公开公平竞争原则改善涉农信贷服务的内生动力。其次，强化县域金融机构涉农金融产品和服务方式创新，鼓励设计与农业生产经营周期相匹配的流动贷款和中长期贷款等信贷业务；开展土地经营抵押贷款、动产质押、农业保单融资、供应链金融等，形成全方位、多元化的农村资产抵押融资模式，以及健全县域地区农业信贷担保体系，充分发挥国家融资担保基金作用，为农业经营主体土地流转、农业资本深化提供更多信贷支持。最后，规范发展县域小额贷款公司等非存款类金融组织，鼓励有条件的县域金融租赁公司等新业态下沉服务农业生产，促进农业资本深化、提高利用效率，从而加速土地适度规模经营与资本替代劳动力的进程。

五、构建县域金融参与"以城带乡，以工促农"的运行机制

（一）强化县域金融与工业协调发展机制，实现"以工促农"

在不断推进我国工业化进程的过程中，金融要素扮演着极其重要的角色，但是县域工业化进程与金融深化的协调发展具有阶段性特征，第五章实证检验表明，现阶段县域金融市场化并不能有效促进工业化发展。因此，应进一步深化县域金融体制改革，建立健全县域金融支持工业化发展体系。一是金融在支持工业化过程中应积极拓宽科技创新渠道，强化金融机构对高新技术产业等实体经济的资金支持，助力企业加快技术创新，激发市场活力，以促进技术与工业的高度融合，实现县域产业结构升级与工业化。二是政府要加快县域资本市场的开放，构建多渠道的直接融资机制，为工业企业的融资和投资创造良性的金融环境，让金融机构和市场引导资金投向，增强资金利用效率。此外，要强调工业反哺农业，加大以工促农力度，用工业化理念推进农业现代化。充分发挥工业化对现代农业的促进作用，加快农村电网、农田水利等基础设施建设，继续加大对农业生产的资本要素投入，特别是完善农业机械工业体系和物质技术装备体系。

同时，要注意从地方实际出发，因地制宜，将地方农业生产特点与工业化紧密结合，将工业化的技术、资本优势扩散到农业和农村地区，实现农业现代化。

（二）强化县域金融与城镇联动发展机制，实现"以城带乡"

地方政府应高度重视县域金融市场化与城镇化在促进粮食生产效率方面的潜力，多层面完善县域金融市场化与城镇化关联系统设计，充分发挥二者在粮食生产效率增长中的促进作用。一方面，建立健全"以城带乡"协同发展体制机制，强化县域城镇化对农村经济发展的支持，促进粮食生产效率提高。首先要建立和完善要素双向流动机制，实现城乡资源有效配置，引导县域城镇的人才、资本、技术、管理知识等生产要素进入农业部门，实现要素在城乡之间自由流动、平等交换、有机融合；其次要充分利用城镇对资本、人才及技术等要素的吸纳和创造能力，推动农业科技进步与农业资本深入，吸引资本从城市流入农村；最后要加大对进城务工人员的职业培训力度与投资，强化劳动力技能和人力资本质量提升的同时，引导城市懂经营、了解市场、有技术的优秀人才和劳动力主动投入农业农村发展中。另一方面，强化县域金融市场化与城镇化的互动机制，细化落实融合发展政策。地方政府要重视城镇化在县域金融市场化促进粮食生产效率中的作用，建立二者的关联机制，加速推进金融与城镇各领域的渗透融合，强化县域金融市场化支持新型城镇化，并凝聚金融的资源优化配置能力和城镇的平台支撑作用，推动农业科技进步、农业资本深入以及农业人才培养。

参 考 文 献

[1] 卞元超，白俊红．区域市场整合能否提升企业的产能利用率？[J]．财经研究，2021，47（11）：64－77.

[2] 蔡栋梁，王聪，邱黎源．信贷约束对农户消费结构优化的影响研究——基于中国家庭金融调查数据的实证分析 [J]．农业技术经济，2020（3）：84－96.

[3] 蔡昉．人口转变、人口红利与刘易斯转折点 [J]．经济研究，2010，45（4）：4－13.

[4] 蔡则祥．县域经济发展与农村金融服务体系重塑 [J]．江苏社会科学，2004（5）：110－116.

[5] 曹晨光．农村金融供给：一个基于制度经济学的分析视角 [J]．金融理论与实践，2007（8）：67－69.

[6] 曹菲，聂颖．产业融合、农业产业结构升级与农民收入增长——基于海南省县域面板数据的经验分析 [J]．农业经济问题，2021（8）：28－41.

[7] 曹俊杰．资本下乡的双重效应及对负面影响的矫正路径 [J]．中州学刊，2018（4）：38－43.

[8] 陈德球，魏刚，肖泽忠．法律制度效率、金融深化与家族控制权偏好 [J]．经济研究，2013，48（10）：55－68.

[9] 陈飞，翟伟娟．农户行为视角下农地流转诱因及其福利效应研究 [J]．经济研究，2015，50（10）：163－177.

[10] 陈杰，苏群．土地流转、土地生产率与规模经营 [J]．农业技术经济，2017（1）：28－36.

[11] 陈实，刘颖，刘大鹏．农技推广率、农业机械化与湖北省水稻生产 [J]．农业技术经济，2019（6）：29－37.

[12] 陈祥云，李民，张伟. 需求结构演变、供给结构失衡与粮食补贴政策调控 [J]. 新疆社会科学，2020（1）：24-32，150-151.

[13] 陈雨露. 中国新型城镇化建设中的金融支持 [J]. 经济研究，2013，48（2）：10-12.

[14] 陈雨生，陈志敏，江一帆. 农业科技进步和土地改良对我国耕地质量的影响 [J]. 农业经济问题，2021（9）：132-144.

[15] 成春林，华桂宏. 金融集聚影响因素的县域分析——基于2002—2011年江苏64个县市的实证研究 [J]. 江苏社会科学，2013（6）：238-243.

[16] 程国强. 推进粮食产业高质量发展的思考 [J]. 中国粮食经济，2019（9）：54-59.

[17] 程名望，黄甜甜，刘雅娟. 农村劳动力外流对粮食生产的影响：来自中国的证据 [J]. 中国农村观察，2015（6）：15-21，46，94.

[18] 程申，郑志浩. 基于 Tornqvist-Theil 方法的中国粮食生产增长核算研究 [J]. 河南农业大学学报，2017，51（6）：884-892.

[19] 初春，吴福象. 金融集聚、空间溢出与区域经济增长——基于中国31个省域空间面板数据的研究 [J]. 经济问题探索，2018（10）：79-86.

[20] 崔庆安，王文坡，张水娟. 金融深化、产业结构升级与技术创新——基于空间杜宾模型的实证分析 [J]. 工业技术经济，2018，37（2）：42-50.

[21] 邓春生，李珊. 农村金融发展对农村经济增长的非线性影响分析 [J]. 管理世界，2018，34（11）：180-181.

[22] 邓晓兰，鄢伟波. 农村基础设施对农业全要素生产率的影响研究 [J]. 财贸研究，2018，29（4）：36-45.

[23] 丁艺. 金融集聚与区域经济增长关系研究. 统计与决策，2009（6）：72-80.

[24] 丁毅，刘颖，张琳. 金融创新对粮食生产率的影响研究——基于微观家户数据的倾向得分匹配分析 [J]. 价格理论与实践，2021（6）：90-93.

［25］董晓林，洪慧娟.中国农村经济发展中的金融支持研究［M］.北京：中国农业出版社，2006.

［26］董秀良，满媛媛，王轶群.农村金融集聚对农民消费影响研究［J］.数理统计与管理，2019，38（4）：688－703.

［27］范川.金融创新是解决城市化发展资金瓶颈的关键［J］.商业研究，2003（21）：149－150.

［28］方师乐，黄祖辉.新中国成立70年来我国农业机械化的阶段性演变与发展趋势［J］.农业经济问题，2019（10）：36－49.

［29］费红梅，王立，王奥，等.土地政策对耕地质量影响的研究——基于吉林省数据的实证分析［J］.东北农业科学，2020，45（1）：79－82，118.

［30］冯林，李维邦.政府干预、空间溢出与县域金融发展［J］.财经科学，2016（12）：11－22.

［31］冯林，刘华军，王家传.政府干预、政府竞争与县域金融发展——基于山东省90个县的经验证据［J］.中国农村经济，2016a（1）：30－39.

［32］冯林，罗怀敬，李文正，等.县域金融集聚影响因素研究——基于空间杜宾模型和山东省县域数据的实证［J］.农业技术经济，2016b（6）：113－122.

［33］付炜.金融发展与城镇化水平的互动关系研究［J］.经贸实践，2017（11）：98.

［34］傅昌銮.县域农村金融结构与经济增长——以浙江省的为例［J］.农业技术经济，2014（7）：114－120.

［35］干春晖，郑若谷，余典范.中国产业结构变迁对经济增长和波动的影响［J］.经济研究，2011，46（5）：4－16，31.

［36］高鸣，宋洪远，Michael Carter.补贴减少了粮食生产效率损失吗？——基于动态资产贫困理论的分析［J］.管理世界，2017（9）：85－100.

［37］高鸣，宋洪远.粮食生产技术效率的空间收敛及功能区差异——兼论技术扩散的空间涟漪效应［J］.管理世界，2014（7）：83－92.

[38] 高延雷，王志刚. 城镇化是否带来了耕地压力的增加？——来自中国的经验证据 [J]. 中国农村经济，2020（9）：65 – 85.

[39] 高延雷，张正岩，魏素豪，等. 城镇化对中国粮食安全的影响——基于省区面板数据的实证分析 [J]. 资源科学，2019，41（8）：1462 – 1474.

[40] 高彦彦. 城市偏向、城乡收入差距与中国农业增长 [J]. 中国农村观察，2010（5）：2 – 13.

[41] 高玉强. 农机购置补贴与财政支农支出的传导机制有效性——基于省际面板数据的经验分析 [J]. 财贸经济，2010（4）：61 – 68.

[42] 高远东，温涛，王小华. 中国财政金融支农政策减贫效应的空间计量研究 [J]. 经济科学，2013（1）：36 – 46.

[43] 郜丽敏，吕丽，祁敬之. 农村金融抑制与制度创新——对豫南四市县域农村金融状况的调查 [J]. 金融理论与实践，2007（1）：64 – 66.

[44] 葛和平，高越. 数字普惠金融发展对农业全要素生产率的影响 [J]. 财会月刊，2021（24）：144 – 151.

[45] 耿鹏鹏. "规模实现"抑或"技术耗散"：地权稳定如何影响农户农业生产效率 [J]. 南京农业大学学报（社会科学版），2021，21（1）：108 – 120.

[46] 龚斌磊. 农业技术进步与生产率研究 [M]. 杭州：浙江大学出版社，2020.

[47] 顾宁，张甜. 普惠金融发展与农村减贫：门槛、空间溢出与渠道效应 [J]. 农业技术经济，2019（10）：74 – 91.

[48] 郭家堂，骆品亮. 互联网对中国全要素生产率有促进作用吗？[J]. 管理世界，2016（10）：34 – 49.

[49] 何婧，蔡新怡，赵亚雄. 金融渗透、金融获得与农业产业化——来自湖南省87个县市的证据 [J]. 财经理论与实践，2021，42（2）：12 – 19.

[50] 何秀荣. 我国粮食安全现状与政策 [J]. 中国农业文摘—农业工程，2022，34（1）：3 – 5.

[51] 何悦，漆雁斌. 城镇化发展对粮食生产技术效率的影响研究——基于我国13个粮食主产区的面板数据 [J]. 中国农业资源与区划，2019，

40 (3)：101 - 110.

[52] 侯建昀，霍学喜．信贷可得性、融资规模与农户农地流转——以专业化生产农户为例 [J]．中国农村观察，2016 (6)：29 - 39.

[53] 侯明利．农业资本深化与要素配置效率的关系研究 [J]．经济纵横，2020 (2)：121 - 128.

[54] 胡川，韦院英，胡威．农业政策、技术创新与农业碳排放的关系研究 [J]．农业经济问题，2018 (9)：66 - 75.

[55] 胡迪，杨向阳，王舒娟．劳动力转移影响粮食生产技术效率的区域差异及门槛效应研究 [J]．农村经济，2019 (2)：47 - 53.

[56] 胡雪枝，钟甫宁．农村人口老龄化对粮食生产的影响——基于农村固定观察点数据的分析 [J]．中国农村经济，2012 (7)：29 - 39.

[57] 胡逸文，霍学喜．农户禀赋对粮食生产技术效率的影响分析——基于河南农户粮食生产数据的实证 [J]．经济经纬，2016，33 (2)：42 - 47.

[58] 华坚，盛晓涵．沿黄九省水土资源对粮食生产的阻尼效应测度及时空分异特征 [J]．中国人口·资源与环境，2021，31 (8)：148 - 156.

[59] 黄红光，白彩全，易行．金融排斥、农业科技投入与农业经济发展 [J]．管理世界，2018，34 (9)：67 - 78.

[60] 黄季焜，王晓兵，智华勇，等．粮食直补和农资综合补贴对农业生产的影响 [J]．农业技术经济，2011 (1)：4 - 12.

[61] 黄健柏，刘维臻．金融发展、资本深化与新型工业化道路 [J]．金融研究，2008 (2)：61 - 74.

[62] 黄寿峰．财政支农、金融支农促进了农民增收吗？——基于空间面板分位数模型的研究 [J]．财政研究，2016 (8)：78 - 90.

[63] 黄先海，刘毅群．物化性技术进步与我国工业生产率增长 [J]．数量经济技术经济研究，2006 (4)：52 - 60.

[64] 黄炎忠，罗小锋，李兆亮，等．农户兼业对粮食生产效率的非线性影响 [J]．资源科学，2021，43 (8)：1605 - 1614.

[65] 黄颖，吕德宏．农业保险、要素配置与农民收入 [J]．华南农业大学学报（社会科学版），2021，20 (2)：41 - 53.

[66] 贾娟琪，孙致陆，李先德．粮食价格支持政策提高了我国粮食全要素生产率吗？——以小麦最低收购价政策为例［J］．农村经济，2019（1）：67－72.

[67] 贾蕊，陆迁．不同灌溉技术条件下信贷约束对农户生产效率的影响——以甘肃张掖为例［J］．资源科学，2017，39（4）：756－765.

[68] 江艳军，王凯．农旅融合对粮食生产效率的异质性影响——基于124个地级市的实证检验［J］．农业现代化研究，2022，43（1）：89－99.

[69] 姜春．县域金融助推现代农业发展探析［N］．金融时报，2015－12－07（10）.

[70] 姜松，喻卓．农业价值链金融支持乡村振兴路径研究［J］．农业经济与管理，2019（3）：19－32.

[71] 井深，肖龙铎．农村正规与非正规金融发展对农业全要素生产率的影响——基于中国省级面板数据的实证研究［J］．江苏社会科学，2017（4）：77－85.

[72] 李宝礼，胡雪萍．金融集聚对中国城镇化的影响［J］．城市问题，2015（10）：55－62.

[73] 李长飞，高峰，尹秀珍．农村金融发展对农业机械化贡献率影响——基于动态面板数据模型的实证分析．农村金融研究，2017（9）：57－62.

[74] 李长生，黄季焜．信贷约束和新生代农民工创业［J］．农业技术经济，2020（1）：4－16.

[75] 李谷成，冯中朝，范丽霞．小农户真的更加具有效率吗？来自湖北省的经验证据［J］．经济学（季刊），2010，9（1）：95－124.

[76] 李谷成，李烨阳，周晓时．农业机械化、劳动力转移与农民收入增长——孰因孰果？［J］．中国农村经济，2018（11）：112－127.

[77] 李广众，陈平．金融中介发展与经济增长：多变量VAR系统研究［J］．管理世界，2002（3）：52－59.

[78] 李红，王彦晓．金融集聚、空间溢出与城市经济增长——基于中国286个城市空间面板杜宾模型的经验研究［J］．国际金融研究，2014

(2)：89 – 96.

[79] 李健旋. 农村金融发展与农业绿色全要素生产率提升研究 [J]. 管理评论，2021，33（3）：84 – 95.

[80] 李凯伦. 河北省农村金融发展对农业全要素生产率的影响研究 [J]. 河北科技师范学院学报（社会科学版），2018，17（2）：1 – 8.

[81] 李魁. 东亚工业化、城镇化与耕地总量变化的协动性比较 [J]. 中国农村经济，2010（10）：86 – 95.

[82] 李林，丁艺，刘志华. 金融集聚对区域经济增长溢出作用的空间计量分析 [J]. 金融研究，2011（5）：113 – 123.

[83] 李明文. 要素禀赋、结构升级与农业全要素生产率提升 [D]. 沈阳：沈阳农业大学，2020.

[84] 李晓龙，冉光和. 农村金融深化促进了农村产业融合发展吗？——基于区域差异视角的实证分析 [J]. 农业现代化研究，2020，41（3）：453 – 463.

[85] 李晓阳，许属琴. 经营规模、金融驱动与农业全要素生产率 [J]. 软科学，2017，31（8）：5 – 8.

[86] 李昭琰，乔方彬. 工资增长对机械化和农业生产的影响 [J]. 农业技术经济，2019（2）：23 – 32.

[87] 李兆亮，罗小锋，张俊飚，等. 农业 R&D 投入、空间溢出与中国农业经济增长 [J]. 科研管理，2020，41（9）：268 – 277.

[88] 李中才. 基于随机前沿模型的中国小麦生产技术效率研究 [J]. 湖北农业科学，2021，60（3）：149 – 151.

[89] 李自强，李晓云，孙倩，等. 财政支农补贴能有效提升粮食全要素生产率吗？——兼顾农业技术环境的调节作用探讨 [J]. 中国农业大学学报，2021，26（8）：236 – 252.

[90] 廖开妍，杨锦秀，曾建霞. 农业技术进步、粮食安全与农民收入——基于中国 31 个省份的面板数据分析 [J]. 农村经济，2020（4）：60 – 67.

[91] 林春，谭学通. 中国县域普惠金融的时空格局及影响因素 [J]. 经济地理，2021，41（6）：126 – 135.

［92］林毅夫. 制度、技术与中国农业发展 ［M］. 上海：上海人民出版社，1990.

［93］刘海英，谢建政. 政府补贴、农户收入和城镇化对粮食生产效率的影响 ［J］. 江西师范大学学报（自然科学版），2016，40（1）：22 – 26，32.

［94］刘欢. 工业智能化如何影响城乡收入差距——来自农业转移劳动力就业视角的解释 ［J］. 中国农村经济，2020（5）：55 – 75.

［95］刘军，黄解宇，曹利军. 金融集聚影响实体经济机制研究. 管理世界，2007（4）：152 – 153.

［96］刘守英，王志锋，张维凡，等. "以地谋发展"模式的衰竭——基于门槛回归模型的实证研究 ［J］. 管理世界，2020，36（6）：80 – 92，119，246.

［97］刘涛，王波，李嘉梁. 互联网、城镇化与农业生产全要素生产率 ［J］. 农村经济，2019（10）：129 – 136.

［98］刘魏，张应良，李国珍，等. 工商资本下乡、要素配置与农业生产效率 ［J］. 农业技术经济，2018（9）：4 – 19.

［99］刘翔峰. 新国九条与金融深化 ［J］. 中国金融，2014（11）：47 – 48.

［100］刘艳. 数字普惠金融对农业全要素生产率的影响 ［J］. 统计与决策，2021，37（21）：123 – 126.

［101］刘洋，颜华. 县域金融集聚、农业机械化与农民收入增长——基于河南省县域面板数据的经验分析 ［J］. 农业技术经济，2021（12）：60 – 75.

［102］刘洋，颜华. 县域金融集聚、要素配置结构与粮食生产供给——来自中国县域的经验证据 ［J］. 财贸研究，2022，33（9）：44 – 56.

［103］刘耀彬，胡凯川，喻群. 金融深化对绿色发展的门槛效应分析 ［J］. 中国人口·资源与环境，2017，27（9）：205 – 211.

［104］刘亦文，欧阳莹，蔡宏宇. 中国农业绿色全要素生产率测度及时空演化特征研究 ［J］. 数量经济技术经济研究，2021，38（5）：39 – 56.

［105］刘玉春，修长柏. 农村金融发展、农业科技进步与农民收入增

长 [J]. 农业技术经济, 2013 (9): 92 - 100.

[106] 柳凌韵, 董凯, 周宏. 正规信贷约束降低了农业规模经营绩效吗? [J]. 农业技术经济, 2020 (4): 25 - 37.

[107] 龙少波, 张梦雪. 中国农业全要素生产率的再测算及影响因素——从传统迈向高质量发展 [J]. 财经问题研究, 2021 (8): 40 - 51.

[108] 鲁钊阳. 财政支农支出、农业 FDI 对农业科技进步的影响 [J]. 科技管理研究, 2016, 36 (9): 22 - 29.

[109] 陆五一. 农村劳动力外出务工对我国粮食生产的影响研究 [D]. 南京: 南京农业大学, 2016.

[110] 吕风勇. 全国县域金融发展现状及影响因素——基于城市市辖区和市辖县比较的视角 [J]. 银行家, 2021 (11): 57 - 59.

[111] 罗必良. 农业经营制度的理论轨迹及其方向创新: 川省个案 [J]. 改革, 2014 (2): 96 - 112.

[112] 罗登跃. 三阶段 DEA 模型管理无效率估计注记 [J]. 统计研究, 2012, 29 (4): 105 - 108.

[113] 罗光强, 姚旭兵. 粮食生产规模与效率的门槛效应及其区域差异 [J]. 农业技术经济, 2019 (10): 92 - 101.

[114] 罗斯炫, 何可, 张俊飚. 改革开放以来中国农业全要素生产率再探讨——基于生产要素质量与基础设施的视角 [J]. 中国农村经济, 2022 (2): 115 - 136.

[115] 马九杰, 崔卫杰, 朱信凯. 农业自然灾害风险对粮食综合生产能力的影响分析 [J]. 农业经济问题, 2005 (4): 14 - 17, 79.

[116] 马九杰, 亓浩, 吴本健. 农村金融机构市场化对金融支农的影响: 抑制还是促进?——来自农信社改制农商行的证据 [J]. 中国农村经济, 2020 (11): 79 - 96.

[117] 马林静. 农村劳动力资源变迁对粮食生产技术效率的影响研究 [D]. 武汉: 华中农业大学, 2015.

[118] 马贤磊, 车序超, 李娜, 等. 耕地流转与规模经营改善了农业环境吗?——基于耕地利用行为对农业环境效率的影响检验 [J]. 中国土地科学, 2019, 33 (6): 62 - 70.

[119] 马晓河. 新形势下的粮食安全问题 [J]. 世界农业，2016 (8)：238 – 241.

[120] 麦尔旦·吐尔孙，杨志海，王雅鹏. 农村劳动力老龄化对种植业生产技术效率的影响——基于江汉平原粮食主产区 400 农户的调查 [J]. 华东经济管理，2015，29 (7)：77 – 84.

[121] 毛学峰，刘靖，朱信凯. 中国粮食结构与粮食安全：基于粮食流通贸易的视角 [J]. 管理世界，2015 (3)：76 – 85.

[122] 冒佩华，徐骥，贺小丹，等. 农地经营权流转与农民劳动生产率提高：理论与实证 [J]. 经济研究，2015，50 (11)：161 – 176.

[123] 孟守卫. 农村金融市场结构对农业全要素生产率的影响研究——基于省际面板数据的分析 [J]. 金融理论与实践，2018 (5)：77 – 82.

[124] 莫媛，周月书，张雪萍. 县域银行网点布局的空间效应——理解农村金融资源不平衡的一个视角 [J]. 农业技术经济，2019 (5)：123 – 136.

[125] 潘辉，尹翔硕. 城市集聚、金融外部性与地区工资差距的关系研究——以我国长三角城市圈为例 [J]. 国际贸易问题，2013 (5)：158 – 168.

[126] 潘敏. 袁歌骋. 金融中介创新对企业技术创新的影响 [J]. 中国工业经济，2019 (6)：117 – 135.

[127] 彭超，张琛. 农业机械化对农户粮食生产效率的影响 [J]. 华南农业大学学报（社会科学版），2020，19 (5)：93 – 102.

[128] 彭代彦，文乐. 农村劳动力老龄化、女性化降低了粮食生产效率吗？——基于随机前沿的南北方比较分析 [J]. 农业技术经济，2016 (2)：32 – 44.

[129] 彭克强，鹿新华. 中国财政支农投入与粮食生产能力关系的实证分析 [J]. 农业技术经济，2010 (9)：18 – 29.

[130] 彭兴韵. 中国体制外资本市场分析 [J]. 中国社会科学院研究生院学报，2002 (2)：88 – 95，112.

[131] 戚渊，李瑶瑶，朱道林. 农地资本化视角下的耕地非粮化研究 [J]. 中国土地科学，2021，35 (8)：47 – 56.

[132] 邱俊杰, 任倩, 余劲. 农村劳动力老龄化、农业资本投入与土地利用效率——基于鲁豫皖三省固定农户跟踪调查 [J]. 资源科学, 2019, 41 (11): 1982 – 1996.

[133] 曲玥. 中国工业企业的生产率差异和配置效率损失 [J]. 世界经济, 2016, 39 (12): 121 – 142.

[134] 任天驰, 杨汭华. 小农户衔接现代农业生产: 农业保险的要素配置作用——来自第三次全国农业普查的微观证据 [J]. 财经科学, 2020 (7): 41 – 53.

[135] 阮荣平, 郑风田, 刘力. 粮食主产区与主销区的利益关系研究: 粮食直补是"杀富济贫"吗? [J]. 中国延安干部学院学报, 2015 (5): 121 – 127.

[136] 邵川, 刘传哲. 金融驱动城镇化发展的机制与维度 [J]. 江汉论坛, 2016 (11): 17 – 22.

[137] 沈洋, 唐海英, 周鹏飞. 数字普惠金融能提高农业全要素生产率吗?——基于省级面板数据的实证检验 [J]. 上海立信会计金融学院学报, 2021, 33 (2): 15 – 27.

[138] 沈悦, 余若涵, 杜正春. 金融深化与房价波动: 一个倒"U"型关系 [J]. 统计与信息论坛, 2020, 35 (10): 60 – 69.

[139] 史常亮, 占鹏, 朱俊峰. 土地流转、要素配置与农业生产效率改进 [J]. 中国土地科学, 2020, 34 (3): 49 – 57.

[140] 苏建军. 金融发展、分工与经济增长 [D]. 西安: 西北大学, 2014.

[141] 苏岚岚, 孔荣. 农民金融素养与农村要素市场发育的互动关联机理研究 [J]. 中国农村观察, 2019 (2): 61 – 77.

[142] 孙长青. 基于 VAR 模型的城镇化、工业化与金融发展关系分析——以中原经济区为例 [J]. 经济经纬, 2012 (6): 17 – 21.

[143] 孙小钧, 伍国勇, 任秀. 化肥投入变化对粮食生产效率的影响——基于贵州省县域面板数据的实证分析 [J]. 南方农业学报, 2019, 50 (8): 1869 – 1877.

[144] 孙颖, 李浩. 县域金融发展对农业现代化的影响——基于江苏

省 44 县的面板数据分析 [J]. 天津农业科学, 2016, 22 (11): 64 - 67.

[145] 孙玉奎, 周诺亚, 李丕东. 农村金融发展对农村居民收入的影响研究 [J]. 统计研究, 2014, 31 (11): 90 - 95.

[146] 孙志红, 王亚青. 金融集聚对区域经济增长的空间溢出效应研究——基于西北五省数据 [J]. 审计与经济研究, 2017, 32 (2): 108 - 118.

[147] 孙致陆, 贾小玲, 李先德. 中国与"一带一路"沿线国家粮食贸易演变趋势及其虚拟耕地资源流量估算 [J]. 华中农业大学学报 (社会科学版), 2019 (1): 24 - 32, 163.

[148] 谭崇台, 唐道远. 农村金融发展与农村经济增长——基于全国 31 个省市的空间计量模型检验 [J]. 江汉论坛, 2015 (1): 5 - 10.

[149] 唐华俊. 新形势下中国粮食自给战略 [J]. 农业经济问题, 2014, 35 (2): 4 - 10, 110.

[150] 唐勇, 吕太升. 农业信贷、农业保险与农业全要素生产率增长——基于交互效应视角 [J]. 哈尔滨商业大学学报 (社会科学版), 2021 (3): 116 - 128.

[151] 田红宇, 祝志勇, 刘魏. 粮食"十一连增"期间生产区域格局的变化及成因 [J]. 华南农业大学学报 (社会科学版), 2016, 15 (2): 90 - 101.

[152] 涂圣伟. 工商资本下乡的适宜领域及其困境摆脱 [J]. 改革, 2014 (9): 73 - 82.

[153] 汪险生, 李宁. 提高金融可得性能否促进土地流转——来自 CHFS 数据的证据 [J]. 山西财经大学学报, 2021, 43 (1): 54 - 72.

[154] 汪小亚. 中国城镇城市化与金融支持 [J]. 财贸经济, 2002 (8): 31 - 34.

[155] 王琛, 吴敬学, 钟鑫. 我国农业部门资本投入对粮食生产技术效率的影响研究——基于空间计量经济面板模型的实证 [J]. 科技管理研究, 2015, 35 (10): 97 - 103.

[156] 王弓, 叶蜀君. 金融集聚对新型城镇化影响的理论与实证研究 [J]. 管理世界, 2016, 32 (1): 174 - 175.

[157] 王海娟. 资本下乡的政治逻辑与治理逻辑 [J]. 西南大学学报

（社会科学版），2015，41（4）：47-54.

［158］王恒，高鸣.中国稻谷生产率的地域差异和时空分异——基于稻谷主产区的实证分析［J］.中国农业科技导报，2020，22（2）：1-11.

［159］王劲屹.农村金融发展、资本存量提升与农村经济增长［J］.数量经济技术经济研究，2018，35（2）：64-81.

［160］王晶，毕盛，李芸，等.正规信贷约束对农户粮食生产的影响分析［J］.农业技术经济，2018（5）：28-39.

［161］王克祥.从金融抑制到金融深化：县域金融发展状况的调查——以双鸭山市为例［J］.黑龙江金融，2013（2）：42-46.

［162］王留鑫，洪名勇.基于随机前沿分析的中国农业全要素生产率增长的实证分析［J］.山西农业大学学报（社会科学版），2018，17（1）：30-35，64.

［163］王嫚嫚，刘颖，蒯昊，等.土地细碎化、耕地地力对粮食生产效率的影响——基于江汉平原354个水稻种植户的研究［J］.资源科学，2017，39（8）：1488-1496.

［164］王帅奇，张爱儒.我国粮食生产效率与耕地质量关系研究［J］.江西农业学报，2021，33（8）：110-117.

［165］王向辉.新阶段中国粮食安全问题探讨——"中国粮食安全专题研讨会"综述［J］.中国农村经济，2015（7）：93-96.

［166］王修华，赵亚雄.中国金融包容的增长效应与实现机制［J］.数量经济技术经济研究，2019，36（1）：42-59.

［167］王学君，晋乐，朱晶.中美农业国内支持争端：争议点分析及对今后的启示［J］.农业经济问题，2020（5）：92-103.

［168］王雪，何广文.县域银行业竞争与普惠金融服务深化——贫困县与非贫困县的分层解析［J］.中国农村经济，2019（4）：55-72.

［169］王雅卉，谢元态.试论我国县域金融抑制与深化［J］.农村经济，2013（6）：76-79.

［170］王亚楠，纪月清，徐志刚，等.有偿VS无偿：产权风险下农地附加价值与农户转包方式选择［J］.管理世界，2015（11）：87-94，105.

［171］王阳，漆雁斌．农户正规信贷约束与种植业技术效率分析——基于4893家农户的调查数据［J］．农林经济管理学报，2020，19（3）：324－332．

［172］王洋，代首寒，许佳彬．农机服务对中国粮食生产效率影响研究［J］．中国农机化学报，2021，42（3）：197－205．

［173］王跃梅，姚先国，周明海．农村劳动力外流、区域差异与粮食生产［J］．管理世界，2013（11）：67－76．

［174］卫龙宝，伍骏骞，王恒彦．工业化、城市化与农业现代化发展——基于171个国家1961—2011年的面板数据分析［J］．社会科学战线，2013（9）：44－48．

［175］魏修建，李思霖．我国生产性服务业与农业生产效率提升的关系研究——基于DEA和面板数据的实证分析［J］．经济经纬，2015，32（3）：23－27．

［176］温涛，冉光和，熊德平．中国金融发展与农民收入增长［J］．经济研究，2005（9）：30－43．

［177］温涛，熊德平．"十五"期间各地区农村资金配置效率比较［J］．统计研究，2008（4）：82－89．

［178］温忠麟，叶宝娟．中介效应分析：方法和模型发展［J］．心理科学进展，2014，22（5）：731－745．

［179］温忠麟，张雷，侯杰泰，等．中介效应检验程序及其应用［J］．心理学报，2004（5）：614－620．

［180］吴林海，彭宇文．农业科技投入与农业经济增长的动态关联性研究．农业技术经济，2013（12）：87－93．

［181］吴园，李波，郝艳睿．基于随机前沿模型的中国玉米种植业技术效率实证研究［J］．玉米科学，2019，27（4）：181－188．

［182］伍骏骞，阮建青，徐广彤．经济集聚、经济距离与农民增收：直接影响与空间溢出效应［J］．经济学（季刊），2017，16（1）：297－320．

［183］武宵旭，葛鹏飞，徐璋勇．城镇化与农业全要素生产率提升：异质性与空间效应［J］．中国人口·资源与环境，2019，29（5）：149－156．

[184] 项继权，周长友."新三农"问题的演变与政策选择 [J]. 中国农村经济，2017 (10)：13-25.

[185] 肖红波，王济民. 新世纪以来我国粮食综合技术效率和全要素生产率分析 [J]. 农业技术经济，2012 (1)：36-46.

[186] 谢家智，王文涛，江源. 金融化与工业化：作用路径及动态效应 [J]. 吉林大学社会科学学报，2014，54 (4)：48-56，172.

[187] 谢杰，金钊，李鹏. 中国生猪养殖生产效率的时空特征差异研究 [J]. 农业经济问题，2018 (6)：49-57.

[188] 谢杰. 工业化、城镇化在农业现代化进程中的门槛效应研究 [J]. 农业经济问题，2012，33 (4)：84-90，112.

[189] 谢金楼. 金融发展对城镇化建设的影响机理与实证研究 [J]. 经济问题，2017 (3)：45-49.

[190] 谢攀. 城镇化、金融发展与农业全要素生产率 [J]. 农村金融研究，2020 (11)：27-37.

[191] 谢问兰. 县域金融中介发展与经济增长的关系研究 [D]. 南京：南京农业大学，2012.

[192] 谢沂芹，胡士华. 信贷配置效率对农业全要素生产率的影响机制——基于中国 2011—2018 省际面板数据实证 [J]. 西南大学学报（自然科学版），2021，43 (3)：124-131.

[193] 星焱，胡小平. 中国新一轮粮食增产的影响因素分析：2004~2011 年 [J]. 中国农村经济，2013 (6)：14-26.

[194] 徐章星，张兵，尹鸿飞，等. 工商资本下乡促进了农地流转吗？——来自 CLDS 的经验证据 [J]. 农业现代化研究，2020，41 (1)：144-153.

[195] 许崇正，高希武. 农村金融对增加农民收入支持状况的实证分析 [J]. 金融研究，2005 (9)：173-185.

[196] 许广月. 农业机械化与农民收入关系研究——基于中国省级面板的实证分析 [J]. 西部论坛，2011，21 (3)：18-25.

[197] 杨彩艳，齐振宏，黄炜虹，等. 农业社会化服务有利于农业生产效率的提高吗？——基于三阶段 DEA 模型的实证分析 [J]. 中国农业大

学学报，2018，23（11）：232 – 244.

[198] 杨丹丹，罗剑朝. 农地经营权抵押贷款可得性对农业生产效率的影响研究——以宁夏平罗县和同心县 723 户农户为例 [J]. 农业技术经济，2018（8）：75 – 85.

[199] 杨军，张龙耀，马倩倩，等. 县域普惠金融发展评价体系研究——基于江苏省 52 个县域数据 [J]. 农业经济问题，2016，37（11）：24 – 31，110.

[200] 杨义武，林万龙，张莉琴. 农业技术进步、技术效率与粮食生产——来自中国省级面板数据的经验分析 [J]. 农业技术经济，2017（5）：46 – 56.

[201] 杨友才. 金融发展与经济增长——基于我国金融发展门槛变量的分析 [J]. 金融研究，2014（2）：59 – 71.

[202] 杨雨辰，向华丽. 中国大豆全要素生产率测算及其区域差异分析——以三大流域为例 [J]. 农业农村部管理干部学院学报，2021（4）：67 – 78.

[203] 杨志海，王雅鹏. 县域工业化与城镇化对农业增长的影响研究——来自中国 1550 个县（市）面板数据的证据 [J]. 经济经纬，2014，31（4）：25 – 30.

[204] 姚旭兵，罗光强，宁瑞芳. 城镇化与农业经济增长的区域效应研究——基于 PVAR 模型的实证分析 [J]. 西南大学学报（社会科学版），2016，42（3）：60 – 68，190.

[205] 姚延婷，陈万明，李晓宁. 环境友好农业技术创新与农业经济增长关系研究 [J]. 中国人口·资源与环境，2014，24（8）：122 – 130.

[206] 姚耀军，董钢锋. 金融发展、金融结构与技术进步——来自中国省级面板数据的经验证据 [J]. 当代财经，2013（11）：56 – 65.

[207] 叶初升，马玉婷. 人力资本及其与技术进步的适配性何以影响了农业种植结构？[J]. 中国农村经济，2020（4）：34 – 55.

[208] 易福金，周甜甜，陈晓光. 气候变化、农业科研投入与农业全要素生产率 [J]. 南京农业大学学报（社会科学版），2021，21（4）：155 – 167.

[209] 尹朝静，李谷成，范丽霞，等. 气候变化、科技存量与农业生产率增长 [J]. 中国农村经济，2016 (5)：16 – 28.

[210] 尹朝静. 城镇化、工业化对农业全要素生产率增长的影响研究——来自重庆 37 个县（区）面板数据的证据 [J]. 重庆大学学报（社会科学版），2020，26 (6)：58 – 68.

[211] 尹成杰. 后疫情时代粮食发展与粮食安全 [J]. 农业经济问题，2021 (1)：4 – 13.

[212] 尹雷，沈毅. 农村金融发展对中国农业全要素生产率的影响：是技术进步还是技术效率——基于省级动态面板数据的 GMM 估计 [J]. 财贸研究，2014，25 (2)：32 – 40.

[213] 游和远，吴次芳，鲍海君. 农地流转、非农就业与农地转出户福利——来自黔浙鲁农户的证据 [J]. 农业经济问题，2013，34 (3)：16 – 25，110.

[214] 余新平，熊皛白，熊德平. 中国农村金融发展与农民收入增长 [J]. 中国农村经济，2010 (6)：77 – 86.

[215] 袁灏. 风险考量下的县域普惠金融发展问题研究——基于河南省 108 个县（市）的实证分析 [J]. 西部金融，2016 (9)：4 – 9.

[216] 袁怀宇，陈文俊. 中国农村金融深化对经济增长作用渠道的实证研究 [J]. 经济问题，2011 (11)：101 – 103.

[217] 曾雅婷，吕亚荣，蔡键. 农地流转是农业生产"非粮化"的诱因吗？[J]. 西北农林科技大学学报（社会科学版），2018，18 (3)：123 – 130.

[218] 曾雅婷，吕亚荣，刘文勇. 农地流转提升了粮食生产技术效率吗？——来自农户的视角 [J]. 农业技术经济，2018 (3)：41 – 55.

[219] 张超正，杨钢桥. 农地细碎化、耕地质量对水稻生产效率的影响 [J]. 华中农业大学学报（社会科学版），2020 (2)：127 – 134，168 – 169.

[220] 张东玲. 新型城镇化质量对农业经济增长的空间溢出效应分析——基于山东省 17 地市的经验数据 [J]. 山东大学学报（哲学社会科学版），2019 (4)：157 – 167.

[221] 张海鑫，杨钢桥．耕地细碎化及其对粮食生产技术效率的影响——基于超越对数随机前沿生产函数与农户微观数据 [J]．资源科学，2012，34（5）：903-910．

[222] 张恒，郭翔宇．农业生产性服务、农业技术进步与农民增收——基于中介效应与面板门槛模型的分析 [J]．农业现代化研究，2021，42（4）：652-663．

[223] 张珩，罗博文，程名望，等．"赐福"抑或"诅咒"：农信社发展对县域经济增长的影响 [J]．中国农村经济，2021（3）：86-105．

[224] 张红宇．牢牢掌握粮食安全主动权 [J]．农业经济问题，2021（1）：14-18．

[225] 张晖．县域数字金融发展评价体系和普惠特征研究——兼论与传统普惠金融发展的关系 [J]．农业经济问题，2020（11）：120-130．

[226] 张军，金煜．中国的金融深化和生产率关系的再检测：1987—2001 [J]．经济研究，2005（11）：34-45．

[227] 张乐，曹静．中国农业全要素生产率增长：配置效率变化的引入——基于随机前沿生产函数法的实证分析 [J]．中国农村经济，2013（3）：4-15．

[228] 张乐，黄斌全，曹静．制度约束下的农村金融发展与农业经济增长 [J]．农业技术经济，2016（4）：71-83．

[229] 张良．"资本下乡"背景下的乡村治理公共性建构 [J]．中国农村观察，2016（3）：16-26，94．

[230] 张龙耀，周南，许玉韫，等．信贷配给下的农业规模经济与土地生产率 [J]．中国农村经济，2018（7）：19-33．

[231] 张睿，高焕文．我国农业机械化经营收入对农民增收的贡献 [J]．农机化研究，2008（8）：1-5．

[232] 张欣，王卓林，王子泰．农村金融对粮食安全的空间溢出效应实证检验 [J]．统计与决策，2020，36（17）：78-81．

[233] 张宇，李书婧，朱立志．基于超越对数随机前沿分析的农户生产效率实证研究——以甘肃省农户种植业为例 [J]．山东农业大学学报（自然科学版），2017，48（3）：390-395．

[234] 张云华，彭超，张琛. 氮元素施用与农户粮食生产效率：来自全国农村固定观察点数据的证据 [J]. 管理世界，2019，35 (4)：109 - 119.

[235] 张哲晰，穆月英，侯玲玲. 参加农业保险能优化要素配置吗？——农户投保行为内生化的生产效应分析 [J]. 中国农村经济，2018 (10)：53 - 70.

[236] 张正平，杨丹丹. 市场竞争、新型农村金融机构扩张与普惠金融发展——基于省级面板数据的检验与比较 [J]. 中国农村经济，2017 (1)：30 - 43，94.

[237] 张智富. 县域金融运行中的突出问题及其对策 [J]. 金融与经济，2002 (5)：41 - 43.

[238] 章贵军，罗良清，吴晓军. 中国扶贫小额信贷减贫增收效果评价 [J]. 统计学报，2020，1 (2)：57 - 71.

[239] 赵丹丹，周宏. 农业生产集聚：如何提高粮食生产效率——基于不同发展路径的再考察 [J]. 农业技术经济，2020 (8)：13 - 28.

[240] 赵丹丹. 资源禀赋，生产集聚与粮食生产效率 [D]. 南京：南京农业大学，2018.

[241] 赵丽平，王雅鹏，何可. 城镇化、农村人力资本与粮食生产技术效率——基于环境规制视角的面板数据分析 [J]. 农业现代化研究，2015，36 (4)：595 - 602.

[242] 郑长德. 中国的金融中介发展与城镇化关系的实证研究 [J]. 广东社会科学，2007 (3)：12 - 18.

[243] 郑宏运，李谷成. 农业资源再配置的生产率效应评估 [J]. 华中农业大学学报（社会科学版），2021 (5)：45 - 53，193.

[244] 郑旭媛，徐志刚. 资源禀赋约束、要素替代与诱致性技术变迁——以中国粮食生产的机械化为例 [J]. 经济学（季刊），2017，16 (1)：45 - 66.

[245] 郑志浩，程申. 中国粮食种植业 TFP 增长率及其演进趋势：1980—2018 [J]. 中国农村经济，2021 (7)：100 - 120.

[246] 钟甫宁，陆五一，徐志刚. 农村劳动力外出务工不利于粮食生

产吗? ——对农户要素替代与种植结构调整行为及约束条件的解析 [J].
中国农村经济, 2016 (7): 36 – 47.

[247] 钟甫宁. 正确认识粮食安全和农业劳动力成本问题 [J]. 农业
经济问题, 2016, 37 (1): 4 – 9.

[248] 周飞舟, 王绍琛. 农民上楼与资本下乡: 城镇化的社会学研究
[J]. 中国社会科学, 2015 (1): 66 – 83, 203.

[249] 周海鹏, 李媛媛, 李瑞晶. 金融产业集聚对区域经济增长的空
间效应研究 [J]. 现代财经 (天津财经大学学报), 2016, 36 (2): 63 – 76.

[250] 周晓时. 劳动力转移与农业机械化进程 [J]. 华南农业大学学
报 (社会科学版), 2017, 16 (3): 49 – 57.

[251] 周一凡, 张润清. 基于三阶段 DEA 模型的河北省种植业生产
效率研究 [J]. 统计与管理, 2021, 36 (12): 30 – 34.

[252] 周益波, 何可, 张俊飚, 等. 农业机械化对农民收入的增长、
结构与分配效应研究 [J]. 四川农业大学学报, 2019, 37 (5): 723 – 733.

[253] 周振, 张琛, 彭超, 等. 农业机械化与农民收入: 来自农机具
购置补贴政策的证据. 中国农村经济, 2016 (2): 68 – 82.

[254] 朱满德, 李辛一, 程国强. 综合性收入补贴对中国玉米全要素
生产率的影响分析——基于省级面板数据的 DEA – Tobit 两阶段法 [J]. 中
国农村经济, 2015 (11): 4 – 14, 53.

[255] 朱喜, 史清华, 盖庆恩. 要素配置扭曲与农业全要素生产率
[J]. 经济研究, 2011, 46 (5): 86 – 98.

[256] 朱玉杰, 倪骁然. 金融规模如何影响产业升级: 促进还是抑
制? ——基于空间面板 Durbin 模型 (SDM) 的研究: 直接影响与空间溢出
[J]. 中国软科学, 2014 (4): 180 – 192.

[257] 卓乐, 曾福生. 农村基础设施对粮食全要素生产率的影响 [J].
农业技术经济, 2018 (11): 92 – 101.

[258] 左鹏飞, 姜奇平, 陈静. 互联网发展、城镇化与我国产业结构
转型升级 [J]. 数量经济技术经济研究, 2020, 37 (7): 71 – 91.

[259] Amour C B, Reitsma F, Baiocchi G. Future Urban Land Expansion
and Implications for Global Croplands [J]. Proceedings of the National Academy

of Sciences of the United States of America, 2017, 114 (34): 8939 – 8944.

［260］Ang J B. Does Foreign Aid Promote Growth? Exploring the Role of Financial Liberalization ［J］. Review of Development Economics, 2010, 14 (2): 197 – 212.

［261］Arizala F, Cavallo E, Galindo A. Financial Development and TFP Growth: Cross-country and Industry-level Evidence ［J］. Applied Financial Economics, 2013, 23 (6): 433 – 448.

［262］Arnold L, Walz U. Financial Regimes, Capital Structure and Growth ［J］. European Journal of Political Economy, 2000 (16): 491 – 508.

［263］Audress D., Feldman M. Spillovers and the Geography of Innovation and Production ［J］. American Eeonomic Review, 2006, 86 (3): 630 – 640.

［264］Baldwin R., Martin P. Global Income Divergence, Trade and Industrialization: The Geography of Growth Take Off ［J］. Journal of Economic Growth, 2001 (6): 5 – 37.

［265］Bencivenga V. R., Smith B. D., Starr R. M. Transactions Costs, Technological Choice, and Endogenous Growth ［J］. Journal of Economic Theory, 1995, 67 (1): 341 – 360.

［266］Benin S. Impact of Ghana's Agricultural Mechanization Services Center Program ［J］. Agricultural Economics, 2015, 46 (S1): 103 – 117.

［267］Bidzakin J K, Fialor S C, Awunyo – Vitor D, et al. Contract Farming and Rice Production Efficiency in Ghana ［J］. Journal of Agribusiness in Developing and Emerging Economies, 2020.

［268］Bonfiglioli A. Financial Integration, Productivity and Capital Accumulation ［J］. Journal of International Economics, 2008, 76 (2): 337 – 355.

［269］Boucher S R, Guirkinger C, Trivelli C. Direct Elicitation of Credit Constraints: Conceptual and Practical Issues with an Application to Peruvian Agriculture ［J］. Economic Development and Cultural Change, 2009, 57.

［270］Chandio A, Yuansheng J, Sahito J G M, et al. Impact of Formal Credit on Agricultural Output: Evidence from Pakistan ［J］. African Journal of

Business Management, 2016, 10 (8): 162 – 168.

［271］Chen P, Yu M, Chang C, Hsu S. Total Factor Productivity Growth in China's Agricultural Sector ［J］. China Economic Review, 2008, 19 (4): 580 – 593.

［272］Comin D, Hobijn B. Technology Diffusion and Postwar Growth ［J］. Nber Macroeconomics Annual, 2011, 25 (1): 209 – 246.

［273］Dale W Jorgenson, Frank M Gollop. Productivity Growth in U. S. Agriculture: A Postwar Perspective ［J］. American Journal of Agricultural Economics, 1992, 74 (3): 745 – 750.

［274］Deininger K, Feder G. Land institution and land markets ［M］. Handbook of Agricultural Economics, 2001: 287 – 331.

［275］Delgado C. L. Rising Consumption of Meat and Milk in Developing Countries has Created a New Food Revolution ［J］. Journal of Nutrition, 2003 (133): 3907 – 3910.

［276］Deonanan R, Ramkissoon D, Hosein R, et al. Disentangling the Relationship between Remittances and Financial Development: Evidence from Jamaica ［J］. International Review of Applied Economics, 2020, 34 (2): 193 – 216.

［277］Diamond D. W. , Dybvig P. H. Bank Runs, Deposit Insurance, and Liquidity ［J］. Journal of Political Economy, 1983 (91): 401 – 419.

［278］Dong F, Jing L, Featherstone A M. Effects of Credit Constraints on Household Productivity in Rural China ［J］. Agricultural Finance Review, 2012, 72 (3): 402 – 415.

［279］Edwards J. R. , Lambert L. S. Methods for Integrating Moderation and Mediation: A General Analytical Framework Using Moderated Path Analysis ［J］. Psychological Methods, 2007, 12 (1): 1 – 22.

［280］Feder G, Lau L J, Lin J Y, et al. Agricultural Credit and Farm Performance in China ［J］. Journal of Comparative Economics, 2006, 13 (4): 508 – 526.

［281］Feder G, Lau L J, Luo L X. The Relationship between Credit and

Productivity in Chinese Agriculture: A Microeconomic Model of Disequilibrium [J]. American Journal of Agricultural Economics, 1990, 72 (5): 1151 – 1157.

[282] Fletschner D K, Guirkinger C, Boucher S R. Credit Constraints and Financial Efficiency in Peruvian Agriculture [J]. Catherine Guirkinger, 2007.

[283] Foltz J D. Credit Market Access and Profitability in Tunisian agriculture [J]. Agricultural Economics, 2004, 30 (3): 229 – 240.

[284] Fried H O, Lovell C A K, Schmidt S S, et al. Accounting for Environmental Effects and Statistical Noise in Data Envelopment Analysis [J]. Journal of Productivity Analysis, 2002, 17 (12): 157 – 174.

[285] Gehringer A. Growth, Productivity and Capital Accumulation: The Effects of Financial Liberalization in the Case of European Integration [J]. International Review of Economics & Finance, 2013, 25 (C): 291 – 309.

[286] Glaeser E. L. , Kahn M. E. Sprawl and Urban Growth [J]. Handbook of Regional & Urban Economics, 2004, 4: 2481 – 2527.

[287] Goldsmithr. Financial Structure and Economic Development [M]. New Haven: Yaleuniversity, 1969.

[288] Gong B. Agricultural Reforms and Production in China: Change in Provincial Production Function and Productivity in 1978 – 2015 [J]. Journal of Development Economics, 2018, 132 (1): 18 – 31.

[289] Goodwin B K, Vandeveer M L, Deal J L. An Empirical Analysis of Acreage Effects of Participation in the Federal Crop Insurance Program [J]. American Journal of Agricultural Economics, 2004, 86 (4): 1058 – 1077.

[290] Haans R F J, Pieters C, He Z L. Thinking about U: Theorizing and Testing U-and Inverted U-shaped Relationships in Strategy Research [J]. Strategic Management Journal, 2016, 37 (7): 1177 – 1195.

[291] Hall R E, Jones C I. Why do Some Countries Produce So Much More Output Per Worker than Others? [J]. The Quarterly Journal of Economics, 1999, 114 (1): 83 – 116.

[292] Han J, Shen Y. Financial Development and Total Factor Productivity Growth: Evidence from China [J]. Emerging Markets Finance and Trade, 2015, 51 (S1): 264 – 274.

[293] Hanjra M A, Qureshi M E. Global Water Crisis and Future Food Security in an Era of Climate Change [J]. Food Policy, 2010, 35 (5): 365 – 377.

[294] Hansen B E. Threshold Effects in Non – Dynamic Panels: Estimation, Testing and Inference [J]. Journal of Econometrics, 1999, 93 (2): 345 – 368.

[295] Hastings, J., Mitchell, O. How Financial Literacy and Impatience Shape Retirement Wealth and Investment Behaviors [J]. Journal of Pension Economics and Finance, 2020, 19 (1): 1 – 20.

[296] Hayami Y, Ruttan V W. Agricultural Development: An International Perspective Baltimore [M]. Md/London: The Johns Hopkins University Press, 1971.

[297] Hicks J R S. The Theory of Wages [M]. Macmillan, 1932.

[298] Holmstrom B, Tirole J. Market Liquidity and Performance Monitoring [J]. Journal of Political Economy, 1993, 101 (4): 678 – 709.

[299] Hossain M, Malek M A, Ahmed M S, et al. Impact Assessment of Credit Program for the Tenant Farmers in Bangladesh: Evidence from a Field Experiment [R]. Faculty of Economics, University of Tokyo, 2016.

[300] Hsuan P, Xuan T, Xu Y. Financial Development and Innovation: Cross-country Evidence [J]. Journal of Financial Economics, 2014, 112 (1): 116 – 135.

[301] Huang J, Ding J. Institutional Innovation and Policy Support to Facilitate Small-scale Farming Transformation in China [J]. Agricultural Economics, 2016, 47 (S1): 227 – 237.

[302] Hulten C R. Total Factor Productivity: A Short Biography [M]. University of Chicago Press, 2001.

[303] Jin S, Ma H, Huang J, et al. Productivity, Efficiency and Tech-

nical Change: Measuring the Performance of China's Transforming Agriculture [J]. Journal of Productivity Analysis, 2010, 33 (3): 191 – 207.

[304] King R, Levine R. Finance and Growth: Schumpeter Might be Right [J]. Quarterly Journal of Economics, 1993, 108 (3): 717 – 737.

[305] Kropp J D, Whitaker J B. The Impact of Decoupled Payments on the Cost of Operating Capital [J]. Agricultural Finance Review, 2009, 71 (7): 25 – 40.

[306] Lamb R L. Inverse Productivity: Land Quality, Labor Markets, and Measurement Error [J]. Journal of Development Economics, 2001, 71 (1): 71 – 95.

[307] Law S. H., N. Singh. Does too much Finance Harm Economic Growth? [J]. Journal of Banking and Finance, 2014, 41 (4): 36 – 44.

[308] Levine R., Loayza N., Beck T. Financial Intermediation and Growth: Causality and Causes [J]. Journal of Monetary Economics, 2000 (46): 31 – 77.

[309] Levine R. Finance and Growth: Theory and Evidence [J]. Handbook of Economic Growth, 2005 (1): 865 – 934.

[310] Lin J Y. Rural Reforms and Agricultural Growth in China [J]. American Economic Review, 1992, 82 (1): 34 – 51.

[311] Liu Y., Hu W. The Influence of Labor Price Change on Agricultural Machinery Usage in Chinese Agriculture [J]. Canadian Journal of Agricultural Economics, 2014, 62 (2): 219 – 243.

[312] Liu X, Zhang Y, Han W, et al. Enhanced Nitrogen Deposition over China [J]. Nature, 2013, 494 (7438): 459 – 462.

[313] Liu Y, Yan H. A Credit Risk Evaluation on Supply Chain Financing for Farmers' cooperatives [J]. Journal of Nonlinear and Convex Analysis, 2020, 21 (8): 1813 – 1828.

[314] Liu Y, Cui J, Jiang H, Yan H. Do County Financial Marketization Reforms Promote Food Total Factor Productivity Growth?: A Mechanistic Analysis of the Factors Quality of Land, Labor, and Capital [J]. Front. Sustain. Food

Syst, 2023, 7: 1263328.

[315] Liu Y, Cui J, Feng L, Yan H. Does County Financial Marketization Promote High – Quality Development of Agricultural Economy?: Analysis of the Mechanism of County Urbanization [J]. PLoS ONE, 2024a, 19 (3): e0298594.

[316] Liu Y, Jiang H and Cui J. County – Level Total Factor Productivity of Food in China and its Spatio – Temporal Evolution and Drivers [J]. Front. Sustain. Food Syst, 2024b, 8: 1325915.

[317] Mackinnon D. P. , Lockwood C. M. , Hoffman J. M. et al. A Comparison of Methods to Test the Mediation and Other Intervening Variable Effects [J]. Psychological Methods, 2002, 8 (1): 1 – 35.

[318] Manogna R L, Aswini K M. Agricultural Production Rfficiency of Indian States: Evidence from Data Envelopment Snalysis [J] . International Journal of Finance & Economics, 2020 (12): 1 – 20.

[319] Markus B. Economic Growth, Size of the Agricultural Sector and Urbanization in Africa [J]. Journal of Urban Economies, 2012, 71 (1): 26 – 36.

[320] McKinnon, Ronald I. Money and Capital in Economic Development [M]. Washington: Brookings Institution, 1973.

[321] Mignouna D B, Mutabazi K D S, Senkondo E M, et al. Adoption of a New Maize and Production Efficiency in Western Kenya [C]. Aaae Third Conference/aeasa Conference, 2010.

[322] Muftiadi A. Food Crops Production Efficiency Analysis in Indonesia in 1971 – 2008 [J]. International Journal of Economic Policy in Emerging Economies, 2018, 11 (3): 282 – 286.

[323] Muhsin K. Financial Development and Economic Growth Nexus in the MENA Countries: Bootstrap Panel Granger Causality Analysis [J]. Economic Modeling, 2011, 29 (3): 685 – 693.

[324] Okoboi G, Barungi M. Constraints to Fertilizer Use in Uganda: Insights from Uganda Census of Agriculture [J]. Journal of Sustainable Development, 2012, 5 (10): 99 – 113.

［325］Pingali P. Westernization of Asian Diets and the Transformation of Food Systems: Implications for Research and Policy ［J］. Food Policy, 2007, 32 (3): 281 –298.

［326］Pratt A N, Yu B, Fan S. The Total Factor Productivity in China and India: New Measures and Approaches ［J］. China Agricultural Economic Review, 2009, 1 (1): 9 –24.

［327］Racine J. S. Nonparametric Econometrics: A Primer ［M］. Hanover: Now Publishers Inc, 2008.

［328］Rae A N, Ma H, Huang J, Rozelle S. Livestock in China: Commodity-specific Total Factor Productivity Decomposition Using New Panel Data ［J］. American Journal of Agricultural Economics, 2006, 88 (3): 680 –695.

［329］Rauch J E. Productivity Gains from Geographic Concentration of Human Capital: Evidence from the Cities ［J］. Journal of Urban Economics, 1993, 34 (3): 380 –400.

［330］Reyes A, Lensink R, Kuyvenhoven A, et al. Impact of Access to Credit on Farm Productivity of Fruit and Vegetable Growers in Chile ［C］. International Association of Agricultural Economists Tri Conference Brazil, 2012.

［331］Rin M D, Hellmann T. Banks as Catalysts for Industrialization ［J］. Journal of Financial Intermediation, 2002, 11 (4): 366 –397.

［332］Shaxson N. , J. Christensen. The Finance Curse: How Oversized Financial Sectors Attack Democracy and Corrupt Economies? ［M］. New York: Commonwealth Publishing, 2013.

［333］Sheng Y, Ding J, Huang J. The Relationship between Tarm Size and Productivity in Agriculture: Evidence from Maize Production in Northern China ［J］. American Journal of Agricultural Economics, 2019, 101 (3): 790 –806.

［334］Solow R M. Technical Progress and the Aggregate Production Function ［J］. Review of Economics & Statistics, 1957, 39 (70): 312 –320.

［335］Takeshima H. , Nin Pratt A. , Diao X. Mechanization and Agricultural Technology Evolution, Agricultural Intensification in Sub – Saharan Africa

[J]. American Journal of Agricultural Economics, 2013, 95 (5): 1230 – 1236.

[336] Terence Tai – Leung Chong, Liping Lu, Steven Ongena. Does Banking Competition Alleviate or Worsen Credit Constraints Faced by Small-and Medium-sized Enterprises? Evidence from China [J]. Journal of Banking & Finance, 2013, 37 (9): 3412 – 3424.

[337] Tran T T, De Koker L. Aligning Financial Inclusion and Financial Integrity: Regulating and Supervising Microfinance in Vietnam [J]. Journal of Money Laundering Control, 2019, 22 (4): 595 – 613.

[338] Varga T. Potential for Efficiency Improvement of Hungarian Agriculture [J]. Studies in Agricultural Economics, 2006: 85 – 107.

[339] Wang X. , Yamauchi F. , Huang J. Rising Wages, Mechanization, and the Substitution between Capital and Labor: Evidence from Small Scale Farm System in China [J]. Agricultural Economics, 2016, 47 (3): 309 – 317.

[340] Williamson J, Mahar M A. Survey of Financial Liberalization [M]. International Finance Section, Dept. of Economics, Princeton University, 1998.

[341] Wouterse F. Migration and Technical Efficiency in Cereal Production: Evidence from Burkina Faso [J]. Agricultural Economics, 2010, 41 (5): 385 – 395.

[342] Wu W F, Oliver M R, Wu C F. Trade Credit, Cash Holdings, and Financial Deepening: Evidence from a Transitional Economy [J]. Journal of Banking and Finance, 2012 (36): 2868 – 2883.

[343] Yang J. Z. , Huang X. , Zhang Reardon T. The Rapid Rise of Cross-regional Agricultural Mechanization Services in China [J]. American Journal of Agricultural Economics, 2013, 95 (5): 1245 – 1251.

[344] Yi F, Lu W, Zhou Y. Cash Transfers and Multiplier Effect: Lessons from the Grain Subsidy Program in China [J]. China Agricultural Economic Review, 2016, 8 (1): 81 – 99.

[345] Yujiro H, Ruttan W. Factor Prices and Technical Change in Agricultural Development: The United Stat and Japan 1880 – 1960 [J]. Journal of Political Economy, 1970, 78 (5): 122 – 145.